国家自然科学基金资助计划项目

教育部哲学社会科学研究后期资助项目

证券市场停牌制度研究

李 平 廖静池 著

科学出版社

北 京

内 容 简 介

　　本书在介绍国际成熟市场停牌制度及其研究现状的基础上，结合中国证券市场停牌制度的特点，采用市场微观结构的理论与方法建立理论模型，深入分析停牌与连续交易（不停牌）在波动率、深度、价格发现效率方面的差异，并对中国股票市场停牌制度的有效性进行深入全面的实证检验。本书的研究成果不但将丰富现有关于股票市场停牌制度的研究和市场微观结构理论，而且将为中国股票市场近期的停牌制度改革提供有力的实证依据。

　　本书适合从事证券市场微观结构和证券市场交易机制研究的学者、研究生以及证券市场投资者使用。

图书在版编目(CIP)数据

　　证券市场停牌制度研究 / 李平，廖静池著. —北京：科学出版社，2016.3

　　ISBN 978-7-03-047450-6

　　Ⅰ.①证⋯　Ⅱ.①李⋯　②廖⋯　Ⅲ.①证券市场–研究–中国–
Ⅳ.①F832.51

中国版本图书馆 CIP 数据核字（2016）第 043605 号

责任编辑：张　展 / 责任校对：陈　靖
封面设计：墨创文化 / 责任印制：余少力

科 学 出 版 社 出版

北京东黄城根北街16号
邮政编码：100717
http://www.sciencep.com

四川煤田地质制图印刷厂印刷
科学出版社发行　各地新华书店经销
*

2016 年 3 月第　一　版　　开本：787×1092 1/16
2016 年 3 月第一次印刷　　印张：11.5
字数：320 千字
定价：69.00 元

序　言

作为一种重要的价格稳定机制，停牌制度目前已经被广泛应用于全世界各主要证券市场。然而，对于停牌制度的利弊，学术界却一直存在较大分歧。支持者认为，停牌为交易者和做市商提供了充分消化信息的机会，使其可以做出更好的交易决策，进而可以提高复牌后的价格发现效率。反对者则认为，停牌给市场带来了人为的交易中断，阻止潜在的需求转化为交易，降低了市场的价格发现效率。

与境外市场相比，中国股票市场的停牌制度具有类型杂、次数多、时间长，以及充斥着大量例行停牌等特点。电子科技大学李平博士和深圳证券交易所综合研究所廖静池博士的学术专著《证券市场停牌制度研究》从中国股票市场停牌制度的特点入手，采用市场微观结构的理论和方法，建立理论模型对停牌制度的有效性进行深入分析。在此基础上，该书进一步采用中国股票市场的停复牌数据以及相关的低频和高频交易数据实证检验了中国股市停牌制度的实施效果，并且比较了中国股市目前使用的两种复牌模式之间的差异。概括起来，本书的创新点主要体现在以下几个方面：

（1）现有市场微观结构理论方面的文献几乎没有涉及个股停牌期间的交易者行为分析，也没有建立相应的理论模型。本书采用市场微观结构理论中常用的理性预期框架和贝叶斯学习法则，首次深入分析了不同类型交易者在停牌期间的交易策略，进而考察了交易者行为对资产价格的影响。研究结果表明，只有当市场上知情交易者的比例较小（信息非对称程度较高）时，停牌才是有效的。与过去针对大规模停牌（断路器）的研究不同，本书不仅关注了停牌对市场价格波动的影响，还分析了停牌对定价偏差、信息揭示程度和市场深度等因素的影响。

（2）作为典型的新兴市场，中国股票市场的停牌制度与境外市场的停牌制度有较大区别，目前这方面的研究还相对较少。本书结合中国股票市场停牌制度的特点，较为全面地从实证角度研究了停牌制度的实施效果。与已有的实证研究不同，本书不仅通过样本匹配和统计检验直接比较了停牌日和非停牌日样本的差异，还在此基础上结合多元回归分析，在控制住部分其他因素的情况下考察了停牌的实施效果，得到了更具说服力的研究结果。研究结果表明，中国股票市场的停牌制度虽然在整体上是无效的，但对 ST 股票实施的警示性停牌以及盘中临时停牌却是相对有效的，并且随着市场上信息非对称程度的增大，停牌所起的作用越来越明显。本书的研究结果，不仅为学术界关于停牌制度的争议提供了新的证据，而且为中国股市近期的停牌制度改革提供了有力的实证依据，还对停牌制度的进一步改革和完善提供了富有参考价值的政策建议。

（3）目前，国内外关于停牌制度的研究主要集中在研究停牌制度的有效性上。实际上，除了停牌制度会对股票的价格发现造成影响外，复牌模式在其中所起的作用也值得关注。本书基于中国股市多种复牌模式共存的情况，借助中国股票市场特定时期的制度转换，结合多个微观指标深入探讨了不同的复牌集合竞价模式在整个停复牌价格发现过程中的差异。研究结果表明，开放式集合竞价模式更有利于提高股票复牌时的价格发现效率。本书的研究结果，对中国股票市场的复牌模式设计提供了有力的实证依据。

　　总之，电子科技大学李平博士和深圳证券交易所廖静池博士合著的学术专著《证券市场停牌制度研究》研究起点高、成果丰富，比较充分地反映了该领域的研究前沿，是一本高水平的学术专著。本书的研究内容及成果不仅可以丰富证券市场微观结构理论和现代金融理论，而且可以为证券从业者和金融监管层提供重要的参考依据。

何基报

深圳证券交易所综合研究所研究员

2014 年 8 月

前　　言

　　停牌制度既是证券市场上一种主要的价格稳定机制，也是信息披露的核心制度之一。从市场微观结构理论的角度来看，实施停牌的目的主要是提高市场透明度，降低信息的非对称程度，使得交易者能够在面临市场剧烈波动或巨大信息冲击的时候，有充足的时间获取信息并分析该信息对资产价格可能产生的影响，进而做出更好的交易决策，最终保证市场能公平、公正、稳定地运行。

　　然而，与监管层对于停牌制度的良好预期不同，学者们却对停牌制度的作用褒贬不一。支持者认为停牌可以给交易者一个缓冲的机会，帮助其消化信息，进而避免市场在新信息到来时出现剧烈的价格波动。反对者则认为，停牌人为地中止了市场的交易和价格发现过程，阻止交易者通过交易实现其需求，因此是不必要的。那么，停牌制度究竟在证券市场上起了什么作用？现有的停牌制度有效吗？显然，深入研究停牌制度的功能和有效性，不仅可以丰富和发展市场微观结构理论，还能为监管层进行正确的市场监管、设计合理的停牌制度提供理论和实证方面的重要依据。

　　中国证券市场的停牌制度具有停牌类型杂、停牌次数多、停牌时间长、停牌措施不完备等特点，这些有别于境外市场的特点也恰恰成为监管层历次停牌变革的依据。然而，这种简单参考境外市场停牌制度的做法有效吗？能否实现停牌制度的设计目的？目前，针对中国证券市场停牌制度的研究还非常缺乏。为此，本书采用市场微观结构的理论和方法，通过理论建模和实证检验来研究中国股票市场停牌制度的有效性。

　　近十年来，我一直从事证券市场微观结构理论方面的研究，先后主持了两项国家自然科学基金项目。其中，在完成国家自然科学基金面上项目（青年基金）"可撤销订单及随机时间结束模式下的开放式集合竞价机制研究"（项目编号：70703002，2008 年 1 月至 2010 年 12 月）的过程中，我发现中国证券市场停牌后的股票竟然采用不同的集合竞价方式复牌（开盘就复牌的股票采用开放式集合竞价，其余时间复牌的采用封闭式集合竞价）。此后，我对中国股票市场的停牌制度产生了浓厚的兴趣。在曾勇教授的指导下，我和本书的另一位作者廖静池博士开始从事相关方面的研究。幸运的是，该项研究工作后来得到了教育部哲学社会科学研究后期资助项目（项目编号：09JHQ016，2009 年 11 月至 2011 年 12 月）和国家自然科学基金面上项目"基于市场微观结构和特定事件的高频交易研究"（项目编号：71171034，2012 年 1 月至 2015 年 12 月）的支持。

　　在过去的十年里，由本书作者为核心成员组成的市场微观结构研究团队，精诚团结，刻苦钻研，先后在《管理世界》、《管理工程学报》等高水平学术期刊和学术会议上发表了一系列学术论文，得到了同行的肯定和引用。本书即是我在相关领域的学术论文（含工作论文），廖静池的博士论文，我指导的研究生王博、高洁的硕士论文等研究成果基础上的提炼和升华。

作者向多年来支持和关心我们工作的家人、领导、同事、老师、学生和朋友，以及支持和帮助本书出版的科学出版社表示衷心的感谢。

李 平

2014. 9

目　　录

第一章 证券市场停牌制度概述

1.1 停牌的概念

停牌(trading halt),是指证券在场内市场交易过程的强制中断,也有一些资料将停牌称为"trading suspension"。实际上,大部分证券交易所(如美国纽约证券交易所、美国纳斯达克证券交易所和澳大利亚证券交易所)对"trading suspension"和"trading halt"赋予了不同的含义:前者指上市公司暂停上市或退市,后者指证券的暂停交易。没有特别说明,本书研究的停牌是指"trading halt",即证券的暂停交易。

停牌的对象既可以是普通股票和债券,也可以是金融衍生品,甚至可能是一系列的证券组合乃至整个市场的所有证券。停牌既可以由上市公司主动提出申请,交易所审批通过后执行,也可以由交易所自行实施。此外,证券监管部门也有权指定证券停牌。需要指出的是,虽然证券监管部门(如证监会)和证券交易所均有权决定停牌,但是两者的权限有所差异。通常来讲,当上市公司发生重大变化或市场上出现关于上市公司的重大突发信息时,证券监管部门和证券交易所均有权对相关证券实施停牌;而当证券价格(或市场指数)波动过于剧烈以致触及事先设定的阈值时,仅证券交易所有权对相关证券实施停牌。在本书中,将所有有权实施停牌的机构(即证券监管部门和证券交易所)统称为"监管层"。

停牌制度既是证券市场的一种主要的价格稳定机制,也是信息披露的核心制度之一。从市场微观结构研究的角度来看,实施停牌是为了提高市场的透明度,减少信息的非对称程度,使交易者有足够的时间获取信息并分析该信息对资产价格可能产生的影响,从而在信息相对充分的情况下做出理性的交易策略,以避免市场在信息不对称的情况下出现剧烈的价格波动,最终保证交易者可以在公正、高效和透明的市场环境里以一个"有效"的价格实现其交易需求。具体而言,证券市场的停牌制度主要有三个目的(黄本尧,2003)。

(1)提高市场透明度。如果市场信息不充分,证券交易将在不知情的情况下进行,证券的市场价格就不能反映发行人的真实经营业绩和财务状况,进而影响到证券市场资源配置功能的有效发挥。为了提高市场的透明度,证券监管部门要求发行人将其知悉的信息尽快披露,以便投资者进行合理决策。如果媒体上出现发行人未披露的市场传闻,或者发行人未履行上市规则所要求的持续信息披露义务,市场的透明度就会因信息披露不充分而下降。在这种情况下,对该公司上市交易的证券实施停牌,要求发行人在停牌期间就市场传闻做出澄清说明或就未披露事项进行充分披露,无疑是提高市场透明度的一个有效措施。

(2)保护投资者。停牌的一个重要目的就是尽可能地消除信息不对称，保护投资者的利益。如果信息是在非交易时间公布，可以合理推断投资者一般能在开市前获知该信息；但如果信息是在交易时间公布，且该信息会对证券价格产生重大影响，那么信息的发布将导致市场价格的瞬间剧烈波动，一部分投资者很可能在不知情的情况下因交易而受损。在这种情况下，对证券实施停牌，可以使投资者有足够的时间获悉信息，并分析该信息对证券价格可能产生的影响，从而在信息完整的情况下做出理性投资决策。

(3)维护市场的价格稳定。市场在某些时候可能因某些原因而出现供求失衡，市场供求的严重失衡将导致证券价格的急剧波动，使市场处于无序状态；市场也可能在某些时候因无法预期的突发事件而迅速下挫，甚至崩溃。在这些情况下，对供求严重失衡的证券或对整个证券市场实施停牌，可使市场在充分吸收信息的基础上重新达到均衡，从而尽快恢复市场的有序运行。

相反，如果没有停牌制度或者停牌制度设计不合理，那么部分交易者可能会因信息不对称(甚至传递虚假信息)而获取不正当利益，而另一部分交易者则会遭受严重损失，这有违公平、公正、公开的证券市场发展原则，进而将伤害市场的有效运行。例如，2007年发生在中国股票市场的"杭萧钢构事件"最为典型。

2007年2月12日，在上海证券交易所上市的杭萧钢构(600477)的董事长单银木在公司2006年度总结表彰大会上披露了公司将介入一个"国外大项目"的重大内幕消息——一个300多亿元的合同项目，但上市公司并未按规定及时披露该消息。在股价连拉三个涨停后，2007年2月15日上市公司才正式发布公告，称杭萧钢构公司正在进行一项境外合同谈判，合同意向是300亿左右的境外钢结构工程。更为重要的是，姗姗来迟的公告信息的准确性(该重大项目具有不确定性)并未得到有效监督，于是杭萧钢构的股价在利好公告下又连续拉了3个涨停(期间间隔了春节假期)。2007年2月27日～3月12日，因重要事项未公告，杭萧钢构停牌。2007年3月13日，杭萧钢构公司再次发布公告就之前提及的意向合同事项进行说明，之后又是4个涨停。2007年3月19～30日，因重要事项未公告，杭萧钢构全天停牌，证监会开始介入调查。但是，在证监会的调查结果尚未公布的情况下，2007年4月2日杭萧钢构竟然复牌并涨停。期间，公司发布澄清公告，就新华社以通稿形式发布的《杭萧钢构订单利好被公司提前泄漏》发布澄清公告，同时发布境外建设工程项目合同进展公告。此举不但转移了公众注意力，并且进一步误导市场将事件解读成利好信息，导致4月3日继续涨停。2007年4月4日，杭萧钢构开盘交易一分钟后紧急停牌，因涉嫌违法违规行为，证监会决定对该公司立案调查。2007年4月5日，杭萧钢构称收到证监会《立案调查通知》，停盘一小时后复盘交易。2007年4月23日，央视再次质疑杭萧钢构合同的真实性，杭萧钢构股票连续下跌，2007年4月30日，杭萧钢构股票跌停。

在整个事件中，杭萧钢构的股票自2007年2月12日～4月13日，除两个跌停和一个开盘1分钟6%的上涨外，一共17个涨停板。期间，关于杭萧钢构的舆论不断，涉及"虚构合同论"、"不能履行论"、"中基公司骗子论"、"信息披露违规论"、"二级市场操纵价格论"等多种争论。鉴于舆论压力，两个月内，证监会对杭萧钢构"停盘调查"一次，"盘中紧急停盘"立案调查一次，但均无果复盘，股价大涨。至2007年4月30日除新闻报道外，监管部门尚没有依法公布结论。2007 年 5 月 11 日和 12 日，证监会下达对杭萧钢构公司的处罚，认定杭萧钢构信息披露违规，上海证券交易所对杭萧钢构公司公开谴责，杭萧钢构公司董事会向股东公告致歉。

"杭萧钢构事件"再次引起人们对中国证券市场停牌制度的质疑：①为什么在涉及重大内幕信息泄露的情况下，上市公司不立即申请停牌并在停牌期间披露相关信息？换言之，杭萧钢构应该在 2007 年 2 月 12 日停牌并公告信息，而不是在三天之后。②为什么在监管层尚未公布调查结果之前，竟然允许上市公司复牌交易，并且允许上市公司进一步误导投资者，导致部分违规资金出逃，迷惑不明真相的投资者接盘？③除了加强对内幕交易的监管，应该怎样设计或者改进停牌制度才能避免类似事件的发生？

从停牌的整个过程来看，停牌制度的设计主要包括三方面内容。

首先是停牌的触发，即在什么样的情况下才会发生停牌。通常来讲，各国证券交易所的上市规则和交易规则都会对触发停牌的情况进行详细阐述，并且主要涉及两大类：①上市公司的经营状况发生重大变化，或市场上突然出现关于上市公司的重大信息，而部分交易者无法及时获取信息，此时监管层有权对涉及上市公司的证券进行临时停牌；②市场在某些时候出现供需失衡，进而导致证券价格的急剧波动，并且上述波动的幅度达到了事先设定的阈值，此时出于抑制市场波动和维持市场秩序的考虑，交易所有权对相关证券进行停牌。

其次是停牌的过程。在停牌过程中，证券的交易被完全中止，部分交易所允许投资者提交甚至修改订单，但是交易的执行会留待证券复牌之后。在停牌期间，监管层会通过相关渠道发布关于停牌的公告信息，阐明停牌相关事由，同时对交易者进行一定的警示。在停牌期间，交易者则可以了解和消化与上市公司相关的各种信息，进而调整自己的交易策略。

最后是停牌的完成，即复牌（resumption）。在停牌被触发、证券中止交易且监管层发布相关信息等一系列过程完结之后，证券将恢复交易，即所谓的"复牌"。按照停牌发生时间的不同，复牌的方式主要有两种：一种是在交易过程中发生停牌，复牌后直接按照原先的交易制度进行交易。例如，根据美国纽约证券交易所的规定，当指数波动超过一定范围时整个市场会暂停交易一段时间，在复牌之后，交易仍然按照原有的连续交易制度进行。另一种是在完成停牌后先转换到其他的交易制度复牌，待市场产生复牌价格之后再转换到原有的交易制度。其中最常见的情况就是在完成停牌之后采用集合竞价复牌，然后再按照原有的连续交易制度进行交易。例如，伦敦证券交易所、韩国证券交易所、中国内地的上海和深圳证券交易所均采用这种方式。

1.2　停牌的类型

按照监管层是否能主动对证券实施停牌，通常将停牌分为自主停牌（discretionary trading halt）和自动停牌（automatic trading halt）两类。其中，自主停牌是指监管层凭借其认为合理的理由而主动对证券进行停牌；自动停牌则是指当触及事先设定的条件或所需的停牌阈值时证券交易系统自动启动的证券停牌。以上两种类型的停牌都可以对单一证券、证券组合乃至整个市场实施。自主停牌的时间长短取决于实施停牌的最终目的，这类停牌通常持续较长；自动停牌的停牌时长取决于事先设定的规则，这类停牌的期限通常比自主停牌短。

自主停牌通常在预期上市公司即将发布重大消息、上市公司未能履行相关规定、怀疑在证券交易中出现异常行为，以及应对非常事件时使用，主要包括以下四种类型。

（1）上市公司发布重大信息导致的停牌。实施这类停牌的主要目的是提醒交易者有影响价格的重大信息即将或正在发布，使其有充分的时间接收并消化信息，进而制定下一步的交易策略。通常来讲，这类停牌的时间长短由停牌的主体决定，即直到主体认为信息已经在市场上全面传播，证券才会复牌。除了发布信息外，当市场上出现不实传闻或虚假报道时，上市公司也会申请停牌同时向投资者发布澄清公告。

（2）上市公司未能履行相关规定导致的停牌。如果上市公司出现不遵守上市规则的情况（例如，上市公司未能按期披露财务报告或披露不充分，违反会计规则但是未能按期修改，在公司运作方面涉嫌违规操作，未能履行持续披露的义务，未能达到最低股价要求等），那么监管层可以对证券实施停牌，严重者甚至可能暂停上市或最终退市。

（3）监管层怀疑在证券交易中出现信息泄漏或重大舞弊或操纵证券价格的行为时实施的停牌。当监管层怀疑上市公司管理层泄漏信息或利用内部信息获利时，就会对上市公司相关证券及其衍生品种实施停牌。如果上市公司出现虚假财务报告（或漏报）这样的情况时，监管层也会对相关证券实施停牌。此外，当某一证券的异常交易预示着有内幕交易或操纵股价的嫌疑时，监管层同样有权对该证券进行停牌处理。

（4）市场上出现非常事件的停牌。如果在交易日当天发生影响巨大的突发事件，为了防止整个证券市场出现暴跌甚至崩盘的情况，监管层有权将整个市场停牌。例如，1999年9月21日台湾发生大地震后，台湾证券交易所将主要证券市场暂时关闭，直至1999年9月27日才恢复交易。2001年9月11日，美国发生"9.11"恐怖袭击事件，美国证券交易委员会在其后4天内将国内各主要证券市场全部关闭。2008年5月12日"5.12汶川大地震"，上海证券交易所因无法评估灾难对川渝板块上市公司造成的损害，于2008年5月13日起对45家川渝板块上市公司证券实施停牌，直至相关公司发布公告。

自动停牌主要在某一证券的价格或整个市场的指数剧烈波动并且达到事先设定的阈值时使用，包括以下两种类型：①证券价格异常波动停牌。如果某一证券的供需关系在一段时间内严重失调，造成其交易价格和成交量（或换手率）异常波动且达到事先设定的限制条件时，证券市场的交易系统将自动对该证券执行停牌。异常波动停牌的作用主要是通过交易中止来警示交易者，使其有机会对证券的价值进行重新评估，以避免盲目交易带来的损失，同时也保证市场正常的交易秩序。②整个市场停牌，即断路器（circuit breaker）。这种类型的停牌是指当参考指数的波动超过事先设定的范围时，交易系统可以自动将整个市场停牌，此时所有证券均无法交易。通常来讲，断路器一般是在大盘的参考指数下跌到一定范围时才会由交易系统自动执行，停牌的时间长短由下跌幅度决定。

根据停牌是否具有警示性作用，中国证券市场还将停牌划分为例行停牌和警示性停牌（黄本尧，2003；胡文伟等，2007）。其中，例行停牌是指上市公司处于基本正常状态，但是发生了上市规则或者交易规则要求停牌的事项而必须进行的停牌。虽然并未明确规定哪些事项是例行停牌，但大致可以包括：刊登年报、召开股东大会、业绩预警、股权激励、利润分配、购买出售交易、刊登要约收购报告书、股票出现例行的异常波动等。上市公司进行例行停牌须向交易所提交申请，并且对停牌时点、停牌期限、复牌时间均有明确规定。

警示性停牌是指上市公司或其股票交易发生异常情况，根据上市规则或交易规则的要求需要停牌，以警示交易者注意异常事项或敦促上市公司予以改进。需要警示性停牌的事项通常包括：股东大会决议涉及否决议案、股票被认定为异常波动、财务报告被出具非标准无保留审计意见且被认为严重违规、无法定期披露定期报告、财务报告虚假或存在重大会计错误、公司运作和信息披露不规范而被调查、媒体披露上市公司尚未公开的重大信息、市场出现公司未经证实的传言、公司违反上市公司规则拒不改正、公司定期报告严重瑕疵且拒不改正、交易所失去公司有效信息来源、公司被特别处理或暂停交易等。由于停牌原因复杂以及影响程度可能存在巨大差异，警示性停牌的时点、停牌期限、复牌时间往往需要上市公司和监管层共同商议后决定。

1.3　境外主要证券市场的停牌制度

1.3.1　美国证券市场的停牌制度

美国证券市场的停牌制度主要体现在美国证券交易委员会（SEC）颁布的针对大盘异常波动的80B规则及其修正条款、针对个股的纽约证券交易所（NYSE）《上市规则》第202条第6款和第7款以及《交易规则》123D款、纳斯达克（NASDAQ）《上市规则》第4120款中。

为了防止市场的突然大幅下跌，纽约证券交易所在吸取1987年股市大崩盘的教训后，于1988年制定了防止价格过度波动的"大盘断路器(circuit breaker)"措施，即当市场下跌超过预先设定的一定幅度时，对交易进行限制(trading curb)甚至中断(暂停)整个市场的交易。在纽约证券交易所，1988年10月开始实施的80A规则(指数套利断路器)对市场剧烈波动情况下的若干交易行为进行限制。同时，纽约证券交易所还开始实施80B规则。当时规定，当道琼斯工业平均指数较上一交易日收盘指数下跌250点时整个市场暂停交易1小时，如果继续下降到400点时则闭市2小时。

1997年1月31日，美国证券交易委员会对80B规则进行了修订，调整的结果放宽了在交易所进行交易的股票价格发生异常波动的范围。根据该修改法案，当道琼斯工业平均指数下跌350点时，交易所暂停所有股票的交易并且停牌时间不少于30分钟；如果继续下跌到550点则至少闭市1小时；如果350点的下跌是在下午3点半或以后发生的，或者550点的下跌是在3点以后发生的，交易所应该停止当天所有的交易不再开盘。

1998年美国证券交易委员会再次对80B规则进行了两次修订，新规定于1998年4月15日起生效实施。这个新的断路器是由美国各证券交易所和全国证券商协会（NASD）提出，建议以道琼斯工业平均指数每季度的升降幅度来实行断路功能，而不是根据先前的固定点数，并且要求只在美国证券市场出现严重下滑时才启动断路器。

根据新修订的 80B 规则，交易所在每个季度的第一天，根据上个月道琼斯工业平均指数的平均收盘指数将百分比转换为具体的点数（取整 50 点）。当道琼斯工业平均指数分别下降 10%、20%、30% 时交易停止。具体情况如下：①第一种情况：如果道琼斯工业平均指数在下午 2 点之前下降 10%，闭市 1 小时；如果道琼斯工业平均指数在下午 2 点和 2 点半之间下降 10%，闭市半个小时；如果道琼斯工业平均指数在下午 2 点半之后下降 10%，大盘不停牌，交易继续进行。②第二种情况：如果道琼斯工业平均指数在下午 1 点之前下降 20%，闭市 2 小时；如果道琼斯工业平均指数在下午 1 点~2 点下降 20%，闭市 1 小时；如果道琼斯工业平均指数在下午 2 点之后下降 20%，则闭市，并在该日之内不再交易。③第三种情况：只要道琼斯工业平均指数下降超过 30%，则立即闭市，并在该日之内不再交易。

根据纽约证券交易所《上市规则》第 202 条第 6 款和第 7 款、《纽约证券交易所规则》123D 的相关规定，针对个股的停牌主要分为两种情况。第一种是因需要披露重大信息（material news）而引起的停牌。当上市公司需要披露重大信息或澄清相关交易传闻时，公司必须在发布重要声明前 10 分钟通知交易所，由交易所决定证券是否停牌或推迟开盘；而当上市公司面临恶意收购等无法预先通知交易所的情况，交易所客服部门将通知交易运行部门并建议是否停牌，然后由运行部门主管最终决定是否需要停牌。第二种是因市场上出现非正常情况（unusual situation）而导致的停牌，目的是向投资者进行警示，以便他们能够对已经进入或可能进入证券市场的供求做出反应。当市场上出现剧烈的异常波动（extraordinary volatility）或严重的买卖订单不平衡（large order imbalance）时，承担做市商角色的专家（specialist）会联系运行官员并要求对停牌的适当性进行评价。最终做出的停牌决定必须获得交易所运行主管或两位运行官员的批准。

纽约证券交易所停牌的程序为：①一只股票在重大信息发布期间，纽约证券交易所有权决定该股票是否应当停牌。②实施停牌或推迟交易将会被宣布，并且停牌或推迟交易的原因将被作为"未确定信息（news pending）"。③其后，交易所将进行密切监控，重要信息一旦被公布，就会根据正常程序开始上市证券的开盘或复牌。④如果在实施停牌或推迟交易后信息未在一个合理的时间内公布，为了保持市场的流动性，该上市证券将被开盘或复牌。通常而言，如果在实施停牌或推迟交易后大约 30 分钟内信息仍未公布，交易所会对上市证券实施强制开盘或复牌。在此之后，交易所将宣布：尽管重要的信息尚未发布，交易仍然继续进行。

尽管停牌对于保护投资者利益和保持市场的公平性有积极作用，但为了保持交易的连续性和市场的流动性，纽约证券交易所对停牌的总体原则是要尽量减少，并且停牌时间尽量缩短（最长不超过 30 分钟）。

纳斯达克证券交易所在其《上市规则》第 4120 款中规定在以下七种情形下可对证券或证券组合实施停牌：①即将到达的重大信息；②上市公司发布影响股价的敏感信息；③交易所没有收到所要求的信息；④上市公司违反纳斯达克的相关规定；⑤证券的流动性未达到法定的标准；⑥证券在交易时出现异常波动；⑦美国证券交易委员会要求停牌的情况。

此外，第 4120 款还对所谓的"重大信息"进行了界定，包括：并购、股票拆分或红利、异常收入和股息、获得或失去重大合同、重大新产品的研发、公司控制权的变更、证券赎回、销售相当数量的证券、重大劳资纠纷、制定购买上市公司股份的计划、购买其他上市公司的证券、上市规则中规定的必须报告的事项。

纳斯达克证券交易所停牌的程序为：①按照 4310C16 和 4320E14 的要求，发行人被要求在向媒体公布前向纳斯达克提供所有重大信息；②发行人应直接通过电话、传真或其他电子通讯等方式通知纳斯达克的市场监察部。所有上市公司授权代表口述的信息均要立即被书面证实；③一旦从发行人或其他资源获取到有关信息，纳斯达克将对该信息进行评价，就该信息对市场的影响进行估计，以便决定对该证券执行停牌是否适当；④纳斯达克应决定在第 4120 款中阐述的执行停牌的条件是否满足。停牌应在纳斯达克的新闻栏目中公布后立即生效；⑤恢复交易应在纳斯达克的新闻栏目中公布后生效；⑥一旦纳斯达克认定错误使用系统而导致的特别事项已被纠正，或该错误不再产生特别事项时，第 4120 款中所要求的停牌将被终止。

1.3.2　英国伦敦证券交易所的停牌制度

英国伦敦证券交易所(LSE)并没有针对整个市场停市的大盘断路器。针对个股，伦敦证券交易所在其《上市规则》中规定，上市公司可以就其认为合理的原因向交易所提出停牌申请，交易所决定是否实施停牌。此外，交易所可以凭借其认为合理的理由决定是否对证券实施停牌。根据上市规则，具体的停牌原因主要包括：①上市公司无法立即披露重大的敏感信息；②交易所怀疑上市公司的敏感信息正在被泄漏，同时上市公司不能或不愿意立刻发布公告指出这种情况；③交易所认为上市公司的财务状况不明朗以致可能误导交易者；④在本交易所和其他交易所同时上市的证券，已经就某些重大原因在其他交易所停牌；⑤交易所认为某只证券或其衍生品不存在有序的市场。

此外，伦敦证券交易所在其《Guide to TradElect》中规定，如果潜在的交易价格高于或者低于预先设定的动态或静态的参考价格的一定幅度(价格的异常波动)时，可能会出现如下四种情况的交易中断行为：①Pause：这种情况类似于集合竞价(call auction)，投资者可以继续提交或撤销订单，但成交价格需要在规定的时间段内产生。②Market Suspension：证券在短时间内的临时停止交易。在此期间，系统不接受新的订单也不允许撤单。③Halt：证券在短时间内的临时停止交易。在此期间，系统不接受新的订单但允许撤单。④Halt & Close：完全停止交易，当天复牌的可能性极低。在停牌期间，系统不接受新的订单也不允许撤单。

一旦市场的状况恢复到正常情况，交易所就会要求停牌的证券复牌。如果是竞价驱动(order driven)的市场，则采用集合竞价的方式复牌；如果是报价驱动(quote driven)的市场，则有一个预强制性的报价阶段(pre-mandatory quote period)，时间的长短可视具体情况而定。

1.3.3 加拿大多伦多证券交易所、澳大利亚证券交易所的停牌制度

加拿大多伦多证券交易所(TSX)是加拿大的主板市场，关于停牌制度总的原则是尽量降低停牌的频率和缩短停牌的时间。加拿大多伦多证券交易所在其《上市规则》和《Policy Statement on Timely Disclosure》中规定：

(1)当发行人在披露重要信息时，经发行人申请并经市场监管部门核准后，交易所可以对相关证券进行临时停牌。根据需要披露内容的重要性、复杂性和股东分布的地理特征，停牌持续时间由发行人和市场监管部门共同商议决定，但通常不会超过1小时。即便是在比较特殊情况下，停牌的时间也不能超过24小时，除非市场监管部门认为证券的复牌会对整个市场带来负面影响。

(2)当有市场迹象表明只有部分交易者获取了上市公司重要信息，而发行人不准备或不能对此予以澄清时，交易所将对相关证券实施停牌。如果证券已经被停牌，那么交易所将敦促发行人尽快发布公告。若在此情形下发行人的公告仍不能及时发布，那么交易所将发布一个通知，说明停牌和公告未能及时发布的原因，以及股票复牌的具体时间。

(3)对于同时在北美其他的证券交易所或纳斯达克上市的证券，若该证券在其他市场被要求停牌，那也需要停牌并且在相同的时间点上复牌。

(4)发行人由于不能遵守交易所的规则(例如，信息披露的要求)也将导致停牌。在某些情况下，停牌可能最终转变成暂停上市资格。

(5)如果出现异常的价格波动(unusual price fluctuations)，即证券的价格在短期内上涨或下跌达到预先设定的阈值时，也可能触发停牌。此时，交易所公布的停牌原因是"未确定分类的市场活动(pending clarification of the market activity)"。在停牌期间，交易所将进一步确定发行人是否有重大信息没有及时准确地披露，以及是否存在不规范的交易行为等情况。

澳大利亚证券交易所在《上市规则》的第17章中也对停牌做出了明确的规定。其中，停牌主要有以下两类：

(1)第一种情况是发行人由于某种原因不能即刻公布信息而申请的停牌。例如，上市公司正洽谈收购事宜，收购成功与否仍是未知数。在这种情况下，上市公司应依据上市规则，向交易所提出停牌申请。申请的材料应包含停牌的理由、预期停牌的期限、复牌条件及其他资料，交易所评估后决定停牌与否。如果交易所认为停牌的理由不够充分，交易所将拒绝发行人的停牌请求，并要求上市公司发布信息公告。一般来说，发行人发布价格敏感信息后即可复牌，停牌最长期限不得超过第二个交易日的开盘。如果发行人在申请提出日之后的第二个交易日的上午10点之前仍未发布信息，交易所将暂停证券上市。

(2)第二种情况是交易所对发行人自主实施的停牌。在以下情形，交易所也可以在发行人未提出停牌申请时对发行人的证券实施停牌。①根据上市规则要求，发行人应向交易所提供准备发布的新闻信息，并且信息的发布将由交易所完成。交易所的信息部决定即将发布的信息是否是价格敏感信息，如果信息部认为是价格敏感信息，为了让市场充分吸收和理解信息，交易所将对该公司股票实施至少10分钟的停牌。对于复杂的收购公

告，交易所一般对目标公司和收购公司都实施 1 个小时的停牌，以便市场有足够的时间来评价该项收购对收购双方股价的影响。②新闻媒体出现某发行人的重大信息，交易所要求发行人予以澄清或正式公告，但发行人不能在开市前发布公告时，交易所将对发行人的证券实施停牌，在发行人发布相关公告后即可复牌。③发行人的证券交易发生价格的异常波动或出现严重的订单不平衡现象，且交易所已正式要求发行人做出解释，但发行人不能在规定的时间内做出解释，发行人的证券将被停牌，发行人做出合理解释后即可复牌。

1.3.4　香港联合证券交易所的停牌制度

在香港证券市场，停牌是被当作处理潜在的或已经出现的市场混乱的手段，而不是为了普通的信息披露。香港联合证券交易所在其《主板上市规则》第 6 章和《创业板上市规则》第 9 章对停牌制度作了详细说明。

香港联合证券交易所认为，只有在衡量有关各方的利益后并认为必要的情况下，方可采取停牌措施。在大多数情况下，由有关发行人发出公告比不适当或不合理的停牌更为可取，因为后者会妨碍市场的正常运作。纯粹为了要让该项消息在市场上流传而在刊登公告后暂停其证券买卖是不适当的。哪怕是披露股价敏感资料，只要在规定的登载时段发布公告，则无需停牌。

（1）如果是发行人申请而实施的停牌，一般而言，只有在下列情况下才会获得交易所的批准：①发行人不能及时公告价格敏感信息，而交易所接受其提出的理由。②发行人接获某项收购建议，但只在原则上就有关的条款达成协议，还需要与一名或多名主要股东商议并获得其同意。通常情况下，只有在事前未做出公告的情况下，方可采取停牌措施。如果已经公布了收购建议的详情，或者在不能公布收购建议详情的情况下已经发出警示性公告，说明发行人正在进行有关收购的商议，则不应要求停牌。③需予公布的交易的若干方面。例如，发行人的性质、控制权或结构出现重大改变，必须公布所有资料，以便评估有关证券的价值，或交易需要股东大会批准。任何停牌申请只有发行人的授权代表或其他负责的行政人员或由认可及授权的投资银行、财务顾问或保荐人直接向交易所的上市科提出，才能获得交易所的考虑。

（2）在下列情形下，即便发行人并未提出停牌申请，交易所有权对发行人的证券实施停牌：①发行人并未对上市证券价格或成交量的异常波动做出解释，也未能与发行人的授权代表实时联络，以证实其并不知悉有任何事宜导致其上市证券价格或成交量出现异常波动。②证券价格敏感资料发布不均或有所外泄，导致发行人上市证券价格或成交量出现异常波动。

香港联合证券交易所认为停牌的期限应在合理可行的情况下尽量缩短，以维持持续运作的公平市场，发行人必须于停牌后尽快提交一份适当的公告初稿，以备联交所审核。在一般情况下，交易所将于发行人刊登适当的公告或符合若干指定的规定后尽快批准复牌。如能于下午二时前在本交易所交易系统的消息版页上刊登公布，有关证券一般可于同日午市开市后获准复牌。在各种其他情况下，证券一般将于报刊刊登公告当日早上开市后复牌。

若停牌是由于不能发布价格敏感信息，发行人则必须尽量于下一个半日交易开市前发出公告。如果发行人无法在规定的时间内刊登公告，交易所将在下一个半日交易开市时对证券强制复牌，并要求发行人在下一个半日交易开市前在交易所的网页上刊登临时公告。临时公告应包括交易所对公告的内容概不负责、与发行人有关的价格敏感资料尚未公布以及投资者在现阶段买卖该证券时务必谨慎行事等内容。复牌后发行人刊登公告时不得再以信息流传为由要求停牌。

除了上述几个证券市场外，德国法兰克福证券交易所、日本东京证券交易所、新加坡证券交易所、泛欧证券交易所等全球各主要证券市场均根据自身状况对停牌制定了相关规定，本书不再逐一详细介绍。

1.4 中国境内证券市场的停牌制度

1.4.1 中国境内证券市场停牌制度的变革过程

我国境内证券市场主要是指上海证券交易所和深圳证券交易所，凡是在这两个交易所上市的公司，其公司对应证券的停牌和复牌均由两所管制，停牌规则依据沪深交易所发布的《上海证券交易所股票上市规则》、《深圳证券交易所股票上市规则》、《上海证券交易所交易规则》、《深圳证券交易所交易规则》以及交易所发布的一些其他相关法规。根据规定，上市公司可以凭交易所认为合理的理由向其所在交易所申请对其股票停牌与复牌；证券监管机关（中国证监会和交易所）也可以依据《上市规则》和《交易规则》的相关规定以及其认为合理的理由对股票及其衍生品种实施停牌与复牌。

自1998年6月起，沪深交易所都在其上市规则中对需要进行停牌的情况进行了明文规定。此后，伴随着2000年、2001年、2002年、2004年、2006年、2008年、2012年上市规则的7次变更，以及2006年版新交易规则的出台（深圳证券交易所2011年对交易规则进行了修订），沪深股票市场的停牌制度也进行了数次调整。从中国证券市场停牌制度的变革来看，可以分为以下三个时期。

（1）萌芽阶段：1998年6月至2002年3月。1998年6月，随着上市规则的变更，停牌制度被分别写入沪深交易所上市规则的第8章中。根据上述规定，上市公司需要在定期报告、股东大会、澄清媒体报道等14种情形下进行停牌。此后，在2000年和2001年版的上市规则中，交易所两次对停牌规则进行了增删。

到2001年，沪深上市规则中关于停牌的规定已增至18条。值得注意的是，该时期的信息披露主要依靠覆盖面较窄的指定报刊，信息传播方式单一、低效，交易者获取的信息往往比较滞后。为了保障交易者利益，当时的停牌制度规定停牌的最短期限为半天，以便交易者在停牌期间有机会充分地接触并消化公告信息。在这个阶段，定期报告、临时报告、业绩预告、股东大会等例行停牌在所有停牌中占据了绝大多数（表1-1）。

表 1-1　深圳证券交易所停牌数据统计表（2001.4～2002.4）

	停牌类型	停牌次数	所占百分比
例行停牌	**定期报告**		
	年度报告	680	15.45%
	中期报告	495	11.24%
	季度报告	51	1.16%
	小计	1226	27.85%
	例行临时报告		
	董事会、监事会决议公告	205	4.66%
	关联交易公告	393	8.93%
	重要合同公告	41	0.93%
	重大诉讼公告	148	3.36%
	重大担保公告	143	3.25%
	召开股东大会	1241	28.19%
	增加、变更或否定股东大会决议	55	1.25%
	小计	2226	50.57%
	合计	3452	78.42%
警示性停牌	**警示性临时报告**		
	收购、兼并	356	8.09%
	交易异常		
	连续三日达涨幅限制	50	1.14%
	连续三日达跌幅限制	141	3.20%
	信息披露不规范	20	0.45%
	澄清公告	73	1.66%
	业绩预警	177	4.02%
	特别处理	4	0.09%
	其他重大事项	129	2.93%
	合计	950	21.58%
	总计	4402	100.00%

资料来源：黄本尧(2003)

（2）逐步完善阶段：2002 年 4 月至 2008 年 9 月。随着互联网的发展和多媒体传播的日益普及，证券信息的传播渠道和速度成倍增长，交易者获取信息日益便利，原先设计的停牌制度因为其停牌时间过长而逐渐失去设计之初的意义，反而造成了频繁的长时间的交易中断。在此背景下，上海证券交易所和深圳证券交易所于 2002 年 4 月 1 日对停牌制度进行改革，把停牌的最短期限从之前的半天改为 1 小时。至此，多种停牌（如定期报告、临时报告、异常波动等）的时长被大大缩短，证券市场的连续性得到了明显提升。在此后的 2004 年和 2006 年，停牌制度又随着上市规则的改变进行了两次调整，但是这两次调整都是针对停牌事项涵盖的内容，并没有改变停牌的最短期限，并且仍然保留了大量的例行停牌（表 1-2）。

表 1-2 深圳证券交易所停牌类型分类表（2006 年 5 月修订版）

停牌类型	停牌原因	停牌期限
警示性停牌	披露定期报告（如年报）	1 小时
	召开股东大会	至公告股东大会决议当日上午开市时复牌
	股东大会决议公告的内容涉及否决议案	至公告股东大会决议当日上午十点三十分复牌
	上市公司于交易日披露临时报告	1 小时
	临时报告的内容涉及其他事项	交易所可根据具体情况决定停牌与复牌时间
	上市公司发生购买、出售交易行为	交易所可根据具体情况决定停牌与复牌时间
警示性停牌	公共传媒中出现上市公司尚未披露的信息	至公司披露相关公告的当日上午十点三十分复牌
	上市公司股票交易异常波动	1 小时
	上市公司财务会计报告违反会计准则、制度及相关信息披露规范性规定	至公司按规定做出纠正后复牌
	上市公司未在法定期限和本规则规定的期限内公布定期报告	至其定期报告披露当日上午十点三十分复牌
	上市公司财务会计报告存在重大会计差错或虚假记载	至其改正的财务会计报告披露当日上午十点三十分复牌
	上市公司在公司运作和信息披露方面涉嫌违反相关法律法规	交易所可根据具体情况决定停牌与复牌时间
	上市公司定期或临时报告披露不够充分、完整或可能误导投资者且拒不按要求就有关内容进行解释或补充披露	至公司披露相关公告的当日上午十点三十分复牌
	上市公司严重违反本规则且在规定期限内拒不按要求改正	交易所可根据具体情况决定停牌与复牌时间
	上市公司因某种原因使本所失去关于公司的有效信息来源时	直至上述情况消除后复牌
	收购人于交易日披露涉及要约收购的公告	1 小时
	要约收购期满至公告上市公司收购情况报告期间	本所根据收购完成后具体情况决定复牌事宜
	上市公司出现异常状况，本所对其股票交易实行特别处理的	交易所可根据具体情况决定停牌与复牌时间
	发生重大事件而影响公司股票及其衍生品种上市资格	交易所可根据上市规则第 14 章决定停牌与复牌时间
	本所还可以根据实际情况或中国证监会的要求决定停复牌	交易所可根据具体情况决定停牌与复牌时间
	可转换公司债券出现规定情况时	可转换公司债券停止交易

　　（3）与国际接轨阶段：2008 年 10 月至 2012 年 7 月。2008 年 10 月 1 日，2008 年版上市规则在沪深交易所开始实施。在 2008 年版上市规则中，监管层取消了定期报告和临时报告这两种原来需要停牌一小时的例行停牌。此外，为遏制长期停牌，2008 年版上市规则要求公司在连续停牌期间，每五个交易日披露一次未能复牌的原因。总体上看，2008 年版上市规则明显强化了警示性停牌的作用，只保留了召开股东大会和异常波动停牌这两种例行停牌，并且强化了信息披露与市场交易的联动监管。2012 年，在中国证监会的统一部署下，沪深两所再次修订了《股票上市规则》，此次修订取消了实践中意义不大的 3 项例行停牌，分别是股东大会召开日的全天停牌、异常波动公告披露日的一小时停牌

和投资者沟通日全天停牌。2012 年版上市规则的修订标志着中国股票市场的停牌已经从过去以例行停牌为主的老阶段，逐步转化为以警示性停牌为主的新阶段，这与境外主流市场停牌制度的设计理念非常相似。

1.4.2 中国内地证券市场 2012 年版停牌制度的内容

在 2012 年版的《上海证券交易所股票上市规则》第 12 章中对停牌的规定作了如下表述。

12.1 为保证信息披露的及时与公平，本所可以根据实际情况、中国证监会的要求、上市公司申请，决定上市公司股票及其衍生品种的停牌与复牌事宜。

12.2 上市公司发生本章规定的停牌事项，应当向本所申请对其股票及其衍生品种停牌与复牌。本章未有明确规定的，公司可以本所认为合理的理由，申请对其股票及其衍生品种的停牌与复牌。

12.3 上市公司发行股票及其衍生品种涉及的停牌和复牌事宜，应当遵守本所相关规定。

12.4 上市公司预计应披露的重大信息在披露前已难以保密或者已经泄露，可能或者已经对公司股票及其衍生品种的交易价格产生较大影响的，应当立即向本所申请对其股票及其衍生品种停牌。

12.5 上市公司进行重大资产重组，根据中国证监会和本所相关规定向本所申请停牌的，公司股票及其衍生品种应当按照相关规定停牌与复牌。

12.6 公共传媒中出现上市公司尚未披露的重大信息，可能或者已经对公司股票及其衍生品种的交易价格产生较大影响的，本所可以在交易时间对公司股票及其衍生品种实施停牌，直至公司披露相关公告的当日开市时复牌。公告披露日为非交易日的，则在公告披露后的第一个交易日开市时复牌。

12.7 上市公司财务会计报告被出具非标准无保留审计意见，且意见所涉及的事项属于明显违反会计准则、制度及相关信息披露规范规定的，本所自公司披露定期报告之日起，对公司股票及其衍生品种实施停牌，直至公司按规定做出纠正后复牌。

12.8 上市公司未在中国证监会和本规则规定的期限内披露季度报告，公司股票及其衍生品种应当于报告披露期限届满的下一交易日停牌一天。

公司未在法定期限和本规则规定的期限内披露年度报告或者中期报告，公司股票及其衍生品种应当停牌，直至公司披露相关定期报告的当日开市时复牌。公告披露日为非交易日的，则在公告披露后的第一个交易日开市时复牌。公司因未披露年度报告或者中期报告的停牌期限不超过两个月。停牌期间，公司应当至少发布三次风险提示公告。

公司未披露季度报告的同时存在未披露年度报告或者中期报告情形的，公司股票及其衍生品种应当按照前款和第十三章的有关规定停牌与复牌。

12.9 上市公司财务会计报告因存在重大会计差错或者虚假记载，被中国证监会责令改正但未在规定期限内改正的，公司股票及其衍生品种应当停牌，直至公司披露改正后的财务会计报告当日开市时复牌。公告披露日为非交易日的，则在公告披露后的第一个交易日开市时复牌。公司因未按要求改正财务会计报告的停牌期限不超过两个月。停牌期间，公司应当至少发布三次风险提示公告。

12.10   上市公司的定期报告或者临时报告披露不够充分、完整或者可能误导投资者，但拒不按要求就有关内容进行解释或者补充披露的，本所可以对公司股票及其衍生品种实施停牌，直至公司披露相关公告的当日开市时复牌。公告披露日为非交易日的，则在公告披露后的第一个交易日开市时复牌。

12.11   上市公司在公司运作和信息披露方面涉嫌违反法律、行政法规、部门规章、其他规范性文件、本规则或本所其他有关规定，情节严重而被有关部门调查的，本所在调查期间视情况决定公司股票及其衍生品种的停牌和复牌。

12.12   上市公司严重违反本规则且在规定期限内拒不按要求改正的，本所对公司股票及其衍生品种实施停牌，并视情况决定复牌。

12.13   上市公司因某种原因使本所失去关于公司的有效信息来源，本所可以对公司股票及其衍生品种实施停牌，直至上述情况消除后复牌。

12.14   上市公司因股权分布发生变化导致连续二十个交易日不具备上市条件的，本所将于前述交易日届满的下一交易日起对公司股票及其衍生品种实施停牌。公司在停牌后一个月内向本所提交解决股权分布问题的方案。本所同意其实施解决股权分布问题的方案的，公司应当公告本所决定并提示相关风险。自公告披露日的下一交易日起，公司股票及其衍生品种复牌并被本所实施退市风险警示。

12.15   上市公司因收购人履行要约收购义务，或收购人以终止上市公司上市地位为目的而发出全面要约的，要约收购期满至要约收购结果公告前，公司股票及其衍生品种应当停牌。根据收购结果，被收购上市公司股权分布具备上市条件的，公司股票及其衍生品种应当于要约结果公告日开市时复牌；股权分布不具备上市条件的，且收购人以终止上市公司上市地位为目的的，公司股票及其衍生品种应当于要约结果公告日继续停牌，直至本所终止其股票及其衍生品种上市；股权分布不具备上市条件，但收购人不以终止上市公司上市地位为目的的，可以在五个交易日内向本所提交解决股权分布问题的方案，并参照第12.14条规定处理。

12.16   上市公司在股票及其衍生品种被实施停牌期间，应当每五个交易日披露一次未能复牌的原因（本规则另有规定的除外）。

12.17   上市公司股票被本所实行风险警示的，公司股票及其衍生品种还应当按照本规则第十三章的有关规定停牌和复牌。

12.18   上市公司出现第14.1.1条、第14.1.10条规定的情形之一，或者发生重大事项而影响其上市资格的，公司股票及其衍生品种还应当按照本规则第十四章的有关规定停牌和复牌。

12.19   发行可转换公司债券的上市公司涉及下列事项时，应当向本所申请暂停可转换公司债券的转股：

（一）主动向下修正转股价格；

（二）实施利润分配或者资本公积金转增股本方案；

（三）中国证监会和本所认为应当停牌或者暂停转股的其他事项。

12.20　可转换公司债券出现下列情形之一的，本所按照下列规定停止可转换公司债券的交易：

（一）可转换公司债券流通面值总额少于 3000 万元，且上市公司发布相关公告三个交易日后；公司行使赎回权期间发生前述情形的，可转换公司债券不停止交易。

（二）可转换公司债券自转换期结束之前的第十个交易日起；

（三）中国证监会和本所认为必须停止交易的其他情况。

在 2006 年版的《上海证券交易所交易规则》第四章第二节中对停牌的规定作了如下表述。

4.2.3　股票、封闭式基金交易出现异常波动的，本所可以决定停牌，直至相关当事人做出公告当日的上午 10:30 予以复牌。根据市场发展需要，本所可以调整停牌证券的复牌时间。

4.2.4　本所可以对涉嫌违法违规交易的证券实施特别停牌并予以公告，相关当事人应按照本所的要求提交书面报告。特别停牌及复牌的时间和方式由本所决定。

4.2.5　证券停牌时，本所发布的行情中包括该证券的信息；证券摘牌后，行情中无该证券的信息。

4.2.6　证券开市期间停牌的，停牌前的申报参加当日该证券复牌后的交易；停牌期间，可以继续申报，也可以撤销申报；复牌时对已接受的申报实行集合竞价，集合竞价期间不揭示虚拟开盘参考价格、虚拟匹配量、虚拟未匹配量。

4.2.7　证券挂牌、摘牌、停牌与复牌的，本所予以公告。

4.2.8　证券挂牌、摘牌、停牌与复牌的其他规定，按照本所上市规则或其他有关规定执行。

关于异常波动的判断标准，《上海证券交易所交易规则》第五章第四节中作了明确说明：

5.4.2　股票、封闭式基金竞价交易出现下列情形之一的，属于异常波动：

（一）连续三个交易日内日收盘价格涨跌幅偏离值累计达到 ±20% 的；

（二）ST 股票和 *ST 股票连续三个交易日内日收盘价格涨跌幅偏离值累计达到 ±15% 的；

（三）连续三个交易日内日均换手率与前五个交易日的日均换手率的比值达到 30 倍，并且该股票、封闭式基金连续三个交易日内的累计换手率达到 20% 的；

（四）本所或证监会认定属于异常波动的其他情形。

在 2012 年版的《深圳证券交易所股票上市规则》第 12 章中也对停牌的相关规定作了明确表述。

12.1　上市公司发生本章规定的停牌事项，应当向本所申请对其股票及其衍生品种停牌与复牌。本章未有明确规定的，公司可以本所认为合理的理由向本所申请对其股票及其衍生品种停牌与复牌，本所视情况决定公司股票及其衍生品种的停牌与复牌事宜。

12.2　上市公司应当披露的重大信息如存在不确定性因素且预计难以保密的，或者在按规定披露前已经泄漏的，公司应当第一时间向本所申请对其股票及其衍生品种停牌，直至按规定披露后复牌。

12.3　上市公司在股东大会召开期间出现异常情况，或者未能在股东大会结束后的次日或者次一交易日披露公司股东大会决议公告且决议内容涉及否决议案的，公司应当向本所申请股票及其衍生品种停牌，直至公司披露股东大会决议公告或者相关信息后复牌。对于未按本规则规定披露公司股东大会决议公告或者未申请停牌的公司，本所可以视情况对其股票及其衍生品种实施停牌，直至公司按规定披露相关公告后复牌。

12.4　公共媒体中出现上市公司尚未披露的信息，可能或者已经对公司股票及其衍生品种交易价格产生较大影响的，本所可以在交易时间对公司股票及其衍生品种实施停牌，直至公司披露相关公告的当日复牌。公告日为非交易日的，则在公告披露后的首个交易日开市时复牌。

12.5　上市公司财务会计报告被出具非标准无保留意见，且该意见所涉及事项属于明显违反会计准则及相关信息披露规范性规定的，自公司公布相关定期报告起，本所对公司股票及其衍生品种实施停牌，直至公司按规定做出纠正后复牌。

12.6　上市公司未在法定期限内公布年度报告、半年度报告或者未在本规则规定的期限内公布季度报告的，本所于相关定期报告披露期限届满后次一交易日，对该公司股票及其衍生品种实施停牌。公司股票及其衍生品种因未披露年度报告和半年度报告的停牌期限不超过两个月。在停牌期间，公司应当至少发布三次风险提示公告。公司股票及其衍生品种因未披露季度报告被停牌的，直至季度报告披露当日开市时复牌。公告日为非交易日的，则在公告后首个交易日开市时复牌。未披露季度报告的公司同时存在未披露年度报告或者未披露半年度报告情形的，公司股票及其衍生品种应当按照本条第二款和第十三章的规定停牌与复牌。

12.7　上市公司因财务会计报告存在重大会计差错或者虚假记载，被中国证监会责令改正但未在规定期限内改正的，本所自规定期限届满后次一个交易日起对公司股票及其衍生品种实施停牌，直至其改正的财务会计报告披露当日复牌。公告日为非交易日的，则在公告后首个交易日开市时复牌。上述停牌期限不超过两个月。在停牌期间，公司应当至少发布三次风险提示公告。

12.8　上市公司在公司运作和信息披露方面涉嫌违反法律、行政法规、部门规章、规范性文件及本所发布的业务规则、细则、指引和通知等相关规定，情节严重的，在被有关部门调查期间，本所视情况决定该公司股票及其衍生品种停牌和复牌事宜。

12.9　上市公司未按本规则或者本所其他相关规定披露其定期报告或者临时报告，或者不按要求进行解释、纠正或者补充披露的，本所可以对该公司股票及其衍生品种实施停牌，直至公司披露相关公告的当日复牌。公告日为非交易日的，则在公告后首个交易日开市时复牌。

12.10　上市公司严重违反本规则或者本所其他相关规定且在规定期限内拒不按要求改正的，本所可以对其股票及其衍生品种实施停牌，并视情况决定其复牌时间。

12.11　上市公司因某种原因使本所失去关于公司的有效信息来源时，本所可以对该公司股票及其衍生品种实施停牌，直至上述情况消除后复牌。

12.12　上市公司因收购人履行要约收购义务，或者收购人以终止上市公司上市地位为目的而发出全面要约的，要约收购期限届满至要约收购结果公告前，公司股票及其衍生品种应当停牌。根据收购结果，被收购上市公司股权分布具备上市条件的，公司股票及其衍生品种将于要约收购结果公告日开市时复牌。根据收购结果，被收购上市公司股权分布不再具备上市条件且收购人以终止公司上市地位为收购目的的，公司股票及其衍生品种将于要约收购结果公告日起继续停牌，直至本所终止其股票及其衍生品种上市。根据收购结果，被收购上市公司股权分布不再具备上市条件但收购人不以终止公司上市地位为收购目的，且公司未能披露可行的解决方案的，其股票及其衍生品种将于要约收购结果公告披露当日起继续停牌。公司在停牌后五个交易日内披露可行的解决方案的，其股票及其衍生品种可以复牌。公司在停牌后五个交易日内未披露解决方案，或者披露的解决方案存在重大不确定性的，或者在披露可行的解决方案后一个月内未实施完成的，该公司股票按本规则第十三章的有关规定实行退市风险警示。

12.13　上市公司因要约收购以外的其他原因导致股权分布发生变化连续二十个交易日不再具备上市条件，未在上述二十个交易日内披露可行的解决方案的，本所在上述期限届满后次一交易日对该公司股票及其衍生品种实施停牌。公司在停牌后一个月内披露可行的解决方案的，公司股票及其衍生品种可以复牌。公司在停牌后一个月内未披露解决方案，或者披露的解决方案存在重大不确定性的，或者在披露可行的解决方案后一个月内未实施完成的，该公司股票交易按本规则第十三章的有关规定实行退市风险警示。公司应当在因股权分布发生变化导致连续十个交易日不再具备上市条件时，及时对外发布风险提示公告。

12.14　上市公司在其股票及其衍生品种被实施停牌期间，应当至少每五个交易日披露一次未能复牌的原因(本规则另有规定的除外)和相关事件进展情况。

12.15　上市公司出现异常状况，本所对其股票交易实行风险警示的，该公司股票及其衍生品种按本规则第十三章的有关规定停牌和复牌。

12.16　上市公司出现本规则 14.1.1 条、14.1.12 条规定的情况之一，或者发生重大事件而影响公司股票及其衍生品种上市资格的，该公司股票及其衍生品种按本规则第十四章的有关规定停牌和复牌。

12.17　可转换公司债券上市交易期间出现下列情况之一时，可转换公司债券停止交易：

(一)可转换公司债券流通面值少于三千万元时，在公司发布相关公告三个交易日后停止其可转换公司债券的交易；

(二)可转换公司债券转换期结束前的十个交易日停止其交易；

(三)可转换公司债券在赎回期间停止交易；

(四)中国证监会和本所认为应当停止交易的其他情况。

12.18　除上述规定外，本所可以依据中国证监会的要求或者基于维护市场秩序的需要，做出上市公司股票及其衍生品种停牌与复牌的决定。

总体来看，两个交易所在其上市规则中关于停牌原因的规定大致相同，在其交易规则中关于停牌的表述几乎完全相同。此外，2007 年 9 月 1 日，上交所开始实施盘中临时停牌。2008 年 5 月 4 日，上交所在其发布的《上海证券交易所证券异常交易实时监控指引》中就盘中临时停牌的规定进行了详细说明。

第三条　证券竞价交易出现以下异常波动情形之一的，本所可以根据市场需要，实施盘中临时停牌：

（一）无价格涨跌幅限制的股票盘中交易价格较当日开盘价首次上涨或下跌超过30％、累计上涨超过100％或累计下跌超过50％的；

（二）到期日前两个月内，市场价格明显高于理论价格且前收盘价格在0.100元以上（含0.100元）的价外权证，盘中交易价格较当日开盘价首次上涨超过20％、累计上涨超过50％的；

（三）到期日前两个月内，市场价格明显高于理论价格且前收盘价格在0.100元以下（不含0.100元）的价外权证，盘中交易价格较当日开盘价首次上涨超过50％、累计上涨超过80％的；

（四）在竞价交易中涉嫌存在违法违规行为，且可能对交易价格产生严重影响或者严重误导其他投资者的；

（五）中国证监会或者本所认为可以实施盘中临时停牌的其他情形。

第四条　盘中临时停牌时间按下列标准执行：

（一）权证首次盘中临时停牌持续时间为60分钟；

（二）其他证券首次盘中临时停牌持续时间为30分钟；

（三）首次停牌时间超过收盘时间的，在当日收盘前五分钟复牌；

（四）第二次盘中临时停牌时间持续至当日收盘前五分钟。

第五条　实施盘中临时停牌后，本所将通过本所网站和卫星传输系统对外发布公告。具体停复牌时间，以本所公告为准。

第六条　投资者可以于盘中临时停牌期间撤销未成交的申报。

同样，在2011年修订的《深圳证券交易所交易规则》第五章第三节中也增加了关于盘中临时停牌的规定。

4.3.5　无价格涨跌幅限制股票交易出现下列情形的，本所可以对其实施盘中临时停牌措施：

（一）盘中成交价较当日开盘价首次上涨或下跌达到或超过20％的，临时停牌时间为30分钟；

（二）盘中成交价较当日开盘价首次上涨或下跌达到或超过50％的，临时停牌时间为30分钟；

（三）盘中成交价较当日开盘价首次上涨或下跌达到或超过80％的，临时停牌至14：57。

盘中临时停牌具体时间以本所公告为准，临时停牌时间跨越14：57的，于14：57复牌并对已接受的申报进行复牌集合竞价，再进行收盘集合竞价。本所可以视盘中交易情况调整相关指标阈值，或采取进一步的盘中风险控制措施。

4.3.6　证券停牌时，本所发布的行情中包括该证券的信息；证券暂停上市或摘牌后，行情信息中无该证券的信息。

4.3.7　证券在9：25前停牌的，当日复牌时对已接受的申报实行开盘集合竞价，复牌后继续当日交易。证券在9：30及其后临时停牌的，当日复牌时对已接受的申报实行盘中集合竞价，复牌后继续当日交易。停牌期间，可以申报，也可以撤销申报。停牌期间不揭示集合竞价参考价、匹配量和未匹配量。

为切实防范首次公开发行股票上市首日交易风险，维护证券市场秩序，提高市场约束力，保护投资者的合法权益，2012 年 3 月 8 日，深圳证券交易所发布了《关于完善首次公开发行股票上市首日盘中临时停牌制度的通知》。2012 年 5 月 23 日，深交所发布了《关于进一步完善首次公开发行股票上市首日盘中临时停牌制度的通知》，对股票上市首日盘中临时停牌制度的有关事项进行了规定。

一、股票上市首日出现下列情形之一的，本所可以对其实施盘中临时停牌：

（一）盘中成交价较当日开盘价首次上涨或下跌达到或超过 10% 的，临时停牌时间为 1 小时；

（二）盘中成交价较当日开盘价首次上涨或下跌达到或超过 20% 的，临时停牌至 14:57；

（三）盘中换手率达到或超过 50% 的，临时停牌时间为 1 小时。

盘中临时停牌具体时间以本所公告为准，临时停牌时间跨越 14:57 的，本所将其于 14:57 复牌并对已接受的申报进行复牌集合竞价，再进行收盘集合竞价。

临时停牌期间，投资者可以申报，也可以撤销申报。

二、暂停上市后恢复上市首日等实行无价格涨跌幅限制的股票的盘中临时停牌，参照前条规定执行。

1.4.3　中国境内证券市场停牌制度的特点

从沪深证券市场停牌制度的内容来看，其主要目的是为了提高市场透明度，降低信息非对称程度，保护交易者利益，维护市场的有效运行。从实施停牌的主体来看，既可以由上市公司提出申请、交易所批准实施，也可由交易所自行决定实施与否，同时中国证监会也有权决定停牌。从停牌原因来看，境内市场对于停牌规则的制定非常详细，停牌类别无疑远远多于 1.3 节中提到的几个境外证券市场，并且存在大量的例行停牌。此外，还可以发现，境内停牌规则中并没有对强制复牌和市场断路器做出明确规定。更值得注意的是，尽管我国有不少上市公司在内地和香港同时上市，但是境内停牌规则并没有对这种多市场上市证券的停牌做出明确规定。

根据复牌时间的不同，可以分为两类：一类是完成停牌之后在复牌交易日当天 9:30 或 10:30 复牌的常规停牌；另一类是在交易日内临时停牌，且可能在任意时刻复牌的盘中临时停牌。复牌的股票并不直接进入连续交易系统，而是采取集合竞价的方式复牌。对于在 9:30 复牌的股票，其复牌方式与其他正常开盘的股票相同，即依据交易所交易规则，在 2006 年 7 月 1 日前采取封闭式集合竞价复牌，在 2006 年 7 月 1 日之后采取开放式集合竞价复牌；对于在 10:30 复牌的股票，其复牌方式采取的是封闭式集合竞价。无论是 9:30 复牌的股票还是 10:30 复牌的股票，在使用集合竞价复牌之后，都会进入连续交易系统开始连续竞价。对于盘中临时停牌的股票，沪深股市略有差异。沪市的股票，在完成盘中临时停牌后，会以封闭式集合竞价复牌，然后进入连续交易系统；而对于深市的股票，由于每个交易日收盘集合竞价的存在，因此在交易日 14:57 之前复牌的股票采取封闭式集合竞价，而在 14:57 之后 15:00 之前复牌的股票则采取开放式集合竞价。

通过对比分析境外证券市场的停牌制度，以及综合黄本尧（2003）和胡文伟等（2007）的分析，发现沪深交易所的停牌制度具有如下特点。

（1）停牌过于形式化。沪深交易所在各自的上市规则中详细规定了各种需要停牌的情况及停牌的期限。无论上市公司发生的情况是否真的会导致证券价格出现异常波动，只要符合停牌规则中的相应条款，那么上市公司必须按照规定进行停牌。这种规定使得定期报告、临时报告和股东大会停牌成为中国股市数量最多的停牌。相比之下，境外市场的停牌原则是：当发生重大事件需要公告，上市公司要先向保荐人或做市商咨询，如果确定将要公布的信息有可能引起股价异动时，才向交易所申请停牌。

（2）停牌类型过于繁杂。从沪深交易所的上市规则来看，中国内地股市的停牌规定较为复杂，停牌类型远远多于境外市场。2006 版上市规则中共有 18 种停牌类型。事实上，尽管 2008 年版和 2012 年版上市规则取消了定期报告和临时报告停牌、股东大会召开日的全天停牌、异常波动公告披露日的一小时停牌等类型，但是在该版规则中，依然有超过 15 项关于停牌的规定。从停牌的内容看，中国股市停牌制度的琐碎程度远远超出了境外证券市场。

（3）停牌次数较多。由于停牌类型中包括了例行停牌，因此我国内地上市公司的平均停牌次数要远远多于境外上市公司的停牌次数。据黄本尧（2003）对美国纽约证券交易所、纳斯达克证券交易所、香港联交所等 15 家交易所进行的 6～51 个月不等的统计，这些交易所的股票年平均停牌次数为 0.2779 次。而深圳证券交易所自 2002 年 4 月 1 日至 2003 年 4 月 1 日共停牌 4423 次，上市公司年平均停牌高达 8.7067 次，其中例行停牌 3645 次，占总停牌次数的比重为 82.41%，警示性停牌 778 次，占总停牌次数的比重仅为 17.59%。在例行停牌中，定期报告的例行停牌为 1981 次，占总停牌次数的比重为 44.79%，临时报告的例行停牌为 1664 次，占总停牌次数的比重为 37.62%。大量的例行停牌夹杂在警示性停牌当中，使得很多交易者将停牌视为摆设，停牌的警示性无法显现出来。

（4）停牌时间较长。境外市场认为应该尽量控制停牌的时长以保证交易的连续性，因此通常要求在发布敏感信息公告之后立即复牌；而对于在交易时间内发生的停牌，其停牌时间一般都不超过 1 小时。从内地市场的停牌来看，尽管 2002 年的停牌改革已经将停牌时间大大缩减，但是最短停牌时间仍然有 1 小时之久。对于因资产重组、重大收购或股权变更等情形发生的停牌，可以持续数十个交易日，而因为股权分置改革发生的停牌甚至可以持续几年时间。

（5）停牌措施不完备。从内地市场的停牌来看，部分措施尚不完善。例如，为了保证交易的连续性和市场的流动性，境外市场通常设置了强制复牌措施。根据上述规定，如果在规定停牌期限内上市公司不能发布相关公告信息，那么交易仍然需要继续进行。对于内地市场而言，强制复牌方面的措施尚不完备。除了因重大收购、出售资产或股权、债务重组中的不确定事项累积停牌达 90 天且上市公司未申请复牌的情况下可以执行强制复牌外，对于其他类型的停牌还没有强制复牌的规定。又如，为了避免市场因为急剧下跌而崩盘，一些境外市场根据情况设置了断路器（如纽约证券交易所）。目前，该措施在我国境内市场尚未引入，这使得以散户居多的沪深股市经常出现暴跌的现象（例如 2007 年"5.30"大跌）。又如，境外市场对于同时在多个交易所上市的证券往往有联动停牌方面的规定，而在境内市场这方面的规定尚未出台。

第二章　停牌制度研究现状综述

自从 1968 年德姆塞茨(Demsetz)的《交易成本》(*The Cost of Transacting*)一文发表以来，市场微观结构理论逐渐成为现代金融学中一个重要的新兴分支，大量的市场微观结构研究（例如，O'Hara，1995；Madhavan，2000；Biais et al.，2005；曾勇等，2008；刘逖，2011)已经表明，交易机制对市场的价格发现过程有着巨大的影响，完备的交易机制对于提高市场质量无疑具有重要意义。

停牌作为一种重要的价格稳定机制，是交易机制中关键的一环，特别是在 1987 年全球股灾之后，该制度逐渐被应用于全球各主要证券市场。实施停牌的主要目的是降低信息的非对称程度，使得交易者能够在面临市场剧烈波动或巨大信息冲击时，有充足的时间消化市场的价格或信息冲击并做出更好的交易决策，进而维护市场秩序，保证市场能公平、公正、稳定地运行。

与监管层对于停牌制度的良好预期不同，学者们对于停牌制度的争议较大。支持者认为，在重大的新信息到来时，停牌为交易者和做市商提供了充分消化信息的机会，使其可以做出更好的交易决策，进而可以提高复牌后的价格发现效率。反对者则认为，停牌给市场带来了人为的交易中断，阻止了潜在的需求转化为交易，反而降低了价格发现效率。

双方争论的焦点在于，在现有的市场微观结构下，停牌是否有效？停牌最终能否促进市场的价格发现效率？为了检验停牌制度的有效性，现有研究主要从三方面入手：①停牌的信息释放功能；②停牌前后的交易行为（如交易量、波动性和流动性）；③停牌的价格发现效率。从境外已有的实证研究来看，大多数研究都集中在北美和欧洲的成熟证券市场，对于新兴市场尤其是亚洲证券市场的关注度还不高。

2.1　停牌的信息释放功能

从停牌制度的设计来看，其首要目的是提高证券市场的透明度，使公告信息能在停牌期间传递到市场，并且交易者能够在此期间消化上述信息。因此，检验停牌期间信息是否释放以及信息释放的程度，成为检验停牌制度有效性的一个重要依据。

1. 停牌不利于信息释放

关于停牌是否有利于信息释放的问题，Stigler(1964)最早开始质疑，并且认为阻止交易并不是交易所所要发挥的功能。事实上，只有交易才能给市场传递真正有价值的信息。而停牌不但阻止了信息的传递，而且还给部分投资者提供了"搭便车"的机会。Grossman(1980)也指出：停牌实际上阻止了交易者把潜在需求转化为交易，延长了价格吸取信息的时间，价格形成过程会因此被延迟，进而导致在证券复牌时产生短暂而剧烈的价格波动。

Subrabmanyam(1994)在理性预期的框架下，构建了一个理论模型对断路器以及强制停牌进行研究，结果发现断路器或停牌影响了市场参与者事先的决策，不仅没有降低市场的价格波动，反而起到了负面作用。Subrabmanyam进一步发现，断路器或停牌可以产生一种"吸引力效应(gravitational pull)"或"磁吸效应(magnet effect)"，即在市场发生剧烈波动时，证券价格通常会往触发断路器或停牌的方向移动。对于上述吸引力效应，Goldstein和Kavajecz(2004)为其提供了一定的实证依据。不过，Subrabmanyam(1995，1997)进一步指出，相对而言，自主停牌(discretionary trading halts)的有效性比强制停牌高，因为交易所在判断是否应该自主停牌的过程中会向市场释放新的信息。

Kryzanowski(1979)选取加拿大多伦多证券市场1967~1973年的388个停牌样本，借助Sharpe(1964)提出的单因子市场模型，通过考察停牌前后半年时间内的超常收益率来分析停牌对信息释放的影响。研究结果表明，如果在停牌期间发布的是好消息，那么消息可以很快地反应到复牌后的股票价格当中；反之，如果停牌期间发布的是坏消息，那么信息不能较快地反应到复牌后的价格中去，股票的价格在复牌之后的一段时间仍然会继续下滑。

Howe和Schlarbaum(1986)选取部分被美国证券交易委员会实施停牌的上市公司样本，分析了停牌前后共计40周以内的超常收益率变化情况，结果发现停牌对于信息的披露是完全没有效果的，在停牌制度的作用下市场并不能达到半强式有效。Schwert(1989)也发现停牌对降低市场的波动性不但没有作用，反而会增加市场的波动性。Lauterbach和Ben-Zion(1993)也指出，断路器只能在短期内有作用，长期内反而会导致市场的过度反应。

Ferris等(1992)通过收益率、波动性和交易量分析了1963~1987年由美国证券交易委员会执行停牌的上市公司样本，结果发现停牌期间股票价格的变化没有完全反映对应的信息，并且停牌前后的价格波动和交易量均大于没有停牌的情形，并且因停牌引起的异常现象需要较长时间才能恢复到正常水平。据此，他们认为美国市场的停牌制度不但没有消除反而引起了市场的异常行为。Kabir(1994)通过对伦敦股票市场1970年1月至1988年3月期间的426例停牌事件的研究发现，与停牌信息相对应的价格调整在停牌期间并未全部完成，在复牌后的一段时间内仍可以发现显著为正的超常收益率，这也意味着停牌并不能使信息完全释放，信息的释放是在复牌后逐步完成的。

Bacha等(2008)采用马来西亚证券市场2000~2004年的291例停牌事件对新兴市场停牌制度的有效性进行了实证检验。研究结论表明，停牌导致了交易量和波动率增加，并且在停牌前存在信息泄露。总体来看，马来西亚证券市场的停牌制度是无效的。

此外，Ackert等(2001)采用实验的方法研究了断路器对价格行为、交易量、投资者的获利情况等因素的影响。研究表明，断路器不会影响市场释放信息，也不会显著影响投资者的交易行为和获利情况，影响价格行为的本质原因是信息，而信息主要是通过交易来传递的。因此，就投资者而言，他们是不愿意市场被中断的。McDonald和Michay-luk(2003)甚至在巴黎证券市场发现利用停牌来操纵股票价格的现象。

2. 停牌促进信息释放

与上述文献的研究方法类似，Hopewell 和 Schwartz(1978)、Wu(1998)、Tan 和 Yeo(2003)和 Engelen 和 Kabir(2006)分别对美国纽约、中国香港、新加坡和比利时布鲁塞尔证券市场的停牌进行了研究，但是其研究结论却表明停牌有助于信息的有效传递。

Hopewell 和 Schwartz(1978)选取纽约证券交易所 1974 年 2 月至 1975 年 6 月的 948 个停牌样本，通过市场模型分析了停牌期间的价格调整以及停牌前后各一段时间内的价格行为，结果发现公告信息已经在停牌期间得到充分释放，对应的价格调整大部分是在停牌期间完成的，因此市场是有效的。

Wu(1998)通过超常收益率、波动性和交易量考察了香港股票市场停牌制度的有效性。结果发现：当新信息到来时，股票价格能够在停牌期间迅速地进行调整，股价的变动主要集中在复牌交易日；此外，没有明显的迹象表明交易者能够在复牌后获取超常收益。相对而言，由监管层强制要求的停牌效率要高于上市公司自主申请的停牌。

Tan 和 Yeo(2003)选取新加坡证券市场由上市公司自主申请的停牌记录，将其分为"利好消息"和"利空消息"两个子样本，通过停牌前后各 30 个交易日的累积超常收益率、交易量和价格波动率来分析停牌的效果。结果发现，利好消息会导致停牌日的价格变化率显著为正，而利空消息则会导致停牌当日的价格变化率显著为负。总体来看，停牌促进了信息的释放。

Engelen 和 Kabir(2006)使用比利时布鲁塞尔交易所 1992 年 1 月至 2000 年 6 月 102 个停牌样本，借助 5 种不同的计算超常收益率的方法[①]，通过停牌前后 20 个交易日内的累积超常收益率考察了停牌制度在释放信息中的作用。研究结果表明，停牌在信息传递中发挥了重要作用，可以使得信息在停牌期间迅速被市场接收。同时，停牌之后股票的交易量也会随之增大。此外，Engelen 和 Kabir(2006)还发现，停牌并不会增大股价的波动，这与之前在北美市场得到的研究结果是完全不同的。

2.2 停牌前后的交易行为

事实上，从第 2.1 节中的文献来看，为了检验停牌制度是否能促进信息传递，这些文献都借助各种模型去计算停牌前后的超常收益率，选取的事件窗通常是停牌前后(包括停牌日在内)的数十个交易日。更有甚者，是以几周或者几个月作为事件窗口中的一个期间。然而，现实中有很多种停牌的持续时间实际上不到一天(例如，美国、加拿大、澳大利亚证券市场的部分停牌)，整个停牌的过程是在一个交易日内完成的。因此，以日频、周频甚至月频的超常收益率为研究对象的方法，实际上忽略了由停牌带来的日内交易行为的变化。为此，部分文献基于日内高频交易数据，通过考察停牌前后一小段时间内的市场微观结构指标(如交易量、流动性和波动性)，去研究停牌对日内交易行为的影响，

---

① 在 Engelen 和 Kabir(2006)的论文中，用于计算超常收益率的基准预期收益的计算方法分别采用了市场调整模型、市场模型、Fama-French(1993)三因素模型、Dimson(1979)模型和基于控制样本(根据行业特征匹配的非停牌样本)的计算方法。

进而分析停牌制度的有效性。

2.2.1　停牌是无效的

Lee 等(1994)采用日内的高频交易数据,通过分析交易量和波动性两类指标,考察了纽约证券市场停牌制度的作用。为了研究停牌对日内交易行为的影响,Lee 等(1994)分析了纽约证券交易所 1988 年的 852 例停牌事件[①],并且先后构造了两种与停牌样本相对应的"虚拟停牌(pseudohalt)"样本,进而通过"异常观测值"指标(abnormal measure),分析了停牌和连续交易之间的差异。研究结果表明,在停牌结束后的头三天内成交量和价格波动比虚拟停牌情况下大得多,并且该结论对于不同类型的停牌均是稳健的。即使是在控制住了媒体覆盖因素(media coverage)的情况下,停牌制度本身的影响依然是显著的。同样,Fong(1996)对纽约证券市场 1988~1989 年的 1512 例停牌事件的研究也发现,复牌两小时内的价格变化率(30 分钟的超常收益率的绝对值)明显大于没有停牌的情形。

Corwin 和 Lipson(2000)采用 1995~1996 年的 469 个停牌样本,进一步从订单流和流动性两个方面研究了纽约证券交易所的停牌制度。通过比较同样的股票在停牌日和非停牌日的订单流和流动性的差异,该文发现:与没有停牌的情形相比,市价订单和限价订单提交或取消的次数在停牌期间明显增加,复牌时限价格订单薄上的大部分订单是在停牌期间提交的。尽管在停牌前后做市商提供了额外的流动性,但是市场深度仍然很低。对于因为消息披露而发生的停牌,复牌之初的价差远远超过非停牌日水平,且在 20~30 分钟之后才能恢复到正常水平;对于因为订单不平衡而发生的停牌,在停牌之前的 15 分钟内买卖价差也会急剧增大。以上结论充分说明,做市商会在订单不平衡发生之前扩大价差,并且把这种不平衡的信息传递给市场参与者,导致停牌后的市场流动性下降。此外,该文还研究了停牌对波动性的影响,结果发现停牌带来的流动性下降是导致波动性增加的原因之一。

Christie 等(2002)研究了纳斯达克股票市场 1997~1998 年的 714 例与信息披露相关的停牌(news-related trading halts)对交易活跃程度、波动性和交易成本的影响。研究结果发现:从 5 分钟报价期间(盘中临时停牌)的情况来看,报价修正(quote revisions)的次数更多,交易量更大,复牌后的价格波动和交易成本明显大于非停牌日的情形;相对于正常情况(没有停牌的情形),停牌后的内部价差(inside spread)是正常水平的 2 倍,而价格变化率甚至是正常水平的 9 倍。但是,从次日复牌的情况来看,复牌后的交易成本与非停牌日相比没有显著变化。总体来说,信息的不确定性在复牌时并没有消除,复牌后价格的波动性反而更大。需要指出的是,除了使用控制时间因素(time-of-day effects)的非停牌日样本外,该文还使用了控制价格因素的非停牌日样本,得到的结果与上面的结果类似。这说明,价格因素并不是停牌制度与连续交易机制之间存在差异的原因,导致停牌发生的事件以及停牌机制本身才是造成这些异常行为的原因。

---

① Lee 等(1994)研究的停牌包括订单不平衡(order imbalance)、信息披露(news dissemination)和未确定信息(news pending)等三种类型。

除了上述几篇针对美国股票市场的研究外，Kryzanowski 和 Nemiroff（1998，2001）对加拿大证券市场的研究也得到了类似的结论。通过交易量、波动率、价差和逆向选择成本等指标，Kryzanowski 和 Nemiroff（1998，2001）分析了加拿大多伦多和蒙特利尔证券市场停牌制度的实施效果。研究结果显示，与没有停牌的情形相比，停牌前后股票的交易量和价格波动明显增大，价差和逆向选择成本也同时增加。从市场微观结构指标的表现来看，信息的不确定性和非对称性并没有在停牌期间消除，复牌价格并不能完全揭示信息，更多的价格发现实际上是在复牌后完成的。

此外，Frino 等（2011）采用 Lee 等（1994）的方法对澳大利亚证券市场 1972 例停牌事件的研究表明，停牌会增加复牌后的交易量和波动率，同时会增加买卖价差和降低市场的深度。因此，停牌制度并没有改善市场的质量，反而伤害了市场和投资者。

2.2.2　停牌是有效的

在 1987 年 11 月全球发生股灾后，美国证券交易委员会推出了布雷德报告（Brady task force report）。该报告认为，采取大规模停牌（即断路器）可以有效防止市场出现剧烈的波动。通过停牌，交易者有足够的时间来消化巨大的价格冲击和敏感信息的影响，缓解恐慌带来的抛压，进而对原来的交易策略进行调整，从而避免出现更大幅度的价格波动。此外，通过停牌，还可以减少程序化交易指令（如指数套利指令）带来的冲击，这样可以在一定程度上避免市场出现崩盘。

Greenwald 和 Stein（1988，1991）分析了无效的市场交易机制是如何导致市场出现崩盘的。他们认为，导致市场崩盘的直接原因在于交易风险。当市场发生剧烈的价格波动或出现重大的信息冲击时，交易者提交的订单（无论是限制订单还是市价订单），均很难以交易者可以接受的价格实现，这使得交易者（特别是价值交易者）往往不愿意提交订单。而断路器或停牌的作用在于，既可以平衡即时交易又可以充分披露信息，进而确保价格可以充分反映信息而又不至于过度反应。在断路器或停牌的保护下，交易者可以在极端情形下得到缓冲，进而降低其交易风险。因此，在市场出现极度供需失衡或巨大信息冲击的情况下，使用断路器或停牌可以提高价格的有效性。同时，他们也认为，由于断路器或停牌是以牺牲即时性为代价的，因此只有在极端情形下才是适用的。

Madhavan（1992）基于理性预期框架，分析了证券的各种交易机制在不同情形下所起的作用。Madhavan 认为，当信息不对称达到一定程度时，连续交易机制无法使用，而做市商也会因为巨大的交易成本而退出交易。因此，在重要的新信息公开前或交易日开始时，有可能出现连续报价和做市商制度无法运行的情况。在此情形下，如果通过停牌披露私有信息，降低信息的非对称程度，那么交易就可以重新开始。基于上述理由，很多市场会在开盘交易时或连续报价中采取先停牌后集合竞价的制度，目的就是使交易者有足够时间充分了解与价格相关的信息，从而保证其后连续交易的顺利进行。

此外，Koders 和 O'Brien（1994）的理论模型也对市场大规模停牌（即断路器）的作用进行了考察。尽管 Koders 和 O'Brien 的模型是在理性预期的框架下对市场上价格限制（price limit）的作用进行研究。但是考虑到停牌和价格限制在中止交易方面有相似的作用，因此他们也对停牌的作用进行了拓展性分析。根据该文的理论预示，停牌尽管会让交易中止，但是在极端情形下却可以为交易者提供获得更多信息的机会，使其能做出更有利的交易决策，这样可以降低复牌后的股价波动。

2.3　停牌的价格发现效率

正如前文所述，关于停牌的争议焦点在于，停牌是否能促进市场的价格发现效率。而实际上，无论是考察停牌的信息释放功能，还是分析停牌前后的市场交易行为，这些研究都是通过选取合理的代理变量去间接刻画停牌制度对于市场价格发现功能的影响。基于此，部分学者没有采用常见的超常收益率、交易量、波动性和流动性指标，而是通过构造适当的价格发现指标去分析停牌制度的实施效果。

Chen 等(2003)选取纽约证券交易所 1992 年发生的订单不平衡、信息披露、未确定信息三类停牌共 1217 例停牌事件，通过其自定义的价格分散程度(price dispersion)考察了停牌对于价格发现效率的影响。研究结果发现，当股票停牌是因为信息披露或订单不平衡发生时，停牌能够降低价格分散程度，促进市场的价格发现效率，并且停牌的效果与信息的强度显著正相关；当股票停牌是由于未决信息发生时，停牌会降低价格发现效率。与之前的文献相比，该文没有采用交易量、流动性和波动性等常见的微观指标，而是直接构造价格分散程度来研究停牌的效果，这种指标可以较好地度量价格发现效率。

Madura 等(2006)选取纳斯达克证券交易所 1998 年的 9 类停牌共 656 例停牌事件，并把样本划分为可预期的市场消息(anticipated events)和突发事件(surprise events)两类，通过超常收益率同时借鉴 Barclay 和 Warner(1993)和 Cao 等(2000)定义的"加权价格贡献"(weighted price contribution，WPC)指标来分析停牌的作用。从停牌和停牌前后 3 天的超常收益率来看，停牌前和停牌都对价格发现有所贡献，而停牌后对价格发现的贡献较小。对于可预期的市场消息，停牌前和停牌对价格发现影响较大，停牌后则没有影响；对于突发事件，停牌前对价格发现无影响，停牌对价格发现影响最大，停牌后的影响有限。另外，从加权价格贡献指标来看，接近 80% 的价格贡献集中在停牌期间，约有 15% 的价格贡献是在停牌前，并且以上两个期间内的 WPC 都显著异于 0；只有约 5% 的价格贡献是在停牌后，并且结果不显著。总体来看，信息已经在复牌之前释放完毕，停牌对提高市场的价格发现效率有显著作用。

借鉴 Biais 等(1999)关于价格调整与"学习效应"的方法，Hauser 等(2006)通过构造价格对新信息的调整速度，研究了拥有特殊停牌制度的以色列特拉维夫股票市场。该文使用的数据具有两个独特之处：①在停牌事件发生当天，停牌时长固定为 45 分钟；②停牌类型是由官方分类的。此外，为了比较停牌日与非停牌日的区别，该文同时使用了两个不同的控制样本：①操作性控制样本(operational control group)，该样本选取那些公告内容与停牌样本的公告内容相同但是却没有停牌的记录；②价值控制样本(value control group)，该样本选取与停牌样本在相同交易区间内价格变化较接近的记录[类似于 Lee 等(1994)中的第二种控制样本]。最终研究结果表明，如果在信息披露时市场有一个停牌过程作为缓冲，那么信息的传递将比没有停牌时快 40%。此外，他们还发现，异常交易活动(abnormal trading activity)与价格调整速度正相关。总体来看，停牌对于提高市场的价格发现效率具有显著作用。

2.4　关于停牌制度的其他研究

除了从不同的角度研究停牌制度的有效性外，境外部分学者还研究了主板市场股票停牌时场外市场的表现、不同类型停牌间的差异、停牌制度对于做市商做市时所起的作用、停牌股票对同行业未停牌股票的影响、停牌与价格限制之间的差异等问题。

Fabozzi 和 Christopher(1988)分析了当纽约证券交易所的股票停牌时，场外交易市场(over-the-counter market)的反应。结果发现，当个股在纽约证券交易所停牌时，同一只在场外市场交易的股票会表现出比平常更大的价格波动。同时，他们还发现，由于价格波动是随机的且不会提供套利机会，因此停牌时无需固定场外交易的地点。Chakrabarty 等(2011)通过研究同一上市公司的股票因订单不平衡在纽约证券交易所停牌，但在其他市场不停牌的样本发现，价格发现效率主要体现在没有停牌的市场交易中。

Edelen 和 Gervais(2003)通过构建一个委托代理模型分析了存在做市商的市场上停牌制度所起的作用。他们认为，证券交易所的目标是使得全体做市商利益之和最大化，而单个做市商的目标则是个人利益最大化，两者存在委托代理问题。在交易所和做市商之间信息极度不对称的情形下，上述问题甚至会导致做市商的收益为负。在这种情况下，停牌可以有效地传递信息，避免做市商出现负收益的情况。

Jiang 等(2009)通过收益率、交易量、波动率和逆向选择成本等微观指标，分析了纽约证券交易所的个股停牌对同行业未停牌股票的影响。该文发现，个股停牌的确会对同行业的相关股票产生影响：当股票停牌时，与之相关的股票价格波动和逆向选择成本会显著增加，同时交易次数和交易量也会显著增大。该文的结果对 Spiegel 和 Subrahmanyam(2000)和 Tookes(2008)提出的两个理论模型进行了验证。

Kim 等(2008)使用西班牙证券市场的交易数据，分析了停牌与价格限制之间的差异。研究结果表明，无论是执行停牌还是使用价格限制，在恢复连续交易后股票的活跃程度都会增加。在停牌以后，股票的价格波动保持在正常水平，而在价格限制发生以后，股价波动却会显著增加。同时，他们还发现，在停牌过后信息的非对称程度会降低，而在价格限制发生以后信息的非对称程度却会增加。此外，停牌和价格限制都会推迟市场的价格发现。总体来看，停牌所起的作用要优于价格限制。

2.5　关于中国证券市场停牌制度的研究

境内证券市场的停牌制度是在 1998 年正式推出，至今已超过十年时间。然而，与国外证券市场较为丰富的研究成果相比，对中国证券市场停牌制度的研究却相对较少。在 2000 年以前，尽管业界对于停牌制度的争议很大，却很少有文献考察停牌制度在整个市场微观结构中所起的作用。在可以查证的文献中，仅有储诚忠(1998)结合英国伦敦和荷兰阿姆斯特丹证券交易所的实践经验，对境内当时的临时停牌制度进行了简单分析。在

2000 年之后，随着中国证券市场的蓬勃发展，上市规则和交易规则不断变更，停牌制度也在不断改革和完善中，而业界和学术界对于停牌制度的关注度也随之逐渐增加。

　　黄本尧（2003）和胡文伟等（2007）主要从制度设计上分析中国股市停牌制度的特点，并结合境外市场的机制设计对未来的停牌制度改革提供了一些政策建议。其中，黄本尧（2003）将美国、英国、澳大利亚、新加坡、中国香港等市场的停牌制度与境内市场的停牌进行比较，结果发现境内外市场的停牌除了在停牌宗旨、停牌实施主体和停牌程序等三方面具有共同之处外，其他方面存在着较大差异。与境外市场的停牌相比，境内市场的停牌更注重形式，停牌类型繁杂且缺乏警示性，停牌频率较高，停牌时间较长，缺乏强制复牌和断路器措施，也没有不同市场间的联动停牌机制。黄本尧（2003）认为，这些有别于境外成熟市场的特点，正是境内停牌制度需要改进之处。为此，该文还提出了在短期取消部分例行停牌并增加强制复牌、在中期建设市场应急方案和断路器、在长期放松停牌管制并建立协调制度的规划。与此类似，胡文伟等（2007）比较了上海证券交易所和香港联合证券交易所在停牌设计方面的差异。他们认为内地市场的停牌过于频繁，停牌持续时间太长，停牌不够及时且缺乏警示性，多市场同步停牌的制度不完善，并且还缺乏价格敏感性信息的披露指引。基于上述特点，他们提出如下一些改革方案：①取消部分停牌，增加"公告登记时段"，增强停牌的警示性作用；②加强对"股价异动"和"信息披露"的监控，提高停牌的及时性；③加强对停牌期限的制约和停牌期间的监管；④加强异地上市公司的同步联动停牌；⑤弹性放松停牌管制。

　　除了从制度上进行分析外，王铁锋等（2005）、易双文（2007）、陈收等（2008）还通过实证研究考察了中国股票市场的异常波动停牌制度。其中，王铁锋等（2005）采用外推的方法，按照股票价格的变动和交易所关于异常波动停牌的规定，选取了 2000 年 1 月 1 日至 2004 年 12 月 13 日间所有异常波动的非 ST/PT 样本，并借助事件研究法从波动性、流动性、定价有效性、停牌助涨性和停牌助跌性等五个方面来探讨中国股市异常波动停牌制度的有效性。研究结果表明，异常波动停牌并没有降低市场的价格波动，也不能减少市场的非理性投资，并且在因连续触及跌停板的停牌中有明显的助跌作用。尽管异常波动停牌在一定程度上改善了市场的定价效率，且在助涨性检验中起到了反向修正的作用，但是这种正面的作用并没有在复牌当日发生，而是具有一定的延迟效应。总体来看，异常波动停牌制度对市场微观结构的改善和对交易者的警示作用比较有限，同时还与涨跌停板制度的作用有所重叠。

　　易双文（2007）也基于事件研究法对中国股市的异常波动停牌制度进行了分析。该文通过收益率、超额收益率、股价振幅、买卖价差、交易量与成交金额等市场微观指标，检验了异常波动停牌对股票价格波动、交易成本和交易活跃程度的影响。研究结果表明，在异常波动停牌之后的短时间内，股票的价格波动往往会变得更加剧烈，但市场的流动性会有显著提高；由于停牌使得交易者有机会对股票价格进行重新判断，因而复牌后短时间内个股的交易会更加活跃。此外，易双文还从市场行情、政策影响、公司信息披露和内幕交易等四个方面分析了股票价格在短期内波动的原因。该文认为，政策信息是造成股价短期波动的重要原因，同时也不排除内幕交易的存在，而公司信息披露不能作为解释个股异常波动的主要原因。

陈收等(2008)以 2005 年 10 月至 2006 年 10 月作为牛市样本，以 2004 年 4 月至 2005 年 4 月作为熊市样本，比较了不同市场状况下个股的异常波动停牌与大盘指数间的相关性。研究结果表明，牛市下个股的异常波动与市场的活跃程度有相关性，而在熊市下该相关性并不明显。该文还通过"异常波动点法"分别检验了牛熊市期间的政策效应，结果发现：在牛市期间，中国股票市场的政府行为在很多时候引起了市场的异常波动，政策信息的发布是导致个股异常波动的重要原因；在熊市期间，政府发布的政策信息对个股异常波动的影响并不显著。

廖静池等(2009)使用深圳 A 股市场 2006 年的停复牌后的高频交易数据和停牌数据，通过构造"非停牌日"样本、"异常观测值"和多元回归分析实证研究了中国 A 股市场停牌制度的实施效果。研究结果表明：无论是警示性停牌还是例行停牌，复牌后股票成交量低于"非停牌日"样本，其价格变化率高于"非停牌日"样本；复牌后 1 小时，股票的成交量和波动性都显著大于"非停牌日"样本。总体上看，中国 A 股市场的停牌制度是缺乏效率的，停牌并没有达到了监管层提高价格发现效率的目标。Liao 等(2009，2010)也发现了类似的研究结论。王博和李平(2011)利用深圳股票市场的低频数据，通过事件研究法同样发现，中国 A 股市场的停牌制度是缺乏效率的。关于复牌后的价格形成机制，廖静池等(2010)的研究发现，相对于封闭式集合竞价，复牌后采取开放式集合竞价能提高价格的发现效率。

2.6 研究现状总结

从停牌制度的研究现状来看，绝大多数研究都集中在考察停牌制度的有效性上，但是得到的结论并不一致。这些研究主要通过分析停牌对信息释放的影响、停牌对市场交易行为的影响以及停牌对市场价格发现的影响来对停牌的实施效果做出评价。总结这些研究，发现如下特点：

(1)大多数研究都集中在北美或欧洲市场，对于新兴市场(尤其是亚洲地区证券市场)的研究相对较少。

(2)早期研究没有严格区分"停牌(trading halt)"和"停盘(suspension)"的定义，一些研究(例如，Gerety 和 Mulherin，1992)甚至是将证券市场的正常关闭作为停牌来研究。

(3)从分析停牌对信息释放影响的文献来看，几乎所有的研究都是以日频(甚至周频或月频)为研究对象，采用的也大多是日间数据。

(4)从考察停牌前后交易行为和价格发现功能的文献来看，绝大多数实证文献都构造了与停牌日样本对应的非停牌日样本，目的都是为了控制信息因素的影响。

(5)所有的理论模型都是针对大规模停牌(即断路器)，专门针对个股停牌的理论研究几乎没有。事实上，断路器是整个市场发生剧烈波动时的大规模停牌，这种情况是比较少见的，而个股的停牌则比较常见[①]。另外，断路器是因为市场剧烈波动而发生的，而个股停牌中有大部分是因为信息披露发生的，导致两者发生的机理并不完全相同。换言之，对于断路器的理论研究并不能刻画个股的停牌。

（6）从针对中国证券市场停牌制度的研究状况来看，业界和学术界对于停牌制度的关注相对较少。在已有的文献中，业界对于停牌的关注（储诚忠，1998；黄本尧，2003；胡文伟等，2007）主要是从制度设计入手，通过与境外成熟市场的比较来分析中国股市停牌的特点，并据此提出政策建议；而已有的实证文献（王铁锋等，2005；易双文，2007；陈收等，2008）则比较偏重于研究异常波动停牌制度。总体来看，关于中国证券市场停牌制度的研究还较为缺乏。

---

① 从纽约证券交易所的统计来看，在 1990 年到 2000 年的 10 年间，纽约证券交易所的断路器仅在 1997 年 10 月 27 日发生过一次。而从国际证券委员组织（IOSCO）的统计来看，在 2002 年 10 月之前的 18 个月里，纽约证券交易所的股票就已经发生了 376 次停牌。

第三章　停牌制度有效性的理论研究

从第二章的文献回顾可以看出，导致学术界对停牌制度产生争议的核心问题是，当风险资产面临信息不对称的情形时，究竟是应该让其进行连续交易，还是应该使用停牌中断交易同时公告相关信息。

从支持停牌（即认为停牌有效）的角度来看，当出现信息不对称的情形时，如果使用停牌中断交易并直接释放相关信息，那么可以使交易者有足够时间进行分析，停牌公告的内容必然能在整个停牌期间释放完毕，这可以有效地降低信息的非对称程度，使得非知情交易者"转化"为知情交易者，此时复牌价格一定可以完全反映信息内涵。因此，在复牌之后一段时间内，市场表现会比较平稳，各种微观指标会比连续交易的情况下表现得更好。

相反，从反对停牌（即认为停牌无效）的角度来看，交易才是传递信息的唯一方式，所有的信息都是通过交易反映到市场上。尽管停牌可以传递信息，但是同时它也使得风险资产的交易中断，这导致信息无法通过交易进行传递。因此，在复牌之后一段时间内，市场的表现会比较激烈，各种微观指标会比连续交易的情况下表现得更差。基于上述理由，停牌的有效性实际上是通过复牌之后一段时间内的微观指标体现的。

事实上，尽管支持者和反对者关注的焦点已经非常明确，但是已有的研究却无法对此做出评价，其根本原因在于：从实证研究来看，为分析停牌制度与连续交易机制的差异，往往需要选取与停牌日样本相对应的非停牌日（即连续交易）样本。然而，试图选取与停牌日面临的市场条件完全相同却没有发生停牌的完美非停牌日样本几乎是不可能的。从理论研究来看，目前已有的研究主要是基于整个市场的大规模停牌（即断路器），而这种极端意义下的停牌实际上并不能准确刻画更广泛意义上的个股停牌。以上两方面的缺陷，导致针对停牌制度的争议一直存在。为此，本章在理性预期的框架下构造理论模型，通过定价偏差、私有信息揭示程度、市场深度和价格波动等微观指标考察停牌与连续交易之间的差异，据此分析停牌制度的有效性。

3.1　基本理论模型

3.1.1　基本假设

假设存在一个两时期经济结构。在期初，证券市场上只有一种无风险资产和一种风险资产，交易者在该时期对这两种资产进行交易。在期末，所有交易者进行消费，经济结束。无风险资产在期初的价格为1，在期末确定地支付1个单位的消费品，且具有无限供给弹性。风险资产的当前价格为 p，真实价值为 v，其外生流动性供给为 x[x 服从均值为 0，精度(方差的倒数)为 γ 的正态分布[①]]。

假设交易者 i 在期初的财富为 W_{i0}，在期末的财富为 W_{i1}。若交易者 i 在期初购买的风险资产的数量为 z_i，则他当期购买的无风险资产的数量为 $W_{i0}-pz_i$。根据预算约束，交易者 i 在期末的财富为

$$W_{i1}=vz_i+W_{i0}-pz_i=(v-p)z_i+W_{i0} \tag{3-1}$$

假设市场上存在两类对风险资产有需求的交易者：知情交易者和非知情交易者(分别记为 I 和 U)，他们所占的比例分别为 μ 和 $1-\mu$。在期初，非知情交易者只知道公共信息，即对风险资产的价值 v 具有先验信念(prior belief)，并假设其服从均值为 $\bar{v}$，精度(方差的倒数)为 η_0 的正态分布。对知情交易者而言，除了知道公共信息外，还拥有私有信息 S。假设 S 满足 $S\mid v\sim N(v,\ \eta^{-1})$ 的条件正态分布，且与外生流动性需求 x 相互独立。

假设所有交易者均具有绝对风险厌恶系数为 ρ 的负指数效用函数[②]。在期末，交易者 i 的效用函数为 $u(W_{i1})=-\exp(-\rho W_{i1})$。

根据前述假设和式(3-1)，W_{i1} 服从正态分布，故寻求预期效用最大化的交易者的策略是求解下述的最优化问题

$$\max_{z_i}(\mathrm{E}[W_{i1}\mid\Theta_i]-(\rho/2)\mathrm{var}[W_{i1}\mid\Theta_i]) \tag{3-2}$$

其中，z_i 如前所述，是交易者 i 在期初对风险资产的需求量，Θ_i 是交易者 i 在期初的信息集合。

根据式(3-1)和式(3-2)可知，交易者 i 对风险资产的需求量为

$$z_i=\frac{\mathrm{E}[v\mid\Theta_i]-p}{\rho\mathrm{var}[v\mid\Theta_i]} \tag{3-3}$$

基于上述两时期经济框架，可以分别刻画连续交易机制和停牌制度：①当市场存在私有信息 S 且监管层未实施停牌时，如图 3-1(a)所示，市场一直处于连续交易状态。在 0 时刻，第一批交易者基于自己的信息集向市场提交订单；在 1 时刻，交易实现，通过连续交易产生价格 p_1。至此，一个阶段的两时期经济结束。由于市场处于连续交易状态，第二批交易者在时刻 1 又将基于他们该时刻的信息集提交下一阶段的订单；因此，在 2 时刻，第二阶段的交易实现，通过连续交易产生价格 p_2。不妨假设整个经济在此完结。②当市场存在私有信息 S 且监管层实施停牌时，如图 3-1(b)所示，市场处于交易中止状态。在 0 时刻，监管层对证券实施停牌并将私有信息 S 公布到市场。在 0 时刻之后，市场处于无交易状态。在这种情况下，市场在 1 时刻不存在交易。经过这段时间的停牌之后，假设风险资产在时刻 2 复牌，之前所有的交易者累积的交易需求均会通过集合竞价在时刻 2 实现。至此，整个经济完结。

---

① 在本章中，为简便起见，我们假设每个时期的外生流动性供给均服从均值为 0，精度(方差的倒数)为 γ 的正态分布。

② 本章为了模型的简化，假设所有交易者具有相同的风险厌恶系数。也可假设不同类型交易者的风险厌恶程度不同，但不会影响本章的主要研究结果。

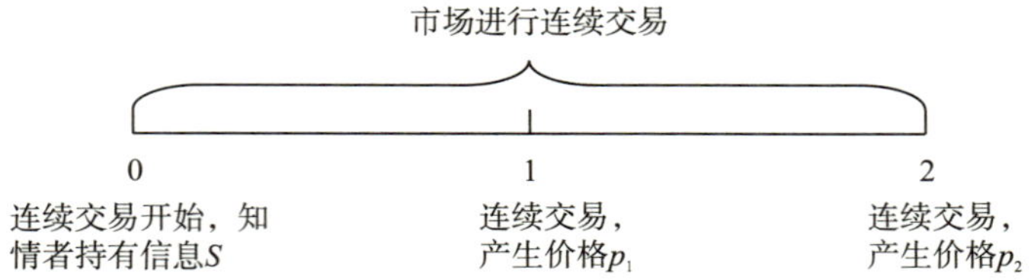

市场进行连续交易

```
0                    1                    2
```

连续交易开始，知   连续交易，   连续交易，
情者持有信息S 产生价格p_1 产生价格p_2

(a)连续交易

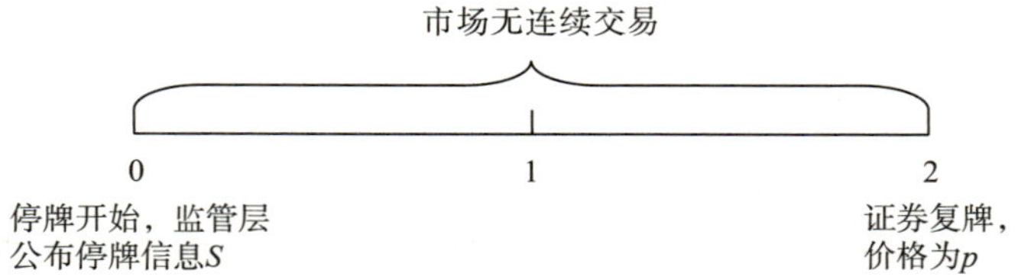

市场无连续交易

```
0                    1                    2
```

停牌开始，监管层   证券复牌，
公布停牌信息S 价格为p

(b)停牌

图 3-1　停牌与连续交易示意图

此外，为了模型简单起见，不妨假设在连续交易第 1 阶段参与交易的知情者（第一批知情者）数量和第 2 阶段参与交易的知情者（第二批知情者）数量相等，即两者均为 $\mu/2$；同理，假设在连续交易第 1 阶段和第 2 阶段参与交易的非知情者的数量均为 $(1-\mu)/2$[①]。而与此相对的，在整个停牌期间参与交易的知情者和非知情者数量分别为 μ 和 $1-\mu$[②]。

通过前述的两时期经济框架以及模型设定，即可分析当市场存在相同私有信息（即都具有私有信息 S）、交易者成分相同（知情和非知情交易者的比例均分别为 μ 和 $1-\mu$）、且整个交易周期相同（即都在时刻 0 开始、时刻 2 结束）时，连续交易与停牌两种机制之间的差异[③]。

3.1.2　连续交易

1. 连续交易第 1 阶段

如图 3-1(a)所示，假设市场存在非对称信息而风险资产并没有停牌。在此情形下，第一批知情和非知情交易者在 0 时刻到达市场，同时根据自身的信息集提交订单，并最终在 1 时刻通过连续交易实现其交易需求。将上述过程记为阶段 1。在该阶段，知情者的信息集为 $\Theta_{I1}=\{S\}$。由前述的模型假设及贝叶斯法则，知情交易者关于风险资产价值的后验信念（posterior belief）为

---

　　① 本章也尝试了两类交易者在连续交易各阶段中提交订单数量不相等的情况，这使得公式的推导异常复杂，但数字释例的结果表明这并不会改变本章的基本结论。

　　② 本章假设在相同期间内的交易者类型和数量不会发生变化。由于在连续交易第 1 和第 2 阶段，知情者数量均为 $\mu/2$，因此在相同期间内（即时刻 0 至时刻 2）参与停牌期间交易的知情者数量为 μ（即 $\mu/2+\mu/2$）。非知情者的数量同理可得。

　　③ 需要指出的是，在现实交易中，停牌往往会持续了一段时间。因此，我们在模型中提出的停牌期间只经历了一个时期无交易（即时刻 1 无交易）的假设，在此仅仅是为了方便推导。与停牌情形相对应，我们在连续交易中也只设定了两个阶段（即时刻 0 至时刻 1、时刻 1 至时刻 2 两个连续交易阶段）。事实上，对应于现实中的情况，我们还可以假设整个经济经历了 n 期才结束，但这并不会影响到本章的基本结论。

$$\mathrm{E}[v \mid \Theta_{I1}] = \mathrm{E}[v \mid S] = \frac{\eta_0 \bar{v} + \eta S}{\eta_0 + \eta} \tag{3-4}$$

$$\mathrm{var}[v \mid \Theta_{I1}] = \mathrm{var}[v \mid S] = (\eta_0 + \eta)^{-1} \tag{3-5}$$

将式(3-4)和式(3-5)代入式(3-3)，可得到参与第 1 阶段连续交易的知情交易者的需求量：

$$z_{I1} = \frac{\eta_0 \bar{v} + \eta S - p_1(\eta_0 + \eta)}{\rho} \tag{3-6}$$

对于参与第 1 阶段交易的非知情交易者而言，他们不能直接观察到知情者的私有信息 S，但能预期市场的均衡价格有如下线性形式：

$$p_1 = a_1 \bar{v} + b_1 S - c_1 x_1 \tag{3-7}$$

其中，a_1、b_1 和 c_1 是待求的系数；x_1 是第 1 阶段风险资产的外生流动性供给，假设其服从均值为 0，精度为 γ 的正态分布。

由价格的函数形式，非知情交易者可以得到如下信息：

$$\theta_1 = \frac{p_1 - a_1 \bar{v}}{b_1} = S - \frac{c_1}{b_1} x_1 \tag{3-8}$$

通过上式可知，由于私有信息 S 和风险资产的供给 x_1 都是随机变量，因此非知情者无法准确观察到知情者的私有信息。也即是说，信息 θ_1 只能反应私有信息 S 中的一部分[①]。根据模型假设知，$\theta_1 \mid v$ 服从正态分布，且其均值为 v，精度为

$$\eta_{\theta_1} = \left[\eta^{-1} + \left(\frac{c_1}{b_1} \right)^2 \gamma^{-1} \right]^{-1} \tag{3-9}$$

因此，参与第 1 阶段连续交易的非知情交易者的信息集为 $\Theta_{U1} = \{\theta_1\}$。由前述的模型假设及贝叶斯法则，非知情交易者关于风险资产价值的后验信念为

$$\mathrm{E}[v \mid \Theta_{U1}] = \mathrm{E}[v \mid \theta_1] = \frac{\eta_0 \bar{v} + \eta_{\theta_1} \theta_1}{\eta_0 + \eta_{\theta_1}} \tag{3-10}$$

$$\mathrm{var}[v \mid \Theta_{U1}] = \mathrm{var}[v \mid \theta_1] = (\eta_0 + \eta_{\theta_1})^{-1} \tag{3-11}$$

将式(3-10)和式(3-11)代入式(3-3)，可得到参与第 1 阶段交易的非知情交易者的需求量：

$$z_{U1} = \frac{\eta_0 \bar{v} + \eta_{\theta_1} \theta_1 - p_1(\eta_0 + \eta_{\theta_1})}{\rho} \tag{3-12}$$

假设第 1 阶段交易结束后，市场达到均衡状态。此时，交易者(第一批知情交易者和非知情交易者)的总需求等于市场的总供给，即满足

$$\frac{\mu}{2} z_{I1} + \frac{(1-\mu)}{2} z_{U1} = x_1 \tag{3-13}$$

将式(3-6)和式(3-12)代入式(3-13)，经过计算，可得到下述命题 3-1。

命题 3-1 在连续交易的情形下，第 1 阶段交易结束后产生的成交价 p_1 满足如下关系式：

---

① Grossman 和 Stiglitz(1980)的研究表明，若风险资产的供给 x_1 是随机变量，信息 θ_1 不能完全传递市场上的私有信息 S，此时市场上不存在完全信息揭示的均衡。

$$p_1 = a_1 \bar{v} + b_1 S - c_1 x_1 \tag{3-14}$$

其中，$a_1 = \dfrac{\eta_0}{K_1}$，$b_1 = \dfrac{\mu\eta + (1-\mu)\eta_{\theta_1}}{K_1}$，$c_1 = \dfrac{2\rho[\mu\eta + (1-\mu)\eta_{\theta_1}]}{K_1\mu\eta}$，$K_1 = \eta_0 + \mu\eta + (1-\mu)\eta_{\theta_1}$，

$\eta_{\theta_1} = [\eta^{-1} + 4\rho^2(\mu\eta)^{-2}\gamma^{-1}]^{-1}$.

证明：将式(3-6)和式(3-12)带入式(3-13)有

$$\frac{\mu}{2}\left[\frac{\eta_0\bar{v} + \eta S - p_1(\eta_0 + \eta)}{\rho}\right] + \frac{(1-\mu)}{2}\left[\frac{\eta_0\bar{v} + \eta_{\theta_1}\theta_1 - p_1(\eta_0 + \eta_{\theta_1})}{\rho}\right] = x_1$$

进而可知

$$\begin{aligned}
p_1 &= \frac{\eta_0\bar{v} + \mu\eta S + (1-\mu)\eta_{\theta_1}\theta_1 - 2\rho x_1}{\eta_0 + \mu\eta + (1-\mu)\eta_{\theta_1}} \\
&= \frac{\eta_0\bar{v} + \mu\eta S + (1-\mu)\eta_{\theta_1}\left(S - \dfrac{c_1}{b_1}x_1\right) - 2\rho x_1}{K_1}
\end{aligned} \tag{3-15}$$

其中，$K_1 = \eta_0 + \mu\eta + (1-\mu)\eta_{\theta_1}$。

比较式(3-14)与式(3-15)可知

$$a_1 = \frac{\eta_0}{K_1}$$

$$b_1 = \frac{\mu\eta + (1-\mu)\eta_{\theta_1}}{K_1}$$

$$c_1 = \frac{\dfrac{c_1}{b_1}(1-\mu)\eta_{\theta_1} + 2\rho}{K_1}$$

根据上面的 b_1 和 c_1，可得

$$\frac{c_1}{b_1} = \frac{\dfrac{c_1}{b_1}(1-\mu)\eta_{\theta_1} + 2\rho}{\mu\eta + (1-\mu)\eta_{\theta_1}} \tag{3-16}$$

化简可得

$$\frac{c_1}{b_1} = \frac{2\rho}{\mu\eta} \tag{3-17}$$

将式(3-17)代入式(3-9)和 c_1 的表达式可得

$$\eta_{\theta_1} = [\eta^{-1} + 4\rho^2(\mu\eta)^{-2}\gamma^{-1}]^{-1}$$

$$c_1 = \frac{2\rho[\mu\eta + (1-\mu)\eta_{\theta_1}]}{K_1\mu\eta}$$

综上，可得到命题 3-1 中的结论。证明完毕。

2. 连续交易第 2 阶段

如图 3-1(a)所示，在经过第 1 阶段的连续交易后，价格 p_1 被披露到市场上。此时，对于第二批到达的知情者而言，除了拥有私有信息 S 外，他们还能从价格 p_1 中推断出信

息 θ_1 [①]。也即是说，在参与第 2 阶段连续交易时，知情者的信息集为 $\Theta_{I2} = \{S, \theta_1\}$。通过贝叶斯更新可知，第二批知情者在第 2 阶段对于风险资产的后验信念为 [②]

$$\mathrm{E}[v \mid \Theta_{I2}] = \mathrm{E}[S, \theta_1] = \frac{\eta_0 \overline{v} + \eta S + \eta_{\theta_1} \theta_1}{\eta_0 + \eta + \eta_{\theta_1}} \tag{3-18}$$

$$\mathrm{var}[v \mid \Theta_{I2}] = \mathrm{var}[v \mid S, \theta_1] = (\eta_0 + \eta + \eta_{\theta_1})^{-1} \tag{3-19}$$

将式(3-18)和式(3-19)代入式(3-3)，可得到参与第 2 阶段交易的知情交易者的需求量：

$$z_{I2} = \frac{\eta_0 \overline{v} + \eta S + \eta_{\theta_1} \theta_1 - p_2(\eta_0 + \eta + \eta_{\theta_1})}{\rho} \tag{3-20}$$

对于参与第 2 阶段连续交易的第二批非知情交易者而言，他们虽然从第 1 阶段的价格中获取了信息 θ_1，但是仍不能直接观察到知情者的私有信息 S，他们只能预期在第 2 阶段结束时市场的均衡价格有如下线性形式：

$$p_2 = a_2 \overline{v} + b_2 S - c_2 x_2 + d_2 \theta_1 \tag{3-21}$$

其中，a_2、b_2、c_2 和 d_2 是待求的系数；x_2 是第 2 阶段风险资产的外生流动性供给，假设其服从均值为 0，精度为 γ 的正态分布，且与 S、x_1 相互独立。

通过上述价格的函数形式，非知情交易者可以得到如下信息：

$$\theta_2 = \frac{p_2 - a_2 \overline{v} - d_2 \theta_1}{b_2} = S - \frac{c_2}{b_2} x_2 \tag{3-22}$$

跟信息 θ_1 类似，由于第 2 阶段的外生流动性供给 x_2 是不确定的，因此非知情者通过 θ_2 只能获得私有信息 S 中的一部分。根据模型假设，$\theta_2 \mid v$ 服从均值为 v 的正态分布，其精度为

$$\eta_{\theta_2} = \left[\eta^{-1} + \left(\frac{c_2}{b_2} \right)^2 \gamma^{-1} \right]^{-1} \tag{3-23}$$

因此，参与第 2 阶段交易的非知情交易者的信息集为 $\Theta_{U2} = \{\theta_1, \theta_2\}$。由前述的模型假设及贝叶斯法则，第二批非知情交易者关于风险资产价值的后验信念为

$$\mathrm{E}[v \mid \Theta_{U2}] = \mathrm{E}[v \mid \theta_1, \theta_2] = \frac{\eta_0 \overline{v} + \eta_{\theta_1} \theta_1 + \eta_{\theta_2} \theta_2}{\eta_0 + \eta_{\theta_1} + \eta_{\theta_2}} \tag{3-24}$$

$$\mathrm{var}[v \mid \Theta_{U2}] = \mathrm{var}[v \mid \theta_1, \theta_2] = (\eta_0 + \eta_{\theta_1} + \eta_{\theta_2})^{-1} \tag{3-25}$$

将式(3-24)和式(3-25)代入式(3-3)，可得到参与第 2 阶段交易的非知情交易者的需求量：

$$z_{U2} = \frac{\eta_0 \overline{v} + \eta_{\theta_1} \theta_1 + \eta_{\theta_2} \theta_2 - p_2(\eta_0 + \eta_{\theta_1} + \eta_{\theta_2})}{\rho} \tag{3-26}$$

假设第 2 阶段连续交易结束后，市场达到均衡状态。此时，交易者(第二批知情交易者和非知情交易者)的总需求等于市场的总供给，即满足

$$\frac{\mu}{2} z_{I2} + \frac{(1-\mu)}{2} z_{U2} = x_2 \tag{3-27}$$

---

① 在价格 p_1 中，根据知情交易者的先验信息，$a_1 \overline{v}$ 实际上是已知的。因此，知情交易者从价格 p_1 中获得的信息实际上是 $\theta_1 = \frac{p_1 - a_1 \overline{v}}{b_1} = S - \frac{c_1}{b_1} x_1$。事实上，非知情者也是如此。实际上，价格 p_1 与信息 θ_1 在包含的信息方面是完全等价的。

② 在这里，信息 S 和 θ_1 是两个产生机制完全不相同的独立信息，两者并不相关，因此可以使用标准的贝叶斯更新。

将式(3-20)和式(3-26)代入式(3-27)，采用类似命题 3-1 的证明，可得到下述的命题 3-2。

命题 3-2 在连续交易的情形下，第 2 阶段交易结束后产生的成交价 p_2 满足如下关系式：

$$p_2 = a_2 \bar{v} + b_2 S - c_2 x_2 + d_2 \theta_1 \tag{3-28}$$

其中，$a_2 = \dfrac{\eta_0}{K_2}$，$b_2 = \dfrac{\mu\eta + (1-\mu)\eta_{\theta_2}}{K_2}$，$c_2 = \dfrac{2\rho[\mu\eta + (1-\mu)]\eta_{\theta_2}}{K_2 \mu\eta}$，$d_2 = \dfrac{\eta_{\theta_1}}{K_2}$，$K_2 = \eta_0 + \mu\eta + \eta_{\theta_1} + (1-\mu)\eta_{\theta_2}$，$\eta_{\theta_2} = [\eta^{-1} + 4\rho^2(\mu\eta)^{-2}\gamma^{-1}]^{-1}$。

3.1.3 停牌

如图 3-1(b)所示，假设监管层认定知情者拥有的私有信息 S 可能会对资产价格产生较大影响。因此，为了降低信息的非对称程度，监管层在 0 时刻对该风险资产实施停牌，中止其连续交易过程，同时在停牌时将私有信息 S 公布到市场；在 1 时刻，风险资产原本应该进行连续交易，但是由于停牌的存在，该资产仍处于交易中止状态，交易者在此时仅能提交订单；在 2 时刻，停牌结束，风险资产通过集合竞价进行复牌，决定复牌价格 p。

由于停牌将原来的私有信息 S 完全公开化，从 0 时刻开始市场上完全不存在非对称信息，因而非知情者的信息集 Θ_U 和知情者的信息集 Θ_I 完全相同(均为 $\{S\}$)。这也意味着，在参与复牌交易时，知情和非知情交易者对资产价值的后验信念完全相同。

根据前述假设和贝叶斯法则，两类交易者的后验信念均为

$$\mathrm{E}[v \mid S] = \frac{\eta_0 \bar{v} + \eta S}{\eta_0 + \eta} \tag{3-29}$$

$$\mathrm{var}[v \mid S] = (\eta_0 + \eta)^{-1} \tag{3-30}$$

将式(3-29)和式(3-30)代入式(3-3)，可得到参与复牌交易的知情和非知情交易者的需求量

$$z_I = z_U = \frac{\eta_0 \bar{v} + \eta S - p(\eta_0 + \eta)}{\rho} \tag{3-31}$$

假设时刻 2 的复牌交易结束后，市场达到均衡状态。

此时，交易者(所有知情交易者和非知情交易者)的总需求等于市场的总供给，即满足[①]

$$\mu z_I + (1-\mu)z_U = x_1 + x_2 \tag{3-32}$$

将式(3-31)代入式(3-32)，经过简单计算，可得到下述的命题 3-3。

命题 3-3 当市场存在私有信息 S 且该信息通过停牌发布到市场时，复牌交易的成交价 p 满足如下关系式：

$$p = a\bar{v} + bS - c(x_1 + x_2) \tag{3-33}$$

其中，$a = \dfrac{\eta_0}{K}$，$b = \dfrac{\eta}{K}$，$c = \dfrac{\rho}{K}$，$K = \eta_0 + \eta$。

---

① 本章假设在相同的时间段内，停牌和连续交易所面临外生流动性供给是相同的。在连续交易的两个阶段，外生的流动性需求为 $x_1 + x_2$。因此，我们在这里假设停牌时的外生流动性供给仍为 $x_1 + x_2$。

3.1.4　连续交易与停牌的静态比较

为考察连续交易制度与停牌机制间的差异，进而分析停牌制度的有效性，本章从定价偏差、信息揭示程度、市场深度和价格波动等四个方面进行静态比较分析[①]。

1. 定价偏差比较

风险资产的交易价格是市场参与者关注的焦点。从市场微观结构的角度来看，资产价格的定价偏差可以用来衡量交易机制的好坏。因此，首先比较连续交易和停牌情形下的定价偏差。

根据命题 3-2 和命题 3-3，以及模型假设，连续交易和停牌后均衡价格的定价偏差分别为 $E(v-p_2\mid v)$ 和 $E(v-p\mid v)$。通过简单计算可知

$$E(v-p_2\mid v)=a_2(v-\bar{v}) \tag{3-34}$$

$$E(v-p\mid v)=a(v-\bar{v}) \tag{3-35}$$

从以上两式可以知，连续交易后的定价偏差 $E(v-p_2\mid v)$ 和停牌后的定价偏差 $E(v-p\mid v)$ 中均含有 $v-\bar{v}$。因此，无论 $v-\bar{v}$ 取值为多少，两种机制在定价偏差方面的差异都取决于系数 a_2 和 a。由于 a_2 和 a 均大于 0，因此当 $v-\bar{v}>0$ 时，定价偏差为正偏差，$v-\bar{v}$ 前面的系数越大，则正偏差的幅度越大；当 $v-\bar{v}<0$ 时，定价偏差为负偏差，$v-\bar{v}$ 前面的系数越大，则负偏差的幅度越大。综上所述，无论 $v-\bar{v}$ 取值为正为负，$v-\bar{v}$ 前面的系数越大，则定价偏差越大。通过比较系数 a_2 和 a 的大小，就可以分析两种机制在定价偏差方面的差异（即命题 3-4）。

命题 3-4　停牌并不一定能比连续交易更精确地进行定价，两种机制在定价偏差方面的差异取决于知情交易者的比例。

由于直接比较相关指标的计算比较复杂，下面采用数值释例进行比较，其中变量的取值分别为 $\rho=\eta_0=1$，$\eta=\gamma=10$[②]。图 3-2 是系数 a_2 和 a 的比较结果。

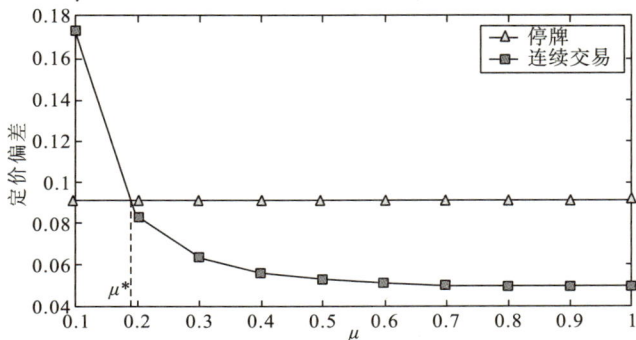

图 3-2　定价偏差的比较

[①]　为比较停牌制度和连续交易机制的差异，我们借鉴 Madhavan(1992) 等经典文献的做法，采用微观结构中常用的定价偏差、信息揭示程度、市场深度和价格波动等指标进行分析。

[②]　由于均衡价格表达式中参数较多，求解存在极大的困难，因而通常很难得到交叉点 μ^* 的解。在少数能解出 μ^* 的情况下，μ^* 中的表达式极其复杂，很难分析其中的经济含义。基于上述理由，我们使用 MATLAB 数字释例来分析停牌和连续交易间的差异。基于相同的原因，本节中其他指标的比较也采用数值释例，变量取值均为 $\rho=\eta_0=1$，$\eta=\gamma=10$。

　　从图 3-2 可以看出，当 $\mu < \mu^*$ 时，由停牌揭示的均衡价格的定价偏差明显低于由连续交易揭示的均衡价格的定价偏差，此时停牌制度对于资产的定价更为精确；而当 $\mu > \mu^*$ 时，停牌之后均衡价格的定价偏差明显大于连续交易的情形，这说明此时停牌在定价方面并没有连续交易精确。从变化趋势来看，停牌之后均衡价格的定价偏差保持不变，而连续交易之后均衡价格的定价偏差则随着知情者的增加而呈现出明显的下降趋势。

　　命题 3-4 的结果表明，在市场存在非对称信息的情况下，停牌制度在定价方面未必优于连续交易机制，两种机制的优劣取决于市场上知情交易者的比例。当市场上知情者比例较低（即 μ 较小）时，信息的非对称程度较高。此时监管层通过停牌将私有信息直接披露到市场上，无疑使得大多数非知情交易者了解信息，这有力地降低了信息的非对称程度，进而促使定价效率的提高，产生了优于连续交易的结果。反之，当市场上的知情者比例达到一定程度时（即 $\mu > \mu^*$ 后），信息的非对称程度并不算高，此时通过连续交易不断释放信息反而比使用停牌更能提高定价的效率。与连续交易机制相比，停牌制度具有两面性：一方面，停牌可以将私有信息直接披露给交易者，使其在充分理解信息的基础上进行交易；另一方面，停牌又人为地中断了交易过程，阻止信息通过交易进入市场。当知情者人数较少时，前一方面的正面作用大于后一方面的负面影响，这使得非知情者能充分了解私有信息，进而促进了定价效率的提高；而当知情者人数较多时，连续交易对于私有信息的释放已经较为充分，此时使用停牌的负面作用无疑更明显，人为的中止交易显得"画蛇添足"，结果导致定价效率降低。

　　从中国股票市场的情况来看，主要存在两大类停牌：例行停牌和警示性停牌。其中，例行停牌是指上市公司基本处于正常状态，但是发生了上市规则或交易规则要求停牌的重大事项而必须进行停牌的情况，这类停牌主要包括定期报告、临时报告和股东大会等三类停牌[①]。警示性停牌则是指上市公司或其股票交易发生异常情况，根据上市规则或交易规则的要求需要停牌，以警示交易者注意异常事项或敦促上市公司予以改进，这类停牌主要包括澄清媒体报道、股价异常波动、未能按期披露信息、风险警示等十五类停牌[②]。通常来说，例行停牌主要公布上市公司的一些常规消息（例如，年报、季报、业绩预告、股东大会决议事项等），这类消息在市场上的预期性较强，大多数交易者能够根据各种渠道获取一些相关信息[③]。相比之下，警示性停牌主要是在公司出现突发事件时实施，其突发性更强，市场对此无法进行预期，能够得到信息的交易者相对较少。

　　事实上，本节的模型可以从某种程度上刻画出上述两种类型的停牌：当 μ 较大时，市场上拥有私有信息 S 的交易者较多，市场对因私有信息导致的停牌预期性较强，此时进行停牌可视为例行停牌；当 μ 较小时，市场上拥有私有信息 S 的交易者较少，市场对因私有信息导致的停牌预期较弱，此时停牌可视为警示性停牌。根据命题 3-4 的结论，

---

　　① 事实上，从 2008 年 10 月 1 日起，上海和深圳证券交易所已经取消了定期报告和临时报告类停牌。在本章中，为不失一般性，我们仍然提及上述两种例行停牌。

　　② 需要指出的是，上海和深圳证券交易所的上市规则并没有对例行停牌和警示性停牌进行明确划分，本章主要是按照停牌的内容偏向进行分类，划分方法参考黄本尧（2003）和胡文伟等（2007）。

　　③ 按照相关规定，上市公司通常会在每年的固定时间发布定期报告和临时报告（例如年报通常在 4 月发布，与业绩相关的临时报告则通常在 3 月和 10 月发布），而在此之前市场主流媒体经常会对公司的年报和季报做出预测，因此会有较多的交易者了解相关信息，这会对定期报告和临时报告类停牌形成较强的预期。同样的，上市公司通常会在召开股东大会之前发布大会议内容，因此有不少交易者可以了解相关信息，这也会对股东大会停牌形成较强的预期。

当市场上知情交易者较少时，采取停牌（即警示性停牌）会比连续交易更能揭示信息；而当市场上知情者较多时，采取停牌（即例行停牌）的效果则会弱于直接进行连续交易。上述结果也从一定程度上解释了监管层减少例行停牌、强化警示性停牌的改革思路。

2. 信息揭示程度比较

风险资产的交易价格包含了市场上的相关信息，因此价格对信息的反映程度是衡量交易机制优劣的重要方面之一。在市场微观结构中，最重要的指标是考察信息的揭示程度。关于这方面的指标有两种：一种是比较非知情交易者对风险资产的后验判断；另一种是直接比较信息对风险资产均衡价格的影响。关于第一种指标，主要比较连续交易和停牌结束后非知情交易者对风险资产的后验判断。其中，非知情者在连续交易结束后的后验方差为式（3-25），而在停牌结束后的后验方差则为式（3-30）。关于第二种指标，在本节中直接比较命题 3-2 和命题 3-3 中私有信息 S 的系数即可。在命题 3-2 中，将 $\theta_1 = S - 2\rho x_1/\mu\eta$ 带入 p_2，可知 S 前的系数为 $b_2 + d_2$；而由命题 3-3 可知，S 前的系数为 b。根据前述命题，通过数字释例，可得下述的命题 3-5。

命题 3-5　停牌并不一定比连续交易更能揭示信息，两种机制对信息的揭示作用取决于知情交易者的比例。

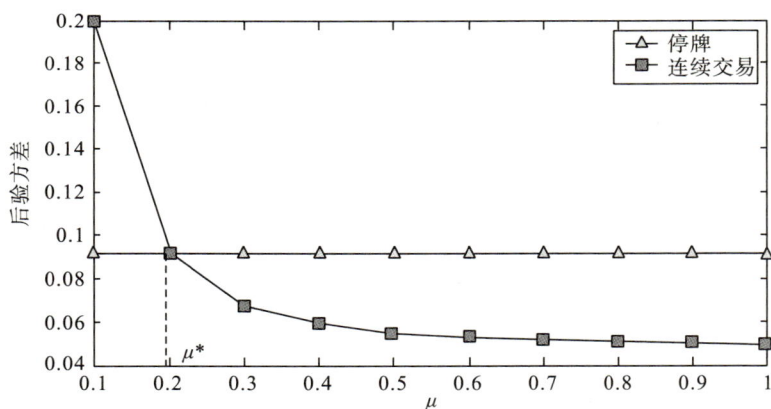

图 3-3　后验方差的比较

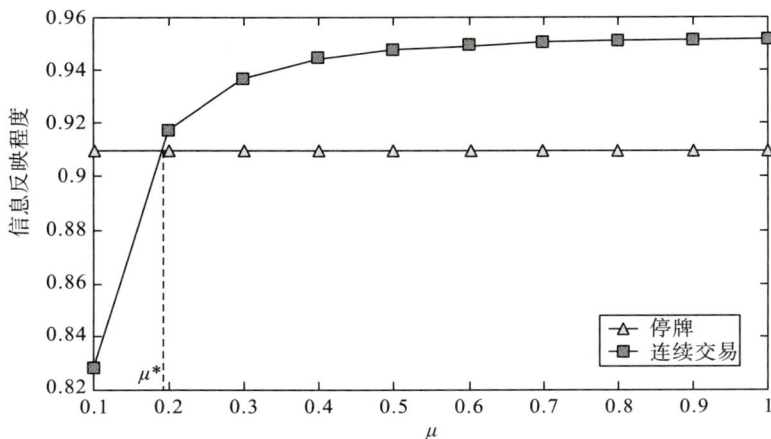

图 3-4　均衡价格对信息反映程度的比较

从图 3-3 可知，当 $\mu < \mu^*$ 时，停牌之后非知情交易者对于资产价值的后验方差明显小于连续交易的情形，此时停牌对信息的揭示作用强于连续交易；而当 $\mu > \mu^*$ 时，停牌之后非知情交易者对资产价值的后验方差则明显大于连续交易的情形，这说明停牌对信息的揭示作用反而弱于连续交易。此外，通过图 3-4 可以发现，当 $\mu <$（或 $>$）μ^* 时，通过停牌制度确定的均衡价格对私有信息的反应程度更大（或小）[即 S 前面的系数更大（或小）]，这也再次证明了图 3-3 的结果。从图形的变化趋势来看，随着 μ 的增大，连续交易下非知情者对资产价值的后验方差呈现出明显的衰减趋势，同时均衡价格对私有信息的反映程度呈现明显的递增趋势，而停牌时后验方差和均衡价格中私有信息的反映程度均保持不变。

以上结果表明，在市场存在私有信息的情况下，停牌对信息的揭示作用未必优于连续交易，两者的差异取决于知情者占总交易者的比例。当市场上的知情者比例较低（即 μ 较小）时，信息的非对称程度较高，此时采用停牌将私有信息直接公布，让交易者自己消化信息，这对于信息的揭示作用无疑比连续交易更好。反之当市场上的知情者比例达到一定程度（即 $\mu > \mu^*$）时，市场上拥有私有信息的交易者已经足够多，此时通过不断的连续交易已能较好地揭示信息，使用停牌反而显得多余。

上述结果，无疑从侧面印证了命题 3-4 的结论，再次体现了停牌制度在披露信息和阻碍交易之间的"两面性"。总体来看，连续交易机制是通过不断交易对私有信息的"多次释放"，而停牌制度则是人为的对于私有信息的"一次披露"。两者的优劣不能一概而论，而是要取决于市场上知情者的比例。也即是说，停牌的作用跟选择停牌的时机有很大的关系。

此外，与前文类似，基于中国股市停牌制度的特点将知情交易者较多（即 μ 较大）时实施的停牌视为例行停牌，同时将知情交易者较少（即 μ 较小）时实施的停牌视为警示性停牌。从图 3-3 和图 3-4 可以看出，当市场上知情者较多、信息非对称程度较低时，实施例行停牌对信息的揭示作用反而弱于连续交易；而当市场上知情者较少、信息非对称程度较高时，实施警示性停牌会比连续交易更能促进信息的传递。以上结果，与命题 3-4 相互印证，再次说明减少例行停牌、增加警示性停牌是有必要的。

3. 市场深度比较

市场深度是度量价格变化受交易量影响程度的指标，用以衡量市场流动性。通常认为，单位数量的订单对价格的冲击越小、引起价格变动的幅度越小，则市场深度越大，市场的流动性越好。根据 Kyle(1985) 对市场深度的定义以及命题 3-2 和命题 3-3，可知连续交易和停牌情形下的市场深度分别为 $2/(c_2 + 2d_2\rho/\mu\eta)$ 和 $1/c$[①]。通过数字释例分析，可得下述的命题 3-6。

命题 3-6　停牌后的市场深度高于连续交易的情形，并且与知情者比例无关。

---

① 在 Kyle(1985) 中，市场深度定义为价格对交易量导数的倒数。显然，由命题 3-3，停牌结束后市场的深度为 $1/c$。而在连续交易的情形下（命题 3-2），将 $\theta_1 = S - c_1 x_1/b_1$ 带入 p_2，可知 x_1 和 x_2 前的系数分别为 c_2 和 $2d_2\rho/\mu\eta$；由于 c_2 不等于 $2d_2\rho/\mu\eta$，故不妨取其平均值的倒数作为连续交易后的市场深度。

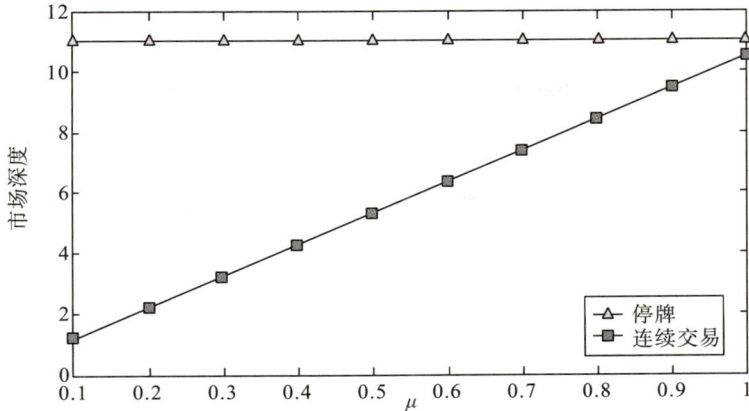

图 3-5 市场深度的比较

图 3-5 的结果显示，无论 μ 多大，停牌后的市场深度始终大于连续交易后的市场深度。从变化趋势来看，随着 μ 的增大，连续交易后的市场深度逐渐增大，而停牌后的市场深度则保持不变。造成上述结果的原因在于，停牌期间的交易全部中止，交易者的需求只能留到复牌时实现，同时整个停牌期间的外生流动性供给也会留至复牌时实现（在本章中是 $x_1 + x_2$），这使得停牌后的市场深度明显高于连续交易的情形。按照本章对停牌类型的划分，无论是实施例行停牌（μ 较大时）还是警示性停牌（μ 较小时），停牌后的市场深度均大于连续交易的情形，只是在后一种情形下两种机制带来的市场深度差异会更大。

4. 价格波动比较

在命题 3-4 中，已经考察了两种机制在定价方面的差异。除此以外，风险资产的价格波动也是市场关注的焦点问题。通常来讲，在考虑了证券价值的前提下，资产价格的波动越大，则交易者承受的风险越大，其获得的效用越小。为此，需要关注两种机制下价格波动率（方差）的差异。根据命题 3-2 和命题 3-3 可知，连续交易和停牌后价格的波动率（方差）分别为

$$\mathrm{var}(p_2 \mid v) = \frac{b_2^2}{\eta} + \frac{c_2^2}{\gamma} + \frac{d_2^2}{\eta_{\theta_1}} \tag{3-36}$$

$$\mathrm{var}(p \mid v) = \frac{b^2}{\eta} + \frac{2c^2}{\gamma} \tag{3-37}$$

通过数字释例，可得下述的命题 3-7。

命题 3-7 停牌后的价格波动并不一定低于连续交易的情形，两种机制对于价格波动的影响取决于知情交易者的比例。

由图 3-6 可以看出，当 $\mu < \mu^*$ 时，停牌之后的价格波动要远低于连续交易时的情形；而当 $\mu > \mu^*$ 时，停牌后的价格波动则明显高于连续交易的情形。随着 μ 的增大，停牌后资产的价格波动未发生变化，而连续交易下的价格波动则呈现明显的递减趋势。这说明，当市场上知情交易者较少时，进入市场的私有信息较少，此时使用停牌将信息 S 传递给占据市场大多数的非知情者会有效地降低信息的非对称程度，使得停牌过后的价格波动小于连续交易的情形。反之当市场上存在一定数量（超过 μ^*）的知情交易者时，通过连续

交易本身即可不断释放信息、提高价格发现效率，此时停牌反而会人为地中断交易，妨碍信息的有效传递，使得停牌后资产的价格波动高于连续交易的情形。

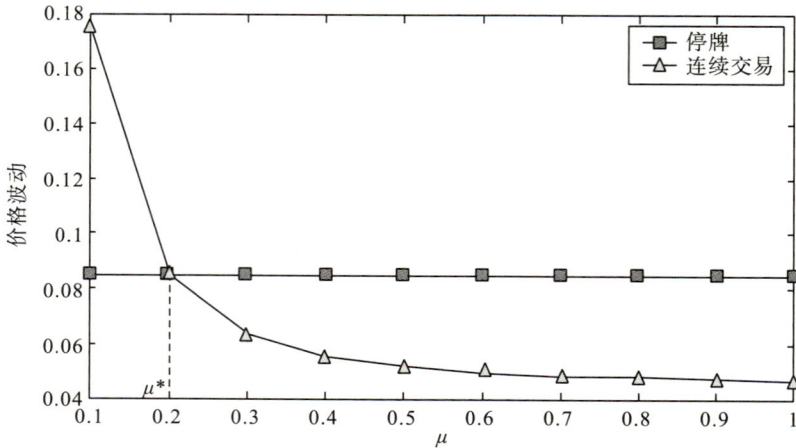

图 3-6　价格波动的比较

另外，与前文类似，基于中国股市停牌制度的特点，将知情交易者较多（即 μ 较大）时的停牌视为例行停牌，同时将知情交易者较少（即 μ 较小）时的停牌视为警示性停牌。从图 3-6 可以看出，当市场上知情者较多、信息非对称程度较低时，实施例行停牌会导致价格的波动性高于连续交易时的情形；而当市场上知情者较少、信息非对称程度较高时，实施警示性停牌则可以有效地降低资产的价格波动。以上结果，与命题 3-4 和命题 3-6 相互印证。

结合命题 3-4 至命题 3-7，可以看到，连续交易和停牌两种机制在定价偏差、信息揭示程度和价格波动方面的优劣取决于市场上知情者的比例：当知情者较少时，停牌制度对私有信息的"一次释放"可以比连续交易的"连续释放"更加精确地进行定价，更好地揭示私有信息并降低资产的价格波动；而当知情者较多时，情况则恰恰相反，连续交易机制表现得比停牌制度更加有效。此外，还可以发现，由于停牌期间的交易中止，交易者的需求全部累积到复牌后释放，因而停牌后市场的深度要明显大于连续交易的情形。

3.2　扩展一：公告信息与私有信息不同

在前文中，基于理性预期框架分析了连续交易机制和停牌制度在面对同一私有信息 S 时的差异。其中，假设停牌时监管层公布的信息即是知情交易者所拥有的私有信息 S。事实上，从各国证券市场停牌制度的设计来看，监管层获取的关于上市公司的信息主要来自三方面：一是上市公司在发生异常状况或触发上市规则时，通过各种通信方式（如电话、传真或者其他电子通信）主动通知监管层并可以立刻被书面证实的信息；二是监管层通过其他渠道获取的关于上市公司的信息[①]；三是当怀疑上市公司存在异常状况时，监管

---

①　例如，纳斯达克交易所规定，交易所可以通过其他资源获取与上市公司相关的信息，并且对该信息的市场影响进行评价，以便决定是否需要实施停牌。

层直接询问该公司所获得的相关信息[①]。由于监管层可以通过多种渠道获取相关信息，因此当监管层在停牌期间发布公告信息时，很难保证公告信息与知情交易者持有的私有信息 S 完全相同。如果监管层发布的公告信息来源于上市公司的主动披露，并且还附加了从其他途径获取的信息，那么该公告信息可能比知情者持有的私有信息更完整；反之，如果监管层发布的公告信息是通过问责上市公司后得到的信息，那么该公告信息的内容可能并没有知情者的私有信息全面。这也意味着，第 3.1 节中关于监管层发布的公告信息与知情者持有的私有信息完全相同的假设，是无法刻画上述情形的。为此，在本节中，假设监管层在停牌时公布的信息与知情者持有的信息不同，并在此扩展情形下分析连续交易与停牌的差异。

3.2.1　扩展一：模型假设

考虑到在连续交易时并不存在监管层发布公告的问题，因此连续交易的情形与前文并无任何区别（如命题 3-1 和命题 3-2 所述）。而如上所述，在停牌期间监管层发布的信息很可能会与私有信息不同。基于此，假设监管层在停牌期间发布与私有信息 S 独立的公开信息 S_p，该信息服从 $S_p \mid v \sim N(v,\ \eta_p^{-1})$ 的条件正态分布，同时可以为市场上所有的交易者（知情者和非知情者）所观察到。除此以外，其他设定跟第 3.1 节中的假设完全相同。将在上述扩展的框架下面，分析连续交易和停牌之间的差异。

3.2.2　停牌

根据前文所述，监管层可以通过多种渠道获取信息。换言之，监管层发布的公告信息 S_p 可能会与知情者持有的私有信息 S 存在差异（S_p 可能比 S 更完整，也有可能不如 S 全面）。此时，两种信息的产生机制不同。因此，不妨假设监管层会在停牌期间发布与私有信息 S 相互独立的公告信息 S_p。在此情形下，知情者的信息集为 $\Theta'_I = \{S,\ S_p\}$。

由模型假设和贝叶斯法则，知情交易者关于风险资产价值的后验信念为

$$\mathrm{E}[v \mid S, S_p] = \frac{\eta_0 \bar{v} + \eta S + \eta_p S_p}{\eta_0 + \eta + \eta_p} \tag{3-38}$$

$$\mathrm{var}[v \mid S, S_p] = (\eta_0 + \eta + \eta_p)^{-1} \tag{3-39}$$

将式（3-38）和式（3-39）代入式（3-3），可得参与复牌交易的知情交易者的需求量：

$$z'_I = \frac{\eta_0 \bar{v} + \eta S + \eta_p S_p - p'(\eta_0 + \eta + \eta_p)}{\rho} \tag{3-40}$$

对于参与复牌交易的非知情交易者而言，他们可以直接获取监管层发布的公共信息 S_p，但是却无法直接观察到知情者的私有信息 S，他们仅能预期市场的均衡价格有如下线性形式：

---

①　例如，加拿大多伦多交易所规定，当有市场迹象显示只有部分交易者获取了关于上市公司的重要信息且上市公司不准备或不能对此予以澄清时，交易所有权对该公司的证券实施停牌并向上市公司询问是否存在未公开信息，同时在停牌期间发布相关公告。如果上市公司不能在停牌期间发布公告，那么交易所会就此发布一个通知，说明停牌的原因。

$$p' = a'\overline{v} + b'S + c'S_p - d'(x_1 + x_2) \tag{3-41}$$

其中，a'、b'、c'和d'是待求的系数。

通过价格的函数形式，非知情交易者可以得到如下信息：

$$\theta' = \frac{p' - a'\overline{v} - c'S_p}{b'} = S - \frac{d'}{b'}(x_1 + x_2) \tag{3-42}$$

根据模型假设可知，$\theta' \mid v$ 服从正态分布，且其均值为 v，精度为

$$\eta_{\theta'} = \left[\eta^{-1} + 2\left(\frac{d'^2}{b'}\right)\gamma^{-1}\right]^{-1} \tag{3-43}$$

因此，参与复牌交易的非知情交易者的信息集为 $\Theta'_U = \{S_p, \theta'\}$。由前述的模型假设及贝叶斯法则，非知情交易者关于风险资产价值的后验信念为

$$\mathrm{E}[v \mid \theta', S_p] = \frac{\eta_0\overline{v} + \eta_{\theta'}\theta' + \eta_p S_p}{\eta_0 + \eta_{\theta'} + \eta_p} \tag{3-44}$$

$$\mathrm{var}[v \mid \theta', S_p] = (\eta_0 + \eta_{\theta'} + \eta_p)^{-1} \tag{3-45}$$

根据以上两式以及式(3-3)，可以求出非知情者的交易需求为

$$z'_U = \frac{\eta_0\overline{v} + \eta_{\theta'}\theta' + \eta_p S_p - p'(\eta_0 + \eta_{\theta'} + \eta_p)}{\rho} \tag{3-46}$$

假设时刻 2 到来时市场处于均衡状态，即满足

$$\mu z'_I + (1 - \mu)z'_U = x_1 + x_2 \tag{3-47}$$

将式(3-40)和式(3-46)代入式(3-47)，通过类似于命题 3-1 的证明，可得到下述的命题 3-8。

命题 3-8　当市场存在私有信息 S 而监管层公布与之独立的信息 S_p 时，复牌交易的成交价 p' 满足如下关系式：

$$p' = a'\overline{v} + b'S + c'S_p - d'(x_1 + x_2) \tag{3-48}$$

其中，$a' = \dfrac{\eta_0}{K'}$，$b' = \dfrac{\mu\eta + (1-\mu)\eta_{\theta'}}{K'}$，$c' = \dfrac{\eta_p}{K'}$，$d' = \dfrac{\rho\left[\mu\eta + (1-\mu)\eta_{\theta'}\right]}{K'\mu\eta}$，$K' = \eta_0 + \mu\eta + \eta_p + (1-\mu)\eta_{\theta'}$，$\eta_{\theta'} = \left[\eta^{-1} + 2\rho^2(\mu\eta)^{-2}\gamma^{-1}\right]^{-1}$。

3.2.3　连续交易与停牌的静态比较

与第 3.1.4 节类似，当监管层在停牌期间公布信息 S_p 时，也可以从定价偏差、信息的揭示程度、市场深度和价格波动等四个方面对连续交易机制和停牌制度进行静态比较，进而分析其优劣。

1. 定价偏差比较

根据命题 3-3 和命题 3-8 中均衡价格表达式以及模型假设，连续交易情况下的定价偏差仍为式(3-34)，而停牌之后的定价偏差则为

$$\mathrm{E}(v - p' \mid v) = a'(v - \overline{v}) \tag{3-49}$$

因此，当监管层在停牌期间公布与私有信息 S 不同的公共信息 S_p 时，连续交易与停牌在定价偏差方面的差异实际上是体现在系数 a_2 和 a' 上。通过数字释例，可以得到下述

的命题 3-9①。

命题 3-9　当监管层公布与私有信息 S 独立的公共信息 S_p 时，停牌并不一定能比连续交易更精确地进行定价，两种机制在定价偏差方面的差异取决于知情交易者的比例。

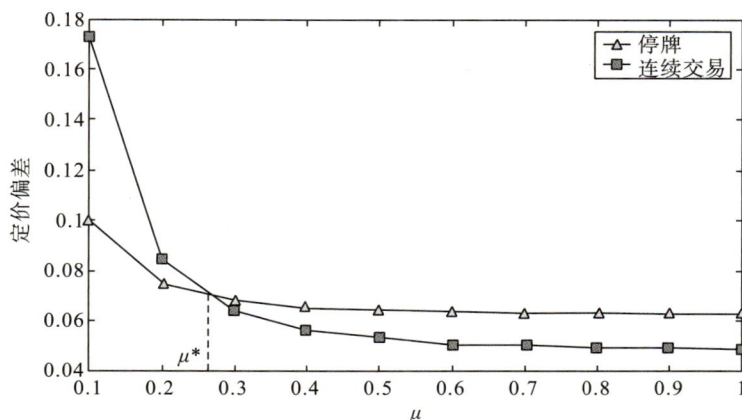

图 3-7　定价偏差的比较（扩展模型一）

图 3-7 刻画了当监管层在停牌期间公布与私有信息 S 独立的公共信息 S_p 时，连续交易机制与停牌制度在定价偏差方面的差异。从图中可以看出，当 $\mu < \mu^*$ 时，停牌之后产生的均衡价格的定价偏差明显低于连续交易产生的均衡价格的定价偏差，此时停牌制度在定价的准确性方面优于连续交易机制；反之，当 $\mu > \mu^*$ 时，停牌后价格的定价偏差则大于连续交易的情形，此时连续交易在定价方面更为准确。图 3-7 结果与图 3-2 类似，这再次印证了前面的结论，即停牌在定价的准确度方面未必优于连续交易机制，两者的优劣因知情交易者的比例（市场的信息非对称程度）而异。略有差异处在于，随着知情交易者比例的增大，连续交易和停牌后价格的定价偏差均会呈现出明显的递减趋势，只是连续交易机制下的递减趋势更为明显。此外，与前文类似，如果将 μ 较大（小）时的停牌视为例行（警示性）停牌，则也能从上图中得到强化警示性停牌、减少例行停牌的结论。

需要指出的是，命题 3-9 中的结论是在停牌公告信息的精度 $\eta_p = 5$ 的情况下获得的。实际上，如前所述，由于监管层可以通过多种渠道获取上市公司的相关信息，因此监管层发布的公告信息可能会与知情者持有的私有信息存在差异。在不同的情形下，两类信息的精度可能并不相同：当监管层发布的公告信息比知情者的私有信息更完整时，公告信息的精度可能会高于私有信息的精度；而当监管层发布的信息不如私有信息全面时，结果则恰恰相反。基于上述理由，前文关于公告信息精度 η_p 小于私有信息精度 η 的假设可能并不完全刻画了实际情况。为此，将 μ 固定为 0.5，同时保持其他参数的取值，在放松 η_p 取值范围的情况下重复前面的分析，结果如图 3-8 所示。

---

①　这里原有变量的取值与命题 3-4 中完全相同，仍为 $\rho = \eta_0 = 1$，$\eta = \gamma = 10$，新增变量 η_p 取 5。换言之，这里假设公告信息的精度低于私有信息的精度（$\eta_p = 5 < \eta$）。在后面，我们会放宽 η_p 的取值范围，考察当 η_p 不同时连续交易机制和停牌制度的差异。

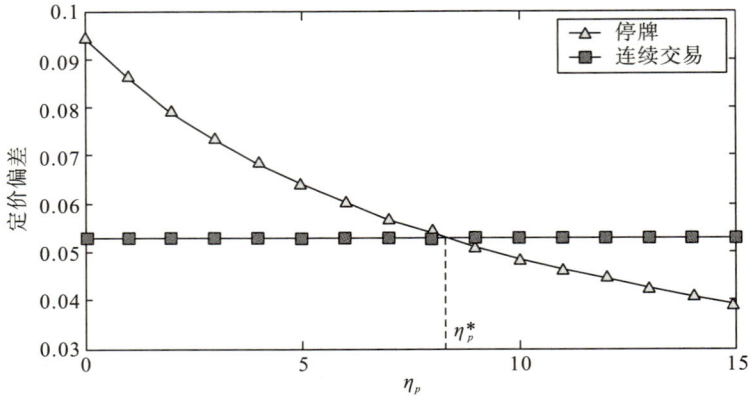

图 3-8　定价偏差的比较(考虑停牌信息精度变化)

从图 3-8 可以看出，当 η_p 取值较小(即 $\eta_p < \eta_p^*$)时，停牌后均衡价格的定价偏差明显大于由连续交易产生的均衡价格的定价偏差；而当 η_p 取值较大(即 $\eta_p > \eta_p^*$)时，停牌后的定价偏差则明显小于连续交易的情形。上述结果表明，停牌时监管层发布的公告信息的精度对定价偏差有明显的影响：当监管层发布的公告信息比较模糊、精度不高时，停牌后的定价偏差较大，此时停牌所起的作用往往不如连续交易；而随着停牌公告信息精度的增加，停牌后的定价偏差会逐渐减小；当停牌公告信息的精度大到一定程度(即 $\eta_p > \eta_p^*$)时，停牌在定价方面的作用优于连续交易。上述结果同时也能说明，监管层在发布公告信息时要注意信息的完整性以提高信息的精度，否则停牌的效果会较差甚至适得其反。

2. 信息揭示程度比较

与第 3.1.4 节类似，仍然通过两种指标(非知情交易者对风险资产的后验方差和私有信息对风险资产均衡价格的影响)来考察连续交易机制和停牌制度对私有信息的揭示程度。其中，关于非知情者的后验方差，可以直接比较式(3-25)和式(3-45)。关于私有信息对均衡价格的影响，连续交易时 S 前面的系数为 $b_2 + d_2$；而在停牌时，考虑到私有信息 S 和公有信息 S_p 均会对均衡价格产生影响，因此不妨将两者前面的系数相加(即 $b' + c'$)，以此与连续交易的情形($b_2 + d_2$)进行比较。通过数字释例，得到命题 3-10。

命题 3-10　当监管层公布与私有信息 S 独立的公共信息 S_p 时，停牌并不一定能比连续交易更能揭示信息，两种机制对信息的揭示作用取决于知情交易者的比例。

与图 3-3 类似，图 3-9 刻画了当监管层在停牌时公布与私有信息 S 独立的公共信息 S_p 时，连续交易和停牌之后非知情者对于资产价值后验方差判断方面的差异。从上图可以发现，当 $\mu < \mu^*$ 时，停牌之后非知情者对于资产价值的后验方差明显小于连续交易的情形，此时停牌对信息的揭示作用强于连续交易；而当 $\mu > \mu^*$ 时，停牌之后非知情交易者对资产价值的后验证方差明显大于连续交易的情形，这说明停牌对于信息的揭示作用反而弱于连续交易。从变化趋势来看，随着 μ 的增大，在连续交易和停牌之后非知情者对于资产价值的后验方差均会减小，但是连续交易机制下的减少幅度明显大于停牌的情形。上述结果与图 3-3 一致，再次说明停牌制度在揭示信息方面的作用未必优于连续交易机制。

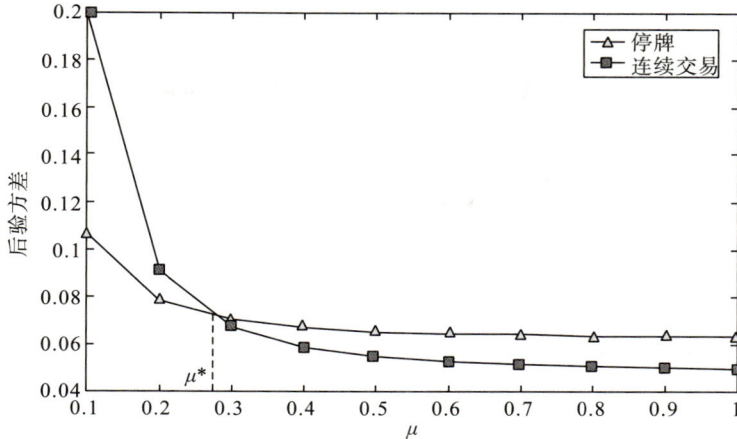

图 3-9　后验方差的比较（扩展模型一）

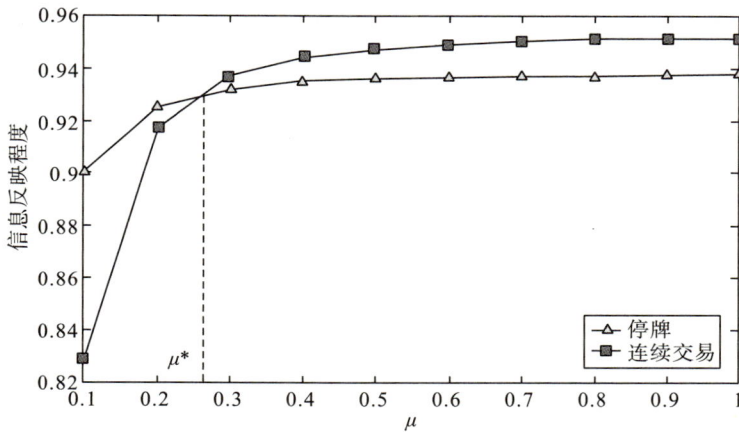

图 3-10　均衡价格对信息反映程度的比较（扩展模型一）

同样地，与图 3-4 类似，通过图 3-10 也可以发现：当 $\mu < \mu^*$ 时，通过停牌所确定的均衡价格对信息的反映程度比连续交易情形下的反映程度更大；而当 $\mu > \mu^*$ 时，结果则恰恰相反。图 3-10 的结果，再次印证了前述的结论：当市场上知情者数量较少时，市场的信息非对称程度较高，采用停牌制度对于私有信息的"直接披露"更能促进信息的释放；而当市场上知情者较多时，市场的信息非对称程度较低，采用连续交易机制让市场自发地通过交易本身去释放信息则能起到更好的效果。

此外，在第 3.1.4 节中，将知情者较少（即 μ 较小）时的停牌视为警示性停牌，将知情者较多（即 μ 较大）时的停牌视为例行停牌。根据命题 3-10 的结果，在这里可以再次得到前述命题中的结论：与连续交易相比，例行停牌对于私有信息的揭示作用更低，而警示性停牌则明显更高。

当然，上述分析均假设停牌公告信息的精度 $\eta_p = 5$，而如前所述，这与现实状况可能会存在一定差异。为此，在取 $\mu = 0.5$ 的同时保持其他参数不变，进一步在精度 η_p 发生变化的情况下重复上述分析，结果如图 3-11 和图 3-12 所示。

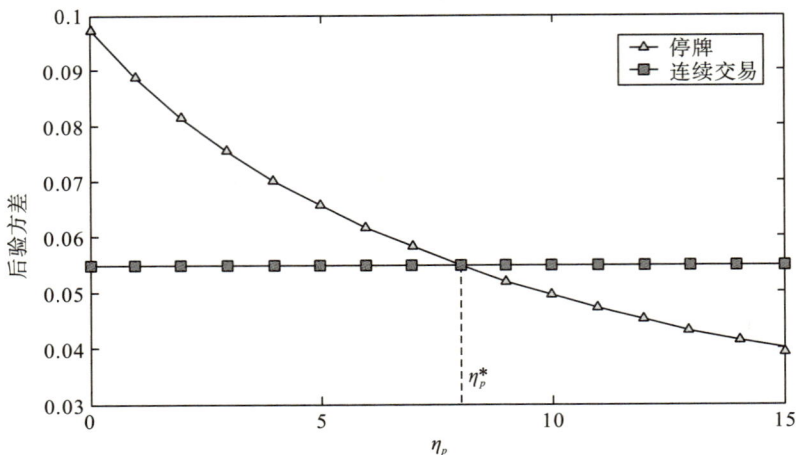

图 3-11　后验方差的比较(考虑停牌信息精度变化)

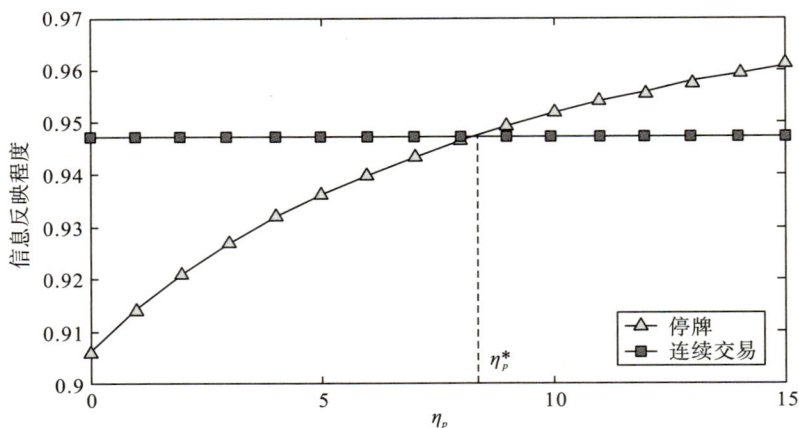

图 3-12　均衡价格对信息反映程度的比较(考虑停牌信息精度变化)

图 3-11 和图 3-12 显示，当 η_p 取值较小(即 $\eta_p < \eta_p^*$)时，停牌后非知情者的后验方差明显大于连续交易的情形，同时信息的反映程度比连续交易更低；而当 η_p 取值较大(即 $\eta_p > \eta_p^*$)时，停牌后非知情者的后验方差明显小于连续交易的情形，同时停牌后均衡价格对信息的反映程度也高于连续交易。这再次说明，监管层在停牌时发布的信息的精度至关重要：如果发布的公告信息的精度较高，那么停牌在信息揭示方面的作用强于连续交易；如果发布的公告信息的精度较低，那么让市场进行连续交易会更加有效。

3. 市场深度比较

与前文类似，仍然选取市场深度来考察连续交易机制和停牌制度对于市场流动性的影响。根据 Kyle(1985)对市场深度的定义以及命题 3-3 和命题 3-8，可知连续交易和停牌情形下的市场深度分别为 $2/(c_2 + 2d_2\rho/\mu\eta)$ 和 $1/d'$。通过数字释例的比较，可得下述的命题 3-11。

命题 3-11　当监管层公布与私有信息 S 独立的公共信息 S_p 时，停牌后的市场深度高于连续交易的情形，并且与知情者比例无关。

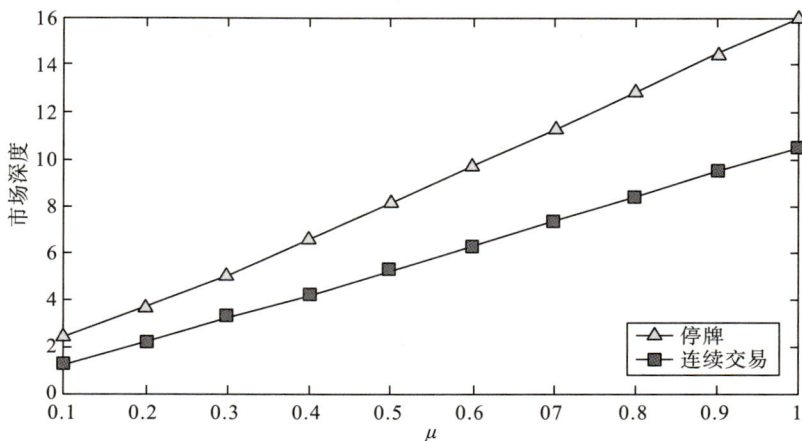

图 3-13　市场深度的比较（扩展模型一）

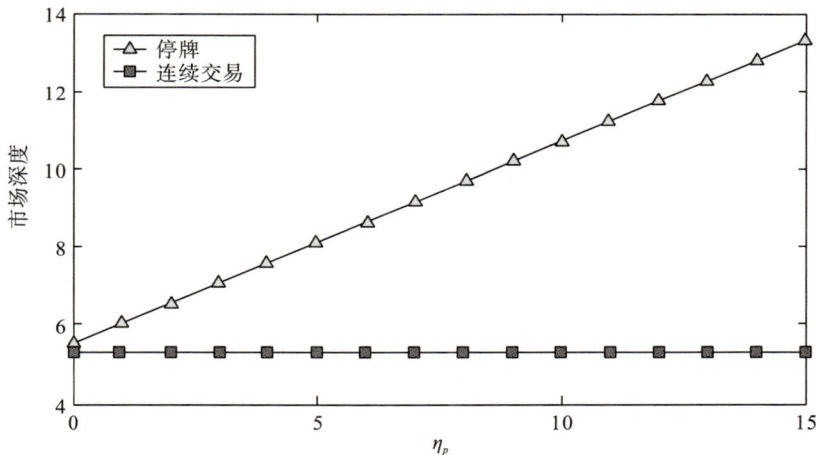

图 3-14　市场深度的比较（考虑停牌信息精度变化）

从图 3-13 可以看出，不管 μ 值为多少，停牌后的市场深度始终大于连续交易的市场深度，这与命题 3-6 的结果完全一致。略有区别的地方在于，随着 μ 的增大，不仅连续交易的市场深度在逐渐增大，而且停牌后的市场深度也保持了同样的趋势，只是停牌后市场深度的增大趋势要大于连续交易的情形。上述结果表明，无论是连续交易还是停牌，随着知情交易者的增加和信息非对称程度的降低，市场深度都会随之增大。相对于连续交易而言，停牌期间累积的交易需求更多，外生的流动性供给更大，因而停牌之后的市场深度更大。此外，基于本章对例行停牌和警示性停牌的划分，可以认为连续交易机制和停牌制度在市场深度方面的差异与停牌类型无关。

此外，与前面的研究类似，也在放宽公告信息精度 η_p 的情况下重复上述工作，结果如图 3-14 所示。由图 3-14 可见，无论 η_p 的取值高低，停牌后的市场深度始终大于连续交易的情形，这也在一定程度上强化了命题 3-11 的结论。从图中可以看出，随着停牌公告信息精度 η_p 取值的增大，停牌后的市场深度呈现出逐渐增大的趋势。该结果再次表明，监管层在公布信息时要注意信息的精确度，公布精度高的信息有利于提高停牌后的市场深度。

4. 价格波动比较

与命题 3-7 类似，在这里仍然考虑两种机制下价格波动率（方差）的差异。其中，连续交易下的价格波动率如式（3-36）所示，而停牌后价格的波动率（方差）则可表示为

$$\text{var}(p' \mid v) = \frac{(b')^2}{\eta} + \frac{(c')^2}{\eta_p} + 2\frac{(d')^2}{\gamma} \tag{3-50}$$

通过数字释例，可得下述的命题 3-12。

命题 3-12 当监管层公布与私有信息 S 独立的公共信息 S_p 时，停牌后的价格波动并不一定低于连续交易的情形，两种机制对于价格波动的影响取决于知情交易者的比例。

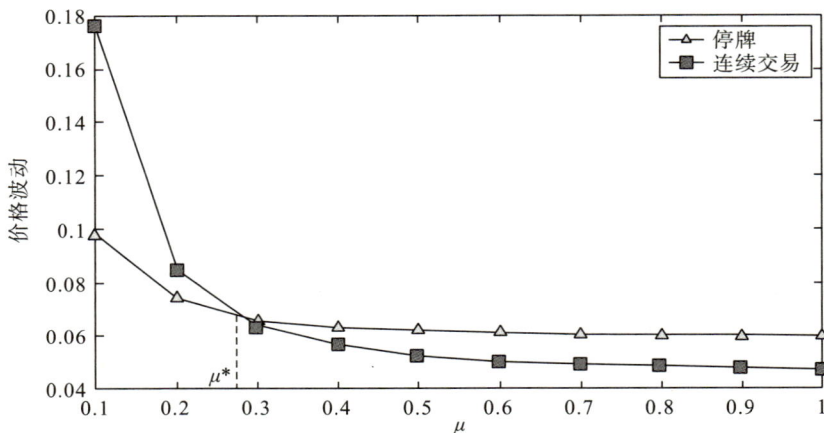

图 3-15   价格波动的比较（扩展模型一）

由图 3-15 可知，当 $\mu < \mu^*$ 时，停牌之后的价格波动明显低于连续交易时的情形；而当 $\mu > \mu^*$ 时，停牌后的价格波动则明显高于连续交易的情形。随着 μ 的增大，连续交易和停牌后资产价格的波动均会减小，只是连续交易情形下价格波动的减小幅度比停牌时更大。这再次表明，当市场上知情交易者较少时，信息的非对称程度较高，使用停牌将信息传递给占据市场大多数的非知情者会有效地降低信息的非对称程度，使得停牌过后的价格波动小于连续交易的情形。相反地，当市场上存在数量较多的知情交易者时，信息的非对称程度较低，使用停牌反而会人为地中断交易，妨碍信息的有效传递，使得停牌过后资产的价格波动高于连续交易的情形。总体来看，图 3-11 中的结果与图 3-6 揭示的结果完全一致。结合前文对于例行和警示性停牌的定义，在此仍可以得出减少例行停牌、增加警示性停牌的结论。

此外，为了分析公告信息的精度 η_p 对于价格波动的影响，在放宽精度 η_p 取值的情况下重复上述工作，结果如图 3-16 所示。

图 3-16 的结果显示，在取定 $\mu = 0.5$ 且其他参数保持不变的情况下，η_p 取值的大小对停牌后的价格波动有直接影响：当 $\eta_p < \eta_p^*$ 时，停牌后的价格波动明显大于连续交易的价格波动；而当 $\eta_p > \eta_p^*$ 时，停牌后的价格波动则明显小于连续交易的情形。上述结果再次

印证了前面的结论，即公告信息的精度 η_p 对停牌的作用非常重要：当 η_p 精度较高时，停牌所起的作用相对较好；而当 η_p 精度较低时，停牌的作用相对较差，甚至会适得其反。

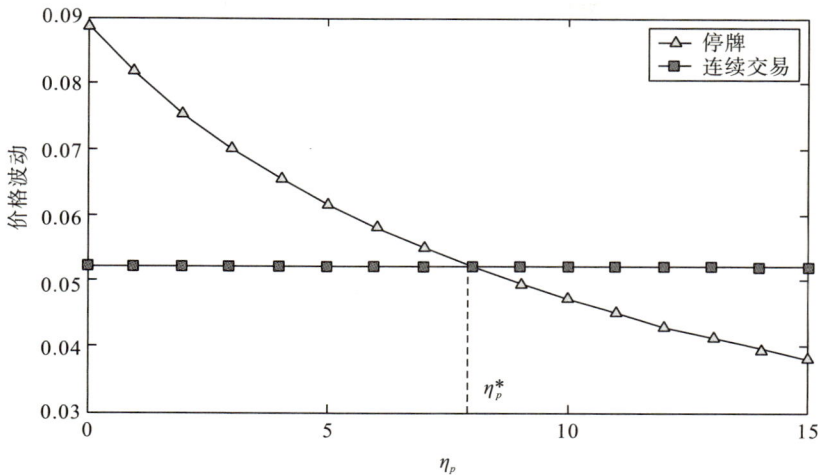

图 3-16　价格波动的比较(考虑停牌信息精度变化)

结合命题 3-9 至命题 3-12 来看，当监管层在停牌时公布与私有信息 S 独立的公共信息 S_p 时，连续交易机制和停牌制度在定价偏差、信息揭示程度、市场深度和价格波动方面的差异仍然类似于命题 3-4 至命题 3-6 的结果。仍可以发现，两种机制的差异取决于市场上知情者的比例：当知情者人数较少(即信息的非对称程度较高时)，使用停牌的效果要优于连续交易；而当知情者人数较多(即信息的非对称程度较低时)，结果则恰恰相反。同时，可以发现，无论 μ 有多大，停牌后的市场深度均大于连续交易的情形。上述结果，再次强化了命题 3-4 至命题 3-7 的结果，表明了本章结论的稳健性。此外，还分析了停牌信息精度 η_p 在停牌过程中所起的作用，结果发现 η_p 越大停牌效果越好，反之则越差。

3.3　扩展二：风险资产基本价值发生变化

在本章第 3.1 节和第 3.2 节中，分两种情况分别考察了连续交易机制和停牌制度在定价偏差、信息揭示程度、市场深度和价格波动方面的差异。需要指出的是，在上述两个模型中，均假设风险资产的基本价值 v 没有发生变化。事实上，在现实生活中，当上市公司的经营状况发生重大变化(例如获得或失去重大合同、研发出重要的新产品、遭遇不可抗的自然灾害、涉嫌违反相关法律法规并可能因此受到惩罚)时，该公司的基本价值可能会发生重大变化，而与公司相关的风险资产(如股票)的基本价值也会随之变化。此时，能够获取上述重大信息的交易者(即知情交易者)也知道风险资产的基本价值发生了变化。换言之，此时的私有信息中实际上包含了风险资产基本价值发生变化的信息。如果在这种情况下停牌，那么市场上的所有交易者就会获得私有信息，以及风险资产基本价值发生变化的信息；如果在这个时候进行连续交易，那么只有知情者知道风险资产的价值发生了变化。显然，本章第 3.1 节和第 3.2 节中关于风险资产基本价值不发生变化的假设，是无法刻画上述现实情况的。为此，在本节中假设当知情交易者获取私有信息时风险资产的基本价值已经发生了相应的变化，将在更一般的情况下分析连续交易和停牌的差异。

3.3.1　扩展二：模型假设

按照第 3.1 节的假设，资产价值为 v，满足 $v \sim N(\bar{v}, \eta_0^{-1})$，知情交易者和非知情交易者都具有这样的先验信念。在本节中，假设当知情交易者获得私有信息时，风险资产的基本价值已经变成了 v'。在这里，不妨假设 $v' = v + \Delta v$，其中 Δv 为常数。可以证明，变化后的资产价值 v' 满足 $v' \sim N(\bar{v} + \Delta v, \eta_0^{-1})$，令 $\bar{v}' = \bar{v} + \Delta v$，则上式变化为 $v' \sim N(\bar{v}', \eta_0^{-1})$。

在连续交易的情况下，由于知情者能获得私有信息，因而他们对资产价值的变化是完全了解的。也即是说，当知情者获取私有信息的时候，他们对于资产价值的信念也会随之变为 v'。而对于非知情者而言，由于在连续交易时并不能直接获取任何公共信息，因此他们对于资产价值的先验信念仍然为 v。在停牌的情况下，监管层将私有信息披露到市场上。此时，除了知情者已经通过私有信息知道资产价值变成 v' 外，非知情者也能通过监管层发布的停牌公告获取公司相关信息，不妨假设此时非知情者对资产价值的信念也变为 v'。

除了上述假设外，其他假设与第 3.1 节完全相同。将在资产价值发生变化的扩展情形下，进一步讨论连续交易机制与停牌制度的差异。

3.3.2　连续交易

1.　连续交易第 1 阶段

与前文类似，假设市场上存在信息不对称的情况而风险资产并未停牌。第一批知情和非知情交易者在 0 时刻到达市场，根据自己的信息集制定交易策略并提交订单。这里假设知情者获得的私有信息为 $\hat{S}$。$\hat{S} \mid v' \sim N(v', \hat{\eta}^{-1})$ 可以证明，$\hat{S} \mid v' \sim N(v', \hat{\eta}^{-1})$（证明见本章附录）。

根据上述假设，第一批知情交易者在参与第 1 阶段连续交易时的信息集为 $\hat{\Theta}_{I1} = \{\hat{S}\}$，同时其先验信念 $v \sim N(\bar{v}, \eta_0^{-1})$ 随着私有信息的获得变为 $v' \sim N(\bar{v}', \eta_0^{-1})$。由前述的模型假设及贝叶斯法则，知情交易者关于风险资产价值的后验信念为

$$\mathrm{E}[v' \mid \hat{\Theta}_{I1}] = \mathrm{E}[v' \mid \hat{S}] = \frac{\eta_0 \bar{v}' + \hat{\eta}\hat{S}}{\eta_0 + \hat{\eta}} \tag{3-51}$$

$$\mathrm{var}[v' \mid \hat{\Theta}_{I1}] = \mathrm{var}[v' \mid \hat{S}] = (\eta_0 + \hat{\eta})^{-1} \tag{3-52}$$

将式(3-51)和式(3-52)带入式(3-3)可知，第一批知情交易者在参与第 1 阶段连续交易时的交易需求为

$$\hat{z}_{I1} = \frac{\eta_0 \bar{v}' + \hat{\eta}\hat{S} - \hat{p}_1(\eta_0 + \hat{\eta})}{\rho} \tag{3-53}$$

对于参与第 1 阶段交易的非知情交易者而言，他们不能直接观察到知情者的私有信息 $\hat{S}$，因此他们的先验信息仍为 $v \sim N(\bar{v}, \eta_0^{-1})$。此时，他们能预期市场的均衡价格有

如下线性形式：

$$\hat{p}_1 = \hat{a}_1 \bar{v} + \hat{b}_1 \Delta v + \hat{c}_1 \hat{S} - \hat{d}_1 x_1 \tag{3-54}$$

其中，$\hat{a}_1$、$\hat{b}_1$、$\hat{c}_1$ 和 $\hat{d}_1$ 是待求的系数；x_1 是第 1 阶段连续交易中风险资产的外生流动性供给，假设其服从均值为 0，精度为 γ 的正态分布。

通过价格的函数形式，非知情交易者可以得知如下信息：

$$\hat{\theta}_1 = \frac{\hat{p}_1 - \hat{a}_1 \bar{v}}{\hat{c}_1} = \hat{S} + \frac{\hat{b}_1}{\hat{c}_1} \Delta v - \frac{\hat{d}_1}{\hat{c}_1} x_1 \tag{3-55}$$

根据模型假设知，$\hat{\theta}_1 \mid v$ 服从正态分布，其均值和方差（记为 $\eta_{\hat{\theta}_1}^{-1}$）分别为

$$\mathrm{E}(\hat{\theta}_1 \mid v) = \mathrm{E}\Big(\hat{S} + \frac{\hat{b}_1}{\hat{c}_1} \Delta v - \frac{\hat{d}_1}{\hat{c}_1} x_1 \mid v\Big) = v + \Big(1 + \frac{\hat{b}_1}{\hat{c}_1}\Big) \Delta v \tag{3-56}$$

$$\eta_{\hat{\theta}_1}^{-1} = \mathrm{var}(\hat{\theta}_1 \mid v) = \mathrm{var}\Big(\hat{S} + \frac{\hat{b}_1}{\hat{c}_1} \Delta v - \frac{\hat{d}_1}{\hat{c}_1} x_1 \mid v\Big) = \hat{\eta}^{-1} + \Big(\frac{\hat{d}_1}{\hat{c}_1}\Big)^2 \gamma^{-1} \tag{3-57}$$

因此，参与第 1 阶段连续交易的第一批非知情交易者的信息集为 $\hat{\Theta}_{U1} = \{\hat{\theta}_1\}$。由于非知情者拥有的信息 $\hat{\theta}_1$ 并不满足标准贝叶斯更新所需的条件 $\mathrm{E}(\hat{\theta}_1 \mid v) = v$，因此在这里采取非标准的贝叶斯更新。

可以证明，非知情交易者关于风险资产价值的后验信念为（证明见本章附录）

$$\mathrm{E}[v \mid \hat{\Theta}_{U1}] = \mathrm{E}[v \mid \hat{\theta}_1] = \frac{\eta_0 \bar{v} + \eta_{\hat{\theta}_1} \hat{\theta}_1 - \eta_{\hat{\theta}_1}\Big(1 + \frac{\hat{b}_1}{\hat{c}_1}\Big) \Delta v}{\eta_0 + \eta_{\hat{\theta}_1}} \tag{3-58}$$

$$\mathrm{var}[v \mid \hat{\Theta}_{U1}] = \mathrm{var}[v \mid \hat{\theta}_1] = (\eta_0 + \eta_{\hat{\theta}_1})^{-1} \tag{3-59}$$

将式（3-58）和式（3-59）代入式（3-3），可得到参与第 1 阶段交易的非知情交易者的需求量：

$$\hat{z}_{U1} = \frac{\eta_0 \bar{v} + \eta_{\hat{\theta}_1} \hat{\theta}_1 - \eta_{\hat{\theta}_1}\Big(1 + \frac{\hat{b}_1}{\hat{c}_1}\Big) \Delta v - \hat{p}_1 (\eta_0 + \eta_{\hat{\theta}_1})}{\rho} \tag{3-60}$$

假设第 1 阶段交易结束后，市场达到均衡状态。此时，第一批交易者的总需求等于市场的总供给，即满足

$$\frac{\mu}{2} \hat{z}_{I1} + \frac{(1-\mu)}{2} \hat{z}_{U1} = x_1 \tag{3-61}$$

将式（3-53）和式（3-60）代入式（3-61），采取类似于命题 3-1 的证明，可得到下述的命题 3-13。

命题 3-13　在资产价值发生变化的情况下，第 1 阶段连续交易结束后产生的成交价 $\hat{p}_1$ 满足如下关系式：

$$\hat{p}_1 = \hat{a}_1 \bar{v} + \hat{b}_1 \Delta v + \hat{c}_1 \hat{S} - \hat{d}_1 x_1 \tag{3-62}$$

其中，$\hat{a}_1 = \dfrac{\eta_0}{\hat{K}_1}$，$\hat{b}_1 = \dfrac{\mu \eta_0 - (1-\mu)\eta_{\hat{\theta}_1}}{\hat{K}_1}$，$\hat{c}_1 = \dfrac{\mu \hat{\eta} + (1-\mu)\eta_{\hat{\theta}_1}}{\hat{K}_1}$，$\hat{d}_1 = \dfrac{2\rho[\mu \hat{\eta} + (1-\mu)\eta_{\hat{\theta}_1}]}{\hat{K}_1 \mu \hat{\eta}}$，$\hat{K}_1 = \eta_0 + \mu \hat{\eta} + (1-\mu)\eta_{\hat{\theta}_1}$，$\eta_{\hat{\theta}_1} = [\hat{\eta}^{-1} + 4\rho^2(\mu \hat{\eta})^{-2}\gamma^{-1}]^{-1}$。

2. 连续交易第 2 阶段

在经过第 1 阶段的连续交易后，价格 $\hat{p}_1$ 被披露到市场上。此时，对于第二批到达的

知情者而言，除了拥有私有信息 $\hat{S}$ 外，还能从价格 $\hat{p}_1$ 中推断出信息 $\hat{\theta}'_1$，$\hat{\theta}'_1$ 满足[①]

$$\hat{\theta}'_1 = \frac{\hat{p}_1 - \hat{a}_1 \bar{v} - \hat{b}_1 \Delta v}{\hat{c}_1} = \hat{S} - \frac{\hat{d}_1}{\hat{c}_1} x_1 \tag{3-63}$$

也即是说，在参与第 2 阶段连续交易时，第二批知情交易者的信息集为 $\hat{\Theta}_{I2} = \{\hat{S}, \hat{\theta}'_1\}$。其中，信息 $\hat{\theta}'_1$ 的统计特征为

$$E(\hat{\theta}'_1 \mid v') = E\left(S - \frac{\hat{d}_1}{\hat{c}_1} x_1 \mid v'\right) = v' \tag{3-64}$$

$$\mathrm{var}(\hat{\theta}'_1 \mid v') = \mathrm{var}\left(\hat{S} - \frac{\hat{d}_1}{\hat{c}_1} x_1 \mid v'\right) = \hat{\eta}^{-1} + \left(\frac{\hat{d}_1}{\hat{c}_1}\right)^2 \gamma^{-1} \tag{3-65}$$

使用标准的贝叶斯更新进行计算，得到知情者在第 2 阶段对于风险资产的后验信念为

$$E[v' \mid \hat{S}, \hat{\theta}'_1] = \frac{\eta_0 \bar{v}' + \hat{\eta}\hat{S} + \eta_{\hat{\theta}'_1}\hat{\theta}'_1}{\eta_0 + \hat{\eta} + \eta_{\hat{\theta}'_1}} \tag{3-66}$$

$$\mathrm{var}[v' \mid \hat{S}, \hat{\theta}'_1] = (\eta_0 + \hat{\eta} + \eta_{\hat{\theta}'_1})^{-1} \tag{3-67}$$

由以上两式且结合式(3-3)，可以求得知情交易者第 2 阶段的需求为

$$\hat{z}_{I2} = \frac{\eta_0 \bar{v}' + \hat{\eta}\hat{S} + \eta_{\hat{\theta}'_1}\hat{\theta}'_1 - \hat{p}_2(\eta_0 + \hat{\eta} + \eta_{\hat{\theta}'_1})}{\rho} \tag{3-68}$$

对于参与第 2 阶段连续交易的第二批非知情交易者而言，他们虽然从第 1 阶段中获取了信息 $\hat{\theta}'_1$，但是仍不能直接观察到知情者的私有信息 $\hat{S}$，他们只能预期在第 2 阶段结束时市场的均衡价格有如下线性形式：

$$\hat{p}_2 = \hat{a}_2 \bar{v} + \hat{b}_2 \Delta v + \hat{c}_2 \hat{S} - \hat{d}_2 x_2 + \hat{e}_2 \hat{\theta}_1 \tag{3-69}$$

通过上述价格的函数形式，非知情交易者可以得到如下信息：

$$\hat{\theta}_2 = \frac{\hat{p}_2 - \hat{a}_2 \bar{v} - \hat{d}_2 \hat{\theta}_1}{\hat{c}_2} = \hat{S} + \frac{\hat{b}_2}{\hat{c}_2} \Delta v - \frac{\hat{d}_2}{\hat{c}_2} x_2 \tag{3-70}$$

跟信息 $\hat{\theta}_1$ 类似，$\hat{\theta}_2 \mid v$ 服从均值为 $v + \left(1 + \frac{\hat{b}_2}{\hat{c}_2}\right)\Delta v$ 的正态分布，其精度为

$$\eta_{\hat{\theta}_2} = \left\{\hat{\eta}^{-1} + \left(\frac{\hat{d}_2}{\hat{c}_2}\right)^2 \gamma^{-1}\right\}^{-1} \tag{3-71}$$

因此，参与第 2 阶段连续交易的非知情交易者的信息集为 $\hat{\Theta}_{U2} = \{\hat{\theta}_1, \hat{\theta}_2\}$。由前述的模型假设及非标准的贝叶斯法则，第二批非知情交易者关于风险资产价值的后验信念为

$$E[v \mid \hat{\Theta}_{U2}] = E[v \mid \hat{\theta}_1, \hat{\theta}_2] = \frac{\eta_0 \bar{v} + \eta_{\hat{\theta}_1}\hat{\theta}_1 + \eta_{\hat{\theta}_2}\hat{\theta}_2 - \eta_{\hat{\theta}_1}\left(1 + \frac{\hat{b}_1}{\hat{c}_1}\right)\Delta v - \eta_{\hat{\theta}_2}\left(1 + \frac{\hat{b}_2}{\hat{c}_2}\right)\Delta v}{\eta_0 + \eta_{\hat{\theta}_1} + \eta_{\hat{\theta}_2}} \tag{3-72}$$

---

① 在价格 $\hat{p}_1$ 中，根据知情者的先验信息，$\hat{a}_1 \bar{v}$ 和 $\hat{b}_1 \Delta v$ 实际上是已知的。因此，知情者从价格 $\hat{p}_1$ 中获得的信息实际上是 $\hat{\theta}'_1 = \frac{\hat{p}_1 - \hat{a}_1 \bar{v} - \hat{b}_1 \Delta v}{\hat{c}_1} = \hat{S} - \frac{\hat{d}_1}{\hat{c}_1} x_1$，这与非知情者获取的信息 $\hat{\theta}_1$ 是不同的。实际上，我们可以看到，$\hat{\theta}'_1 = \hat{\theta}_1 - \frac{\hat{b}_1}{\hat{c}_1}\Delta v$，$\eta_{\hat{\theta}'_1} = \eta_{\hat{\theta}_1}$。

$$\text{var}[v \mid \hat{\Theta}_{U2}] = \text{var}[v \mid \hat{\theta}_1, \hat{\theta}_2] = (\eta_0 + \eta_{\hat{\theta}_1} + \eta_{\hat{\theta}_2})^{-1} \tag{3-73}$$

将式(3-72)和式(3-73)代入式(3-3)，可得到参与第 2 阶段连续交易的非知情交易者的需求量：

$$\hat{z}_{U2} = \frac{\eta_0 \bar{v} + \eta_{\hat{\theta}_1} \hat{\theta}_1 + \eta_{\hat{\theta}_2} \hat{\theta}_2 - \eta_{\hat{\theta}_1}\left(1+\frac{\hat{b}_1}{\hat{c}_1}\right)\Delta v - \eta_{\hat{\theta}_2}\left(1+\frac{\hat{b}_2}{\hat{c}_2}\right)\Delta v - \hat{p}_2(\eta_0 + \eta_{\hat{\theta}_1} + \eta_{\hat{\theta}_2})}{\rho}$$

$$\tag{3-74}$$

假设第 2 阶段交易结束后，市场达到均衡状态。此时，第二批交易者的总需求等于市场的总供给，即满足

$$\frac{\mu}{2}\hat{z}_{I2} + \frac{(1-\mu)}{2}\hat{z}_{U2} = x_2 \tag{3-75}$$

将式(3-68)和式(3-74)代入式(3-75)，采用类似于命题 3-1 的证明，可得到下述的命题 3-14。

命题 3-14　在资产价值发生变化的情况下，第 2 阶段连续交易结束后产生的成交价 $\hat{p}_2$ 满足如下关系式：

$$\hat{p}_2 = \hat{a}_2 \bar{v} + \hat{b}_2 \Delta v + \hat{c}_2 \hat{S} - \hat{d}_2 x_2 + \hat{e}_2 \hat{\theta}_1 \tag{3-76}$$

其中，$\hat{a}_2 = \dfrac{\eta_0}{\hat{K}_2}$，$\hat{b}_2 = \dfrac{\mu\eta_0 - \mu\eta_{\hat{\theta}_1}\frac{\hat{b}_1}{\hat{c}_1} - (1-\mu)\left(1+\frac{\hat{b}_1}{\hat{c}_1}\right)\eta_{\hat{\theta}_1} - (1-\mu)\eta_{\hat{\theta}_2}}{\hat{K}_2}$，$\hat{c}_2 = \dfrac{\mu\hat{\eta} + (1-\mu)\eta_{\hat{\theta}_2}}{\hat{K}_2}$，

$\hat{d}_2 = \dfrac{2\rho[\mu\hat{\eta} + (1-\mu)\eta_{\hat{\theta}_2}]}{\hat{K}_2 \mu\hat{\eta}}$，$\hat{e}_2 = \dfrac{\eta_{\hat{\theta}_1}}{\hat{K}_2}$，$\hat{K}_2 = \eta_0 + \mu\hat{\eta} + \eta_{\hat{\theta}_1} + (1-\mu)\eta_{\hat{\theta}_2}$，$\eta_{\hat{\theta}_2} = [\hat{\eta}^{-1} + 4\rho^2(\mu\hat{\eta})^{-2}\gamma^{-1}]^{-1}$。

3.3.3　停牌

假设监管层认定知情者拥有的私有信息 $\hat{S}$ 可能会对风险资产的价格产生较大影响。因此，为了降低信息的非对称程度，监管层在 0 时刻对该风险资产实施停牌并将私有信息 $\hat{S}$ 公布到市场；在 1 时刻，风险资产由于停牌的存在而处于交易中止状态，交易者在此时仅能提交订单；在 2 时刻，停牌结束，风险资产通过集合竞价复牌，决定复牌价格 $\hat{p}$。

考虑到监管层将私有信息披露到市场上，非知情者能够获得相关信息，因此如第 3.3.1 节中的基本假设所述，不妨假设在停牌后非知情者与知情者一样都知道风险资产的价值发生了变化，即两类交易者对风险资产的先验信念都从 $v \sim N(\bar{v}, \eta_0^{-1})$ 变为 $v' \sim N(\bar{v}', \eta_0^{-1})$。

由于停牌将原来的私有信息 $\hat{S}$ 全部公开化，市场上完全不存在信息非对称的情况，因而非知情者的信息集 $\hat{\Theta}_U$ 和知情者的信息集 $\hat{\Theta}_I$ 完全相同（均为 $\{\hat{S}\}$）。这也意味着，在参与复牌交易时，知情和非知情交易者对资产价值的后验信念完全相同。根据前述假设和贝叶斯法则，两类交易者的后验信念均为

$$E[v' \mid \hat{S}] = \frac{\eta_0 \bar{v}' + \hat{\eta}\hat{S}}{\eta_0 + \hat{\eta}} \tag{3-77}$$

$$\text{var}[v' \mid \hat{S}] = (\eta_0 + \hat{\eta})^{-1} \tag{3-78}$$

将式(3-77)和式(3-78)代入式(3-3)，可得到参与复牌交易的知情和非知情交易者的需求量：

$$\hat{z}_1 = \hat{z}_U = \frac{\eta_0 \bar{v}' + \hat{\eta}\hat{S} - \hat{p}(\eta_0 + \hat{\eta})}{\rho} \tag{3-79}$$

假设时刻 2 的复牌交易结束后，市场达到均衡状态。此时，所有交易者的总需求等于市场的总供给，即满足

$$\mu \hat{z}_1 + (1 - \mu)\hat{z}_U = x_1 + x_2 \tag{3-80}$$

将式(3-79)代入式(3-80)，经过简单计算，可得到下述的命题 3-15。

命题 3-15 在风险资产基本价值发生变化的情况下，当市场存在私有信息 $\hat{S}$ 且该信息通过停牌发布到市场时，复牌交易的成交价 $\hat{p}$ 满足如下关系式：

$$\hat{p} = a\bar{v}' + \hat{b}\hat{S} - \hat{c}(x_1 + x_2) \tag{3-81}$$

其中，$a = \dfrac{\eta_0}{K}$，$\hat{b} = \dfrac{\hat{\eta}}{K}$，$\hat{c} = \dfrac{\rho}{K}$，$\hat{K} = \eta_0 + \hat{\eta}$。

3.3.4 连续交易与停牌的静态比较

与本章第 3.1.4 节类似，在资产价值发生变化且监管层公布私有信息 $\hat{S}$ 时，也可以从定价偏差、信息的揭示程度、市场深度和价格波动等四个方面对连续交易机制和停牌制度进行静态比较。

1. 定价偏差比较

这里首先比较连续交易和停牌情形下的定价偏差。根据命题 3-14 和命题 3-15 以及模型假设，连续交易和停牌后价格的定价偏差分别为 $E(v' - \hat{p}_2 \mid v')$ 和 $E(v' - \hat{p} \mid v')$。通过计算可知

$$E(v' - \hat{p}_2 \mid v') = \hat{a}_2(v' - \bar{v}) - \left(\hat{b}_2 + \hat{e}_2 \frac{\hat{b}_1}{\hat{c}_1}\right)\Delta v \tag{3-82}$$

$$E(v' - \hat{p} \mid v') = \hat{a}(v' - \bar{v}') \tag{3-83}$$

由于直接比较相关指标的计算比较复杂，因此采用数值释例对上述两式进行比较。对于相关变量，令 $v = 5$，$\bar{v} = 3$，$\Delta v = 0.5$，$\hat{\eta} = 10$，而其他变量的取值仍为 $\rho = \eta_0 = 1$，$\gamma = 10$。通过计算，得到下述命题 3-16。

命题 3-16 在资产价值发生变化的情况下，停牌并不一定能比连续交易更精确地进行定价，两种机制在定价偏差方面的差异取决于知情交易者的比例。

图 3-17 描述了当风险资产的基本价值发生变化且监管层在停牌时公布的信息即是知情交易者持有的私有信息 $\hat{S}$ 时，连续交易机制和停牌制度在定价方面的差异。与图 3-2 和图 3-7 的结果类似：当 $\mu < \mu^*$ 时，连续交易下的定价偏差明显大于停牌过后的定价偏差；而当 $\mu > \mu^*$ 时，连续交易的定价偏差则明显小于停牌的情形。随着知情者比例的增

加，连续交易带来的定价偏差呈现逐渐减小的趋势，而停牌后的定价偏差则保持不变。

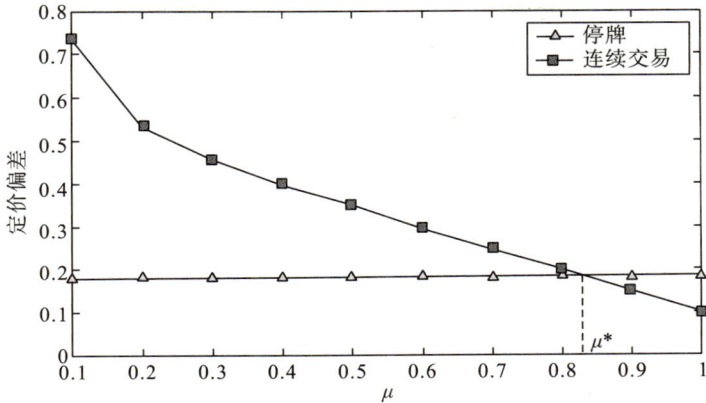

图 3-17　定价偏差的比较(扩展模型二)

对比连续交易和停牌两种机制来看，连续交易是通过不断的交易来对资产的价格进行多次修正，而停牌则是监管层披露私有信息后的一次性定价。当知情者人数较少时，市场上信息的非对称程度较高，通过交易来释放信息并修正定价偏差显然不如直接披露信息有效，此时通过停牌得到的价格显然比通过连续交易得到的价格更加精确。反之，当市场上知情者人数较多时，信息的非对称程度较低，让市场自发地进行连续交易并通过交易对资产的价格进行修正，这种连续性的多次修正显然比停牌后的一次定价更加有效。

上述结果表明，即使是在资产价值发生变化而停牌制度能够完全反映这种变化的情况下，停牌制度在定价偏差方面也未必优于连续交易机制，这与命题 3-4 和命题 3-9 的结果非常相似，再次强化了本节之前的结论。此外，从连续交易和停牌的差异来看，当市场上知情者人数较少、信息不对称较为严重的时候，使用停牌显然比连续交易更好；而当知情者人数较多、信息不对称程度较轻时，连续交易则比停牌更能准确定价。基于上述结论，结合本章对停牌类型的划分，可以再次得到加强警示性停牌、减少例行停牌的结论。

2. 信息揭示程度比较

与前文类似，这里仍然使用非知情交易者对风险资产的后验方差和信息对风险资产均衡价格的影响，来分析连续交易机制和停牌制度在信息揭示方面的差异。其中，关于非知情者的后验方差，可以直接比较式(3-73)和式(3-78)；而关于信息对均衡价格的影响，通过命题 3-14 和命题 3-15 可知，连续交易时信息 $\hat{S}$ 前面的系数为 $\hat{c}_2 + \hat{e}_2$，而停牌时 $\hat{S}$ 前面的系数则为 $\hat{b}$。通过数字释例，得到下述命题 3-17。

命题 3-17　在资产价值发生变化的情况下，停牌并不一定能比连续交易更能揭示信息，两种机制对信息的揭示作用取决于知情交易者的比例。

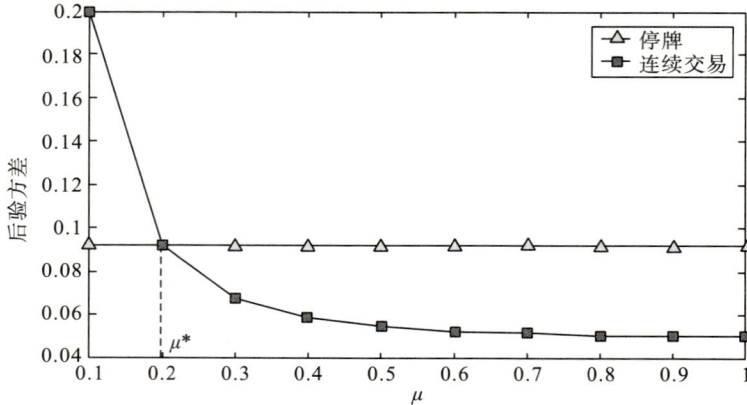

图 3-18　后验方差的比较（扩展模型二）

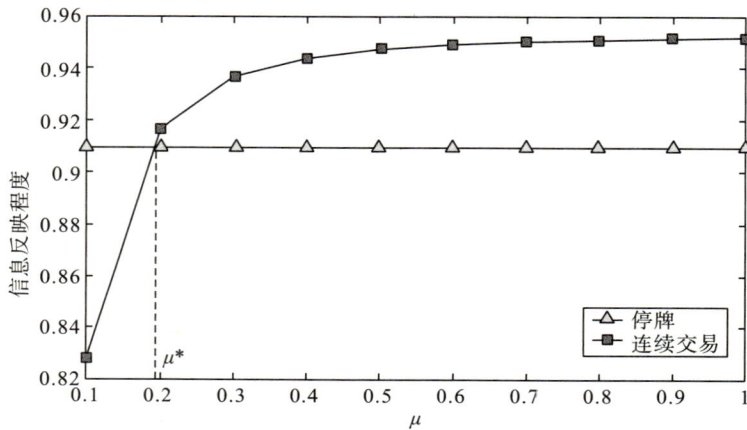

图 3-19　均衡价格对信息反映程度的比较（扩展模型二）

　　图 3-18 和图 3-19 揭示了当风险资产的基本价值发生改变且监管层在停牌时公布的信息是知情交易者持有的私有信息 $\hat{S}$ 时，连续交易和停牌这两种机制在信息揭示方面的差异。与命题 3-5 和命题 3-10 的结果类似，即使风险资产的价值发生了改变，仍然可以发现：当 μ 较小（即 $\mu < \mu^*$）时，停牌后非知情者对于资产价值的后验方差小于连续交易的情形，均衡价格对信息的反映程度大于连续交易的情形，此时停牌对信息的揭示比连续交易更充分；而当 μ 较大（即 $\mu > \mu^*$）时，结果则恰好相反，此时连续交易对信息的揭示作用要优于停牌。

　　从以上两图来看，随着知情交易者比例的变化，连续交易和停牌后信息揭示程度的变化趋势与图 3-3 和图 3-4 非常相似，这也再次印证前面的结论：当市场上知情者数量较少时，通过停牌直接披露私有信息可以较好地促进信息的释放；而当市场上知情者较多时，通过连续交易过程释放信息，能起到比停牌更好的效果。

3. 市场深度比较

　　与前文类似，在考察连续交易机制和停牌制度对流动性的影响方面，本节仍选取市场深度这一指标。通过命题 3-14 和命题 3-15 可知，连续交易和停牌情形下的市场深度分别为 $2/(\hat{d}_2+2\hat{e}_2\rho/\mu\eta)$ 和 $1/\hat{c}$。通过数字释例的比较，可得下述的命题 3-18。

命题 3-18　在资产价值发生变化的情况下，停牌后的市场深度高于连续交易的情形，并且与知情者比例无关。

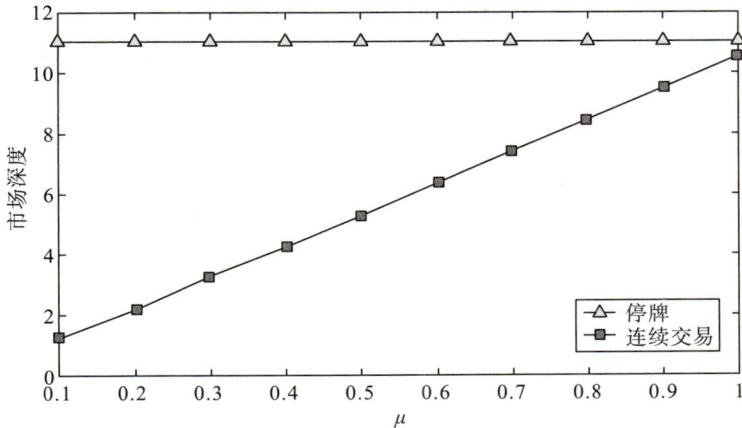

图 3-20　市场深度的比较（扩展模型二）

从图 3-20 可以看到，即使风险资产的基本价值发生了变化，停牌后的市场深度也总是大于连续交易的市场深度，这与命题 3-6 和命题 3-11 的结果类似。从变化趋势来看，停牌后的市场深度不会发生改变，而连续交易的市场深度则随着知情交易者比例的增加而增大。当 μ 值较小的时候，停牌与连续交易之后的市场深度差异较大；当 μ 值增大时，停牌与连续交易之后市场深度的差异则慢慢减少。但是，无论 μ 取值怎样，停牌后的市场深度总是大于连续交易的情形，这是停牌期间交易需求累积所造成的结果。总体来看，命题 3-18 的结果再次强化了命题 3-6 和命题 3-11 的结论。

4．价格波动比较

与命题 3-7 和命题 3-12 类似，仍然考虑连续交易机制和停牌制度下面价格波动率（方差）的差异。根据命题 3-14 和命题 3-15，连续交易和停牌之后价格的波动率可以分别表示为

$$\operatorname{var}(\hat{p}_2 \mid v') = \frac{(\hat{c}_2)^2}{\eta} + \frac{(\hat{d}_2)^2}{\gamma} + \frac{(\hat{e}_2)^2}{\eta_{\partial_1}} \tag{3-84}$$

$$\operatorname{var}(\hat{p}_2 \mid v') = \frac{(\hat{b})^2}{\eta} + 2\frac{(\hat{c})^2}{\gamma} \tag{3-85}$$

通过数字释例对上述两式进行比较，可得下述的命题 3-19。

命题 3-19　在资产价值发生变化的情况下，停牌后的价格波动并不一定低于连续交易的情形，两种机制对于价格波动的影响取决于知情交易者的比例。

图 3-21 刻画了在资产价值发生变化的情况下，连续交易和停牌情形下价格波动之间的差异。当知情者数量较少时（即 $\mu<\mu^*$ 时），停牌之后的价格波动明显低于连续交易的情形，此时采用停牌可以比连续交易更有效地降低市场的价格波动；而当知情者达到一

定数量后(即 $\mu > \mu^*$),连续交易之后的价格波动明显低于停牌后的价格波动。这再次印证了命题 3-7 和命题 3-12 的结论,说明当市场上知情者较少、信息非对称程度较高时,停牌制度可以更好地降低风险资产的价格波动;而当市场上知情者数量达到一定比例时,使用连续交易不断释放价格信息显然比直接公布私有信息更加有效。此外,结合前文对于例行和警示性停牌的定义,仍可以得出减少例行停牌、增加警示性停牌的结论。

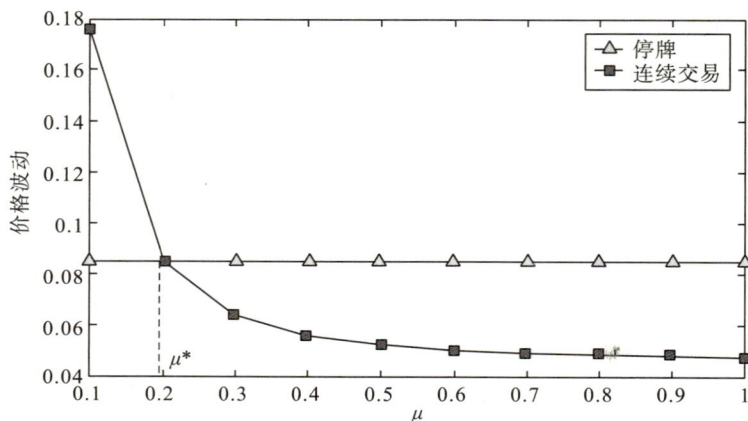

图 3-21　价格波动的比较(扩展模型二)

总体上来看,命题 3-16 至命题 3-19 再次强化命题 3-4 至命题 3-7 以及命题 3-9 至命题 3-12 的结论,说明连续交易机制和停牌制度在定价偏差、信息揭示程度和价格波动方面的优劣取决于市场上知情者的比例,停牌的选择时机需要注意。此外,由于停牌期间交易需求的累积,无论 μ 多大,停牌后的市场深度均会大于连续交易后的市场深度。总体来看,上述结果再次证明了本章基本结论的稳健性。

3.4　扩展三:连续交易时公布私有信息且风险资产价值发生变化

在前文中,分三种情形讨论了连续交易机制与停牌制度之间的差异。对于上述三种情形,均假设在连续交易时只有知情者才能获取私有信息,而该信息并不会被发布到市场上。换言之,第 3.1 节至第 3.3 节中的模型,总是假设在连续交易时存在信息不透明的情况。事实上,在现实生活中,上市公司也会在连续交易期间发布公告信息(如盈利报告、定期报告和业绩预告等影响股价的信息,以及一些即将到来的可能会影响公司经营的重大信息),此时相关信息被直接披露到市场上,因此并不存在信息不透明的情况。然而,即使是在信息完全被披露的情况下,监管层依然会考虑对证券实施停牌。这是因为信息的传递需要时间,而交易者获取信息的渠道并不完全相同,无法保证所有交易者能在同一时间获取信息。即使交易者已经获取信息,但是如果没有足够的时间消化信息并分析该信息对证券价格可能产生的影响,那么市场上的信息不对称可能依然存在。在这种情形下(连续交易期间也有信息披露的情形),连续交易是通过交易本身来传递信息,而停牌则会给交易者一个消化信息的缓冲时间。显然,第 3.1 节至第 3.3 节中关于连续交易期间不公布私有信息的假设，是无法刻画上述情形的。为此，在本节中假设监管层在连续交易期间发布私有信息。同时，不失一般性，还保留了第 3.3 节中的假设，即风险资产的基本价值发生变化。将在更一般的情形下考察连续交易机制与停牌制度之间的差异[①]。

3.4.1　扩展三：模型假设

考虑到监管层释放私有信息的时间是在连续交易期间，市场并没有停止交易。因此，在基于私有信息进行下一步交易以前，整个市场并没有足够时间充分理解该信息。此外，由于披露渠道和信息发布时机的选择问题，以及交易者理解能力的差异，并不能保证交易者能完全理解在连续交易中即时披露的私有信息。基于上述理由，不妨假设：当监管层在连续交易期间披露私有信息 $\hat{S}$ 时，由于市场并没有足够时间去消化信息，且信息披露渠道、时机和交易者理解能力存在差异，因此非知情者只会得到一个带有噪声的信息 $\hat{S}_p$[其中，$\hat{S}_p = \hat{S} + \varepsilon$，$\varepsilon$ 是一个噪声，与信息 $\hat{S}$ 独立，且满足 $\varepsilon \mid v' \sim N(0, \hat{\tau}^{-1})$]，而知情者仍然拥有私有信息 $\hat{S}$[②]。另一方面，当监管层在停牌期间披露私有信息 $\hat{S}$ 时，由于市场有足够的时间消化信息，因此非知情者能完全消化监管层披露的私有信息。此时，非知情者和知情者一样，均持有信息 $\hat{S}$。除此以外，其他的所有设定跟第 3.3 节中的假设相同。将在此扩展的框架下面，分析连续交易和停牌之间的差异。

3.4.2　连续交易

1.　连续交易第 1 阶段

根据前文假设，监管层会在连续交易期间发布私有信息 $\hat{S}$，非知情交易者没有足够时间去消化，因此得到带有噪声的信息 $\hat{S}_p$，而知情交易者仍然持有私有信息 $\hat{S}$。此外，在资产基本价值发生变化时，知情者的先验信念 $v \sim N(\bar{v}, \eta_0^{-1})$ 随着私有信息的获得变为 $v' \sim N(\bar{v}', \eta_0^{-1})$。由模型假设和贝叶斯法则，知情者关于风险资产价值的后验信念为[③]

$$\mathrm{E}[v' \mid \hat{S}] = \frac{\eta_0 \bar{v}' + \hat{\eta}\hat{S}}{\eta_0 + \hat{\eta}} \tag{3-86}$$

$$\mathrm{var}[v' \mid \hat{S}] = (\eta_0 + \hat{\eta})^{-1} \tag{3-87}$$

因此，第一批知情交易者在参与第 1 阶段连续交易时的交易需求为

$$\hat{z}_{I1} = \frac{\eta_0 \bar{v}' + \hat{\eta}\hat{S} - \hat{p}_1'(\eta_0 + \hat{\eta})}{\rho} \tag{3-88}$$

对于参与第 1 阶段交易的非知情交易者而言，由于监管层的披露，他们得到了一个带有噪声的信息 $\hat{S}_p(\hat{S}_p = \hat{S} + \varepsilon)$，他们会基于该信息对其先验信息进行更新。与第 3.3 节

---

① 实际上，作者也对监管层在连续交易期间发布私有信息但风险资产基本价值并不发生变化的情形进行了分析，研究结论与第 3.4 节完全一致。
② 可以证明，$\hat{S}_p \mid v' \sim N(v', \hat{\eta}^{-1} + \hat{\tau}^{-1})$，记为 $\hat{S}_p \mid v' \sim N(v', \hat{\eta}_p^{-1})$。
③ 由于信息 $\hat{S}_p$ 带有噪声，其精度小于信息 $\hat{S}$，因此知情者在更新时只会使用后者。

类似，由于非知情者并不知道风险资产的分布已经从 $v \sim N(\bar{v}, \eta_0^{-1})$ 变成 $v' \sim N(\bar{v}', \eta_0^{-1})$。因此，他们仍然会使用之前的先验信念 $v' \sim N(\bar{v}', \eta_0^{-1})$ 进行贝叶斯更新。可以证明，$E(\hat{S}_p \mid v) = v + \Delta v \neq v$。根据非标准的贝叶斯更新，可以计算出非知情者的后验信念为

$$E[v \mid \hat{S}_p] = \frac{\eta_0 \bar{v} + \hat{\eta}_p \hat{S}_p - \hat{\eta}_p \Delta v}{\eta_0 + \hat{\eta}_p} \tag{3-89}$$

$$\mathrm{var}[v \mid \hat{S}_p] = (\eta_0 + \hat{\eta}_p)^{-1} \tag{3-90}$$

进而可得到参与第 1 阶段交易的非知情交易者的需求量：

$$z'_{U1} = \frac{\eta_0 \bar{v} + \hat{\eta}_p \hat{S}_p - \hat{\eta}_p \Delta v - \hat{p}'_1 (\eta_0 + \hat{\eta}_p)}{\rho} \tag{3-91}$$

假设第 1 阶段交易结束后，市场达到均衡状态。此时，第一批交易者的总需求等于市场的总供给，即满足

$$\frac{\mu}{2} z'_{I1} + \frac{(1-\mu)}{2} z'_{U1} = x_1 \tag{3-92}$$

将式(3-88)和式(3-91)代入式(3-92)，采取类似于命题 3-1 的证明，可得到下述的命题 3-20。

命题 3-20   在资产价值发生变化的情况下，如果监管层在连续交易时发布私有信息，那么第 1 阶段连续交易结束后产生的成交价 $\hat{p}'_1$ 满足如下关系式：

$$\hat{p}'_1 = \hat{a}'_1 \bar{v} + \hat{b}'_1 \Delta v + \hat{c}'_1 \hat{S} + \hat{d}'_1 \hat{S}_p - \hat{e}'_1 x_1 \tag{3-93}$$

其中，$\hat{a}'_1 = \dfrac{\eta_0}{\hat{K}'_1}$，$\hat{b}'_1 = \dfrac{\mu \eta_0 - (1-\mu)\hat{\eta}_p}{\hat{K}'_1}$，$\hat{c}'_1 = \dfrac{\mu \hat{\eta}}{\hat{K}'_1}$，$\hat{d}'_1 = \dfrac{(1-\mu)\hat{\eta}_p}{\hat{K}'_1}$，$\hat{e}'_1 = \dfrac{2\rho}{\hat{K}'_1}$，$\hat{K}'_1 = \eta_0 + \mu\hat{\eta} + (1-\mu)\hat{\eta}_p$。

2. 连续交易第 2 阶段

在经过第 1 阶段的连续交易后，价格 $\hat{p}'_1$ 被披露到市场上。此时，对于第二批到达的知情者而言，除了拥有私有信息 $\hat{S}$ 外，还能从价格 $\hat{p}'_1$ 中推断出信息 $\hat{\theta}$，$\hat{\theta}$ 满足

$$\hat{\theta} = \frac{\hat{p}'_1 - \hat{a}'_1 \bar{v} - \hat{b}'_1 \Delta v}{\hat{c}'_1 + \hat{d}'_1} = \frac{\hat{c}'_1}{\hat{c}'_1 + \hat{d}'_1} \hat{S} + \frac{\hat{d}'_1}{\hat{c}'_1 + \hat{d}'_1} \hat{S}_p - \frac{\hat{e}'_1}{\hat{c}'_1 + \hat{d}'_1} x_1 \tag{3-94}$$

也即是说，在参与第 2 阶段连续交易时，第二批知情者的信息集为 $\hat{\Theta}'_{I2} = \{\hat{S}, \hat{\theta}\}$。其中，信息 $\hat{\theta}$ 满足 $E(\hat{\theta} \mid v') = v'$ 的正态分布，其精度为

$$\eta_{\hat{\theta}} = \left\{ \hat{\eta}^{-1} + \left(\frac{\hat{d}_1}{\hat{c}_1 + \hat{d}_1} \right)^2 \hat{\tau}^{-1} + \left(\frac{\hat{e}_1}{\hat{c}_1 + \hat{d}_1} \right)^2 \gamma^{-1} \right\}^{-1} \tag{3-95}$$

使用标准的贝叶斯更新进行计算，得到知情者在第 2 阶段对于风险资产的后验信念为

$$E[v' \mid \hat{S}, \hat{\theta}] = \frac{\eta_0 \bar{v}' + \hat{\eta}\hat{S} + \eta_{\hat{\theta}}\hat{\theta}}{\eta_0 + \hat{\eta} + \eta_{\hat{\theta}}} \tag{3-96}$$

$$\mathrm{var}[v' \mid \hat{S}, \hat{\theta}] = (\eta_0 + \hat{\eta} + \eta_{\hat{\theta}})^{-1} \tag{3-97}$$

由上两式且结合式(3-3)，可以求得知情交易者的需求为

$$z'_{I2} = \frac{\eta_0 \bar{v}' + \hat{\eta}\hat{S} + \eta_{\hat{\theta}}\hat{\theta} - \hat{p}_2 (\eta_0 + \hat{\eta} + \eta_{\hat{\theta}})}{\rho} \tag{3-98}$$

同理，对于第二批到达的非知情者而言，除了拥有公共信息 $\hat{S}_p$ 外，他们还能从价格 $\hat{p}_1'$ 中推断出信息 $\hat{\theta}'$，$\hat{\theta}'$ 满足[①]

$$\hat{\theta}' = \frac{\hat{p}_1' - \hat{a}_1\bar{v}}{\hat{c}_1 + \hat{d}_1} = \frac{\hat{c}_1}{\hat{c}_1 + \hat{d}_1}\hat{S} + \frac{\hat{d}_1}{\hat{c}_1 + \hat{d}_1}\hat{S}_p + \frac{\hat{b}_1}{\hat{c}_1 + \hat{d}_1}\Delta v - \frac{\hat{e}_1}{\hat{c}_1 + \hat{d}_1}x_1 \tag{3-99}$$

跟信息 $\hat{\theta}$ 类似，$\hat{\theta}' \mid v$ 服从均值为 $v + \left(1 + \dfrac{\hat{b}_1}{\hat{c}_1 + \hat{d}_1}\right)\Delta v$ 的正态分布，其精度为

$$\eta_{\hat{\theta}'} = \left\{ \hat{\eta}^{-1} + \left(\frac{\hat{d}_1}{\hat{c}_1 + \hat{d}_1}\right)^2 \hat{\tau}^{-1} + \left(\frac{\hat{e}_1}{\hat{c}_1 + \hat{d}_1}\right)^2 \gamma^{-1} \right\} \tag{3-100}$$

因此，参与第 2 阶段交易的非知情交易者的信息集为 $\hat{\Theta}_{U2}' = \{\hat{S}_p, \hat{\theta}'\}$。由前述的模型假设及非标准的贝叶斯法则，第二批非知情交易者关于风险资产价值的后验信念为

$$E[v \mid \hat{\Theta}_{U2}'] = \frac{\eta_0\bar{v} + \hat{\eta}_p\hat{S}_p + \eta_{\hat{\theta}'}\hat{\theta}' - \hat{\eta}_p\Delta v - \eta_{\hat{\theta}'}\left(1 + \dfrac{\hat{b}_1}{\hat{c}_1 + \hat{d}_1}\right)\Delta v}{\eta_0 + \hat{\eta}_p + \eta_{\hat{\theta}'}} \tag{3-101}$$

$$\mathrm{var}[v \mid \hat{\Theta}_{U2}'] = (\eta_0 + \hat{\eta}_p + \eta_{\hat{\theta}'})^{-1} \tag{3-102}$$

将式(3-101)和式(3-102)代入式(3-3)，可得到参与第 2 阶段交易的非知情交易者的需求量：

$$\hat{z}_{U2}' = \frac{\eta_0\bar{v} + \hat{\eta}_p\hat{S}_p + \eta_{\hat{\theta}'}\hat{\theta}' - \hat{\eta}_p\Delta v - \eta_{\hat{\theta}'}\left(1 + \dfrac{\hat{b}_1}{\hat{c}_1 + \hat{d}_1}\right)\Delta v - \hat{p}_2(\eta_0 + \hat{\eta}_p + \eta_{\hat{\theta}'})}{\rho} \tag{3-103}$$

假设第 2 阶段交易结束后，市场达到均衡状态。此时，第二批交易者的总需求等于市场的总供给，即满足

$$\frac{\mu}{2}\hat{z}_{I2}' + \frac{(1-\mu)}{2}\hat{z}_{U2}' = x_2 \tag{3-104}$$

将式(3-98)和式(3-103)代入式(3-104)，采用类似命题 3-1 的证明，可得到下述的命题 3-21。

命题 3-21　在资产价值发生变化的情况下，如果监管层在连续交易时发布私有信息，那么第 2 阶段连续交易结束后产生的成交价 $\hat{p}_2'$ 满足如下关系式：

$$\hat{p}_2' = \hat{a}_2'\bar{v} + \hat{b}_2'\Delta v + \hat{c}_2'\hat{S} + \hat{d}_2'\hat{S}_p - \hat{e}_2'x_2 + \hat{f}_2'\hat{\theta} \tag{3-105}$$

其中，$\hat{a}_2' = \dfrac{\eta_0}{\hat{K}_2'}$，$\hat{b}_2' = \dfrac{\mu\eta_0 - (1-\mu)\hat{\eta}_p - (1-\mu)\eta_{\hat{\theta}}}{\hat{K}_2'}$，$\hat{c}_2' = \dfrac{\mu\hat{\eta}}{\hat{K}_2'}$，$\hat{d}_2' = \dfrac{(1-\mu)\hat{\eta}_p}{\hat{K}_2'}$，$\hat{e}_2' = \dfrac{2\rho}{\hat{K}_2'}$，

$\hat{f}_2' = \dfrac{\eta_{\hat{\theta}}}{\hat{K}_2'}$，$\hat{K}_2' = \eta_0 + \mu\hat{\eta} + (1-\mu)\hat{\eta}_p + \eta_{\hat{\theta}}$。

---

①　在价格 $\hat{p}_1'$ 中，根据知情者的先验信息，$\hat{a}_1'\bar{v}$ 和 $\hat{b}_1'\Delta v$ 实际上是已知的。因此，知情交易者从价格 $\hat{p}_1'$ 中获得的信息是 $\hat{\theta} = \dfrac{\hat{p}_1' - \hat{a}_1'\bar{v} - \hat{b}_1'\Delta v}{\hat{c}_1' + \hat{d}_1'}$。而对于非知情者而言，仅有 $\hat{a}_1'\bar{v}$ 是已知的，所以他们从价格 $\hat{p}_1'$ 中获得的信息是 $\hat{\theta}' = \dfrac{\hat{p}_1' - \hat{a}_1'\bar{v}}{\hat{c}_1' + \hat{d}_1'}$。可以证明，$\eta_{\hat{\theta}} = \eta_{\hat{\theta}'}$。

3.4.3 停牌

在停牌的时候，监管层公布私有信息 $\hat{S}$。由于在停牌期间有充足的时间可以理解和消化信息，因此非知情者可以得到不含噪声的信息 $\hat{S}$，同时也知道风险资产的分布由 $v \sim N(\bar{v}, \eta_0^{-1})$ 变为 $v' \sim N(\bar{v}', \eta_0^{-1})$。这种情形跟第 3.3.3 节完全相同，复牌后均衡价格的形式如命题 3-15 所述。

3.4.4 连续交易与停牌的静态比较

当监管层在连续交易期间公布私有信息且风险资产基本价值发生变化时，也可以从定价偏差、信息的揭示程度、市场深度和价格波动等四个方面对连续交易机制和停牌制度进行静态比较，进而分析其优劣。

1. 定价偏差比较

根据命题 3-15 和命题 3-21 中均衡价格的表达式以及模型假设，停牌之后均衡价格的定价偏差仍为式(3-83)，而连续交易后的定价偏差则为

$$\mathrm{E}(v' - \hat{p}_2' \mid v') = \hat{a}_2'(v' - \bar{v}) - \hat{b}_2' \Delta v \tag{3-106}$$

因此，当监管层在连续交易期间公布私有信息且风险资产基本价值发生变化时，连续交易与停牌在定价偏差方面的差异实际上是体现在式(3-83)和式(3-106)上。由于直接比较相关指标比较复杂，因此采用数值释例对上述两式进行比较。在这里，令 $\hat{\tau}=1$、$\hat{\eta}=5$，而其他变量的取值仍为 $v=5$、$\bar{v}=3$、$\Delta v=0.5$、$\rho=\eta_0=1$、$\gamma=10$。通过计算，得到下述命题 3-22。

命题 3-22 在资产价值发生变化的情况下，如果监管层在连续交易时发布私有信息，那么停牌并不一定能比连续交易更精确地进行定价，两种机制在定价偏差方面的差异取决于知情交易者的比例。

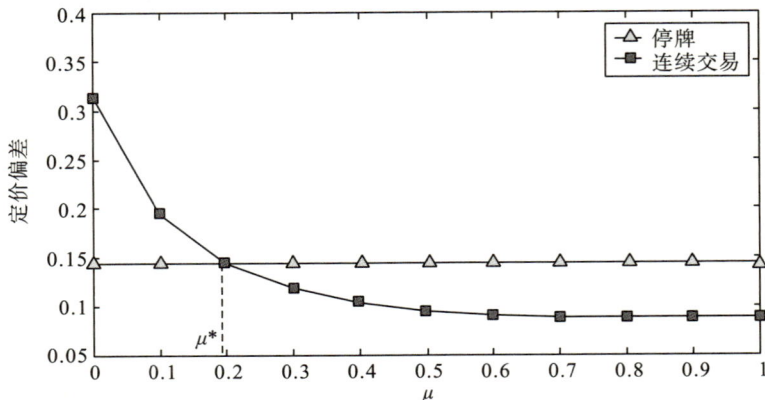

图 3-22　定价偏差的比较(扩展模型三)

从图 3-22 中可以看出，在风险资产价值发生改变且监管层在连续交易和停牌期间都公布私有信息的情况下，连续交易机制和停牌制度在定价方面的差异依然取决于市场知情者的比例：当 $\mu<$（或$>$）μ^* 时，停牌后产生的均衡价格的定价偏差明显低（或高）于连续交易的情形，此时停牌在定价的精确程度方面优（或弱）于连续交易。此外，前文提到的强化警示性停牌，减少例行停牌的结论仍然可以在此处得到印证。

2. 信息揭示程度比较

对于信息揭示程度，在这里仍然使用前述的两种指标（非知情交易者对风险资产的后验方差和信息对风险资产均衡价格的影响）进行考察。其中，关于非知情者的后验方差，可以直接比较式（3-78）和式（3-102）。关于信息对均衡价格的影响，连续交易时 $\hat{S}$ 前面的系数为 $\hat{c}_2' + \hat{a}_2' + \hat{f}_2'$，而在停牌时 $\hat{S}$ 前面的系数则为 $\hat{b}$。通过数字释例，得到命题 3-23。

命题 3-23　在资产价值发生变化的情况下，如果监管层在连续交易时发布私有信息，那么停牌并不一定能比连续交易更能揭示信息，两种机制对信息的揭示作用取决于知情交易者的比例。

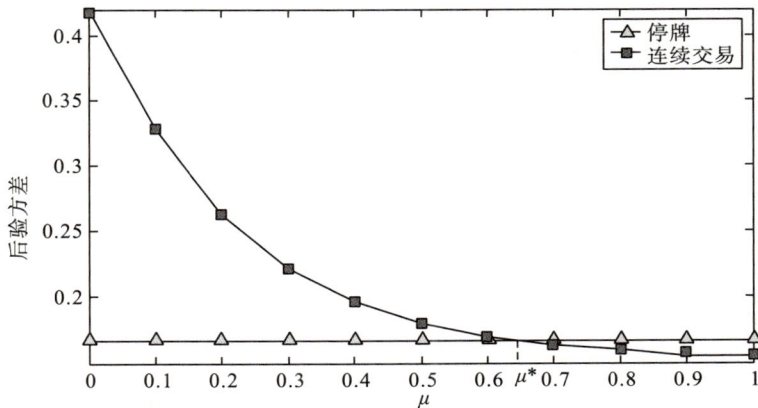

图 3-23　后验方差的比较（扩展模型三）

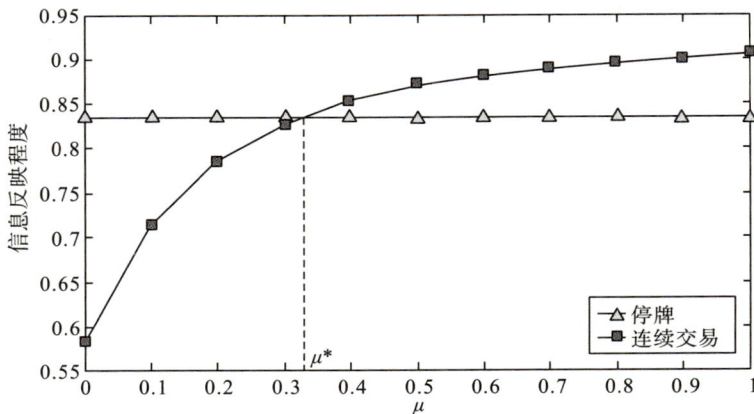

图 3-24　均衡价格对信息反映程度的比较（扩展模型三）

图 3-23 和图 3-24 分别刻画了两种机制在非知情者后验方差和信息对风险资产均衡价格影响这两方面的差异。在图 3-23 中可以看到，当 $\mu<$（或 $>$）μ^* 时，停牌之后非知情者的后验方差明显小（或大）于连续交易的情形。由图 3-24 可以发现，当 $\mu<$（或 $>$）μ^* 时，通过停牌制度所确定的均衡价格对信息的反应程度比连续交易机制更大（或小）。

综合以上两图可以看出，即使风险资产基本价值发生了变化且监管层在两种情形下都公布私有信息，仍然可以得到与基本模型类似的结论，这进一步证明本章结论的稳健性。上述结果说明，停牌的使用与否，应取决于市场上知情者的比例也即市场的信息非对称程度：当知情者人数较少而私有信息可能会对市场产生较强冲击时，使用停牌会有效地促进信息释放，降低信息的非对称程度；而当知情者人数较多、市场的信息不对称并不严重时，通过连续交易不断地释放信息显然是比停牌更好的选择。

3. 市场深度比较

与前文类似，仍然选取市场深度来考察连续交易机制和停牌制度对市场流动性的影响。根据前文对市场深度的定义以及命题 3-15 和命题 3-21，可知连续交易和停牌情形下的市场深度分别为 $2/\{e'_2+2\hat{f}'_2\rho/[\mu\hat{\eta}+(1-\mu)\hat{\eta}_p]\}$ 和 $1/\hat{c}$。通过数字释例的比较，可得下述的命题 3-24。

命题 3-24　在资产价值发生变化的情况下，如果监管层在连续交易时发布私有信息，那么停牌后的市场深度高于连续交易的情形，这与知情者比例无关。

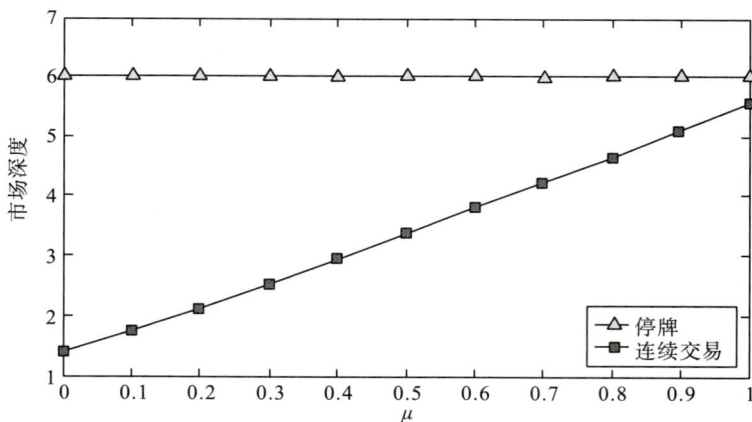

图 3-25　市场深度的比较（扩展模型三）

图 3-25 的结果显示，停牌后的市场深度始终大于连续交易后的市场深度，这跟知情交易者的比例 μ 并没有关系，这与前文的结果类似。造成上述结果的原因在于，相对于连续交易而言，停牌期间累积的交易需求更多，外生的流动性供给更大，因而停牌之后的市场深度更大。同时还可以发现，在连续交易的情形下，随着知情交易者的增加和信息非对称程度的降低，市场深度会逐渐增大。

4. 价格波动比较

与前文类似，在这里仍然考虑两种机制下价格波动率（方差）的差异。其中，停牌下

的价格波动率如式(3-85)所示，而连续交易后价格的波动率(方差)则可表示为

$$\text{var}(\hat{p}'_2 \mid v') = \frac{(\hat{c}'_2)^2}{\hat{\eta}} + \frac{(\hat{d}'_2)^2}{\hat{\eta}_\rho} + \frac{(\hat{e}'_2)^2}{\gamma} + \frac{(\hat{f}'_2)^2}{\eta_\partial} \tag{3-107}$$

通过数字释例，可得下述的命题 3-25。

命题 3-25　在资产价值发生变化的情况下，如果监管层在连续交易时发布私有信息，那么停牌后的价格波动并不一定低于连续交易的情形，两种机制对于价格波动的影响取决于知情交易者的比例。

由图 3-26 可知，当 $\mu < \mu^*$ 时，停牌之后的价格波动明显低于连续交易后的价格波动；而当 $\mu > \mu^*$ 时，停牌后的价格波动则明显高于连续交易的情形。这再次表明，当市场上知情交易者较少时，使用停牌会有效地降低信息的非对称性，使得停牌过后的价格波动小于连续交易的情形。反之，当市场上存在数量较多的知情交易者时，使用停牌反而会人为地中断交易，妨碍信息的有效传递，使得停牌过后资产的价格波动高于连续交易的情形。总体来看，图 3-26 中的结果与前三个模型的结果完全一致。

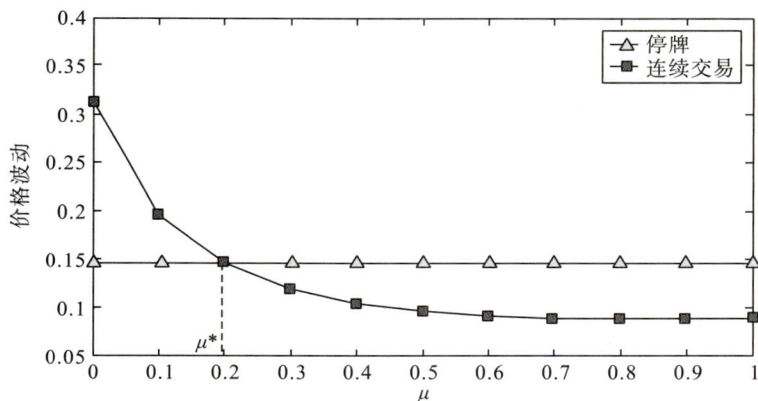

图 3-26　价格波动的比较(扩展模型三)

总体来看，扩展模型三在比较一般的情形下(即资产价值发生变化且监管层在连续交易和停牌期间均公开私有信息的情况下)分析了连续交易机制和停牌制度的差异，结果发现：连续交易和停牌在定价偏差、信息揭示程度和价格波动方面的优劣取决于市场上知情者的比例。知情者人数较少、信息非对称程度较高时，使用停牌的效果优于连续交易；反之，当市场上知情者人数较多、信息非对称程度较低时，采用连续交易则会收到更好的效果。此外，由于停牌期间交易需求的累积，因此无论知情者比例多高，停牌后的市场深度均高于连续交易的情形。上述结果再次印证了命题 3-4 至命题 3-7、命题 3-9 至命题 3-12 和命题 3-16 至命题 3-19 的结果，体现了本章结论的稳健性。

3.5　小结

本章在理性预期的框架下构建模型，分析了不同类型的交易者在连续交易机制和停牌制度下的交易策略，推导了不同交易机制下面的均衡价格，并从定价偏差、信息揭示程度、市场深度和价格波动四个方面分析了连续交易和停牌的差异。理论研究的结果表

明，连续交易机制和停牌制度的差异取决于市场上知情者的比例。当知情者比例较小时（即信息非对称程度较高时），与连续交易相比，停牌后均衡价格的定价偏差较小，信息揭示程度较高，复牌后的价格波动较小；而当知情者比例较大时（即信息非对称程度较低时），停牌后的定价偏差则大于连续交易的情形，并且信息揭示程度更低，复牌后的价格波动更大。此外，还可以发现，无论市场上知情者比例多大，停牌后的市场深度总是大于连续交易的情形。进一步，通过扩展模型一，还发现监管层在停牌期间发布的公告信息的精度对停牌效果有显著影响：公告信息的精度越高，则停牌后的定价偏差越小；信息揭示程度越高，市场深度越大，价格波动越小。

此外，本章还通过扩展模型二和扩展模型三，在更一般的情形下（风险资产的价值发生变化，监管层在连续交易时公布私有信息）分析了停牌制度的有效性，得到的结论与基本模型类似。这进一步说明了本章结论的稳健性。

从本章的研究结论中可以看出，停牌的实施效果（也即停牌与连续交易之间的差异）最终是体现在定价偏差、信息揭示程度、市场深度和价格波动等微观结构指标上：只有市场上知情交易者的比例较小（即信息非对称程度较高）时，停牌后的各种指标都会优于连续交易的情形，此时停牌才是有效的，其实施效果强于连续交易；反之，在市场上知情者比例较大（即信息非对称程度较低）时，停牌后的各种指标都会弱于连续交易的情形，此时停牌是无效的，其实施效果弱于连续交易。基于上述理由，可以在实证分析中构造代表定价偏差、信息揭示程度、深度和价格波动等微观结构指标的变量，通过分析停牌与相应连续交易情形下各种指标的差异，来判断停牌的实施效果。根据本章的研究结果，认为：

（1）如果与对应的连续交易情形相比，停牌之后的定价偏差更小，信息揭示程度更高，价格波动更小，那么在此情形下使用停牌是有助于提高市场效率的，此时停牌是有效的。

（2）如果与对应的连续交易情形相比，停牌之后的定价偏差更大，信息揭示程度更低，价格波动更大，那么在此情形使用停牌反而会降低市场的效率，此时停牌是无效的。

（3）无论是在什么情形下，停牌之后的市场深度总是大于对应的连续交易同期的市场深度。

（4）依据本章对于停牌类型的划分，相对而言，警示性停牌比例行停牌更有效。

3.6 本章附录

3.6.1 $\hat{S} \mid v$ 数字特征的证明

证明：根据条件期望和条件方差公式

$$
\begin{aligned}
E(\hat{S} \mid v) &= E(\hat{S} \mid v' - \Delta v) \\
&= E(\hat{S}) + \frac{\text{cov}(\hat{S}, v' - \Delta v)\{v' - \Delta v - E(v' - \Delta v)\}}{\text{var}(v' - \Delta v)} \\
&= E(\hat{S}) + \frac{\text{cov}(\hat{S}, v')\{v' - E(v')\}}{\text{var}(v')} \\
&= E(\hat{S} \mid v')
\end{aligned}
\tag{A3-1}
$$

$$\mathrm{var}(\hat{S} \mid v) = \mathrm{var}(\hat{S} \mid v' - \Delta v)$$

$$= \mathrm{var}(\hat{S}) - \frac{\mathrm{cov}(\hat{S}, v' - \Delta v)^2}{\mathrm{var}(v' - \Delta v)}$$

$$= \mathrm{var}(\hat{S}) - \frac{\mathrm{cov}(\hat{S}, v')^2}{\mathrm{var}(v')}$$

$$= \mathrm{var}(\hat{S} \mid v') \tag{A3-2}$$

综合式(A3-1)和式(A3-2)可知，$\hat{S} \mid v$ 满足均值为 v'、方差为 $\hat{\eta}$ 的正态分布。证明完毕。

3.6.2 式(3-58)和式(3-59)的证明

证明：由前文假设知可知，v 的密度函数为

$$g(v) = \frac{1}{\sqrt{2\pi\,\eta_0^{-1}}} \cdot \exp\left\{ -\frac{(v - \overline{v})^2}{2\eta_0^{-1}} \right\}$$

而，$\hat{\theta}_1 \mid v$ 的密度函数为

$$f(\hat{\theta}_1 \mid v) = \frac{1}{\sqrt{2\pi\,\eta_{\hat{\theta}_1}^{-1}}} \cdot \exp\left\{ -\frac{(\hat{\theta}_1 - \mathrm{E}(\hat{\theta}_1 \mid v))^2}{2\eta_{\hat{\theta}_1}^{-1}} \right\}$$

因此，根据连续情形下的贝叶斯更新公式，变量 $v \mid \hat{\theta}_1$ 的密度函数 $y(v \mid \hat{\theta}_1)$ 满足

$$y(v \mid \hat{\theta}_1) = \frac{g(v)f(\hat{\theta}_1 \mid v)}{\int g(v)f(\hat{\theta}_1 \mid v)dv} \tag{A3-3}$$

通过简单计算可知，

$$g(v)f(\hat{\theta}_1 \mid v) = \frac{1}{\sqrt{2\pi\,\eta_0^{-1}}} \cdot \exp\left(-\frac{(v - \overline{v})^2}{2\eta_0^{-1}} \right) \cdot \frac{1}{\sqrt{2\pi\,\eta_{\hat{\theta}_1}^{-1}}} \cdot \exp\left[-\frac{(\hat{\theta}_1 - \mathrm{E}(\hat{\theta}_1 \mid v))^2}{2\eta_{\hat{\theta}_1}^{-1}} \right]$$

$$= \frac{1}{2\pi\sqrt{\eta_0^{-1}\eta_{\hat{\theta}_1}^{-1}}} \cdot \exp\left(-\frac{1}{2}\left\{ \eta_0(v - \overline{v})^2 + \eta_{\hat{\theta}_1}\left[\hat{\theta}_1 - v - \left(1 + \frac{\hat{b}_1}{\hat{c}_1}\right)\Delta v \right]^2 \right\} \right)$$

$$= \frac{1}{2\pi\sqrt{\eta_0^{-1}\eta_{\hat{\theta}_1}^{-1}}} \cdot \exp\left\{ -\frac{1}{2}(\eta_0 + \eta_{\hat{\theta}_1})\left(v - \frac{\eta_0\overline{v} + \eta_{\hat{\theta}_1}\hat{\theta}_1 - \eta_{\hat{\theta}_1}\left(1 + \frac{\hat{b}_1}{\hat{c}_1}\right)\Delta v}{\eta_0 + \eta_{\hat{\theta}_1}} \right)^2 + L \right\} \tag{A3-4}$$

其中，$L = -\dfrac{\left[\eta_0\overline{v} + \eta_{\hat{\theta}_1}\hat{\theta}_1 - \eta_{\hat{\theta}_1}\left(1 + \frac{\hat{b}_1}{\hat{c}_1}\right)\Delta v \right]^2}{\eta_0 + \eta_{\hat{\theta}_1}} + \eta_0\overline{v}^2 + \eta_{\hat{\theta}_1}(\hat{\theta}_1)^2 + \left[\left(1 + \frac{\hat{b}_1}{\hat{c}_1}\right)\Delta v \right]^2\eta_{\hat{\theta}_1}$

$- 2\left(1 + \dfrac{\hat{b}_1}{\hat{c}_1}\right)\Delta v\eta_{\hat{\theta}_1}\hat{\theta}_1$。

也即是说，

$$g(v)f(\hat{\theta}_1 \mid v) = W \cdot \frac{1}{\sqrt{2\pi(\eta_0 + \eta_{\hat{\theta}_1})^{-1}}} \cdot \exp\left\{ -\frac{1}{2} \frac{\left[v - \frac{\eta_0\overline{v} + \eta_{\hat{\theta}_1}\hat{\theta}_1 - \eta_{\hat{\theta}_1}\left(1 + \frac{\hat{b}_1}{\hat{c}_1}\right)\Delta v}{\eta_0 + \eta_{\hat{\theta}_1}} \right]^2}{(\eta_0 + \eta_{\hat{\theta}_1})^{-1}} \right\} \tag{A3-5}$$

其中，$W = \dfrac{\sqrt{\eta_0^{-1}\eta_{\hat{\theta}_1}^{-1}}}{\sqrt{2\pi(\eta_0 + \eta_{\hat{\theta}_1})}} \cdot \exp\left(-\dfrac{L}{2}\right)$。

对式（A3-5）进行积分可知

$$\int g(v) f(\hat{\theta}_1 \mid v) \mathrm{d}v = W \tag{A3-6}$$

将式（A3-5）和式（A3-6）带入式（A3-3）后即可得

$$y(v \mid \hat{\theta}_1) = \frac{1}{\sqrt{2\pi(\eta_0 + \eta_{\hat{\theta}_1})^{-1}}} \cdot \exp\left\{-\frac{1}{2}\frac{\left[v - \dfrac{\eta_0 \overline{v} + \eta_{\hat{\theta}_1}\hat{\theta}_1 - \eta_{\hat{\theta}_1}\left(1 + \dfrac{\hat{b}_1}{\hat{c}_1}\right)\Delta v}{\eta_0 + \eta_{\hat{\theta}_1}}\right]^2}{(\eta_0 + \eta_{\hat{\theta}_1})^{-1}}\right\}$$

$$\tag{A3-7}$$

这表明，$v \mid \hat{\theta}_1$ 服从均值为 $\dfrac{\eta_0 \overline{v} + \eta_{\hat{\theta}_1}\hat{\theta}_1 - \eta_{\hat{\theta}_1}\left(1 + \dfrac{\hat{b}_1}{\hat{c}_1}\right)\Delta v}{\eta_0 + \eta_{\hat{\theta}_1}}$、方差为 $(\eta_0 + \eta_{\hat{\theta}_1})^{-1}$ 的正态分布，这也意味着式（3-58）和式（3-59）是成立的。证明完毕。

第四章　基于低频数据的中国
股市停牌制度的实证研究

停牌制度的有效性问题，一直是境内外学术界争论的焦点，各国学者对停牌制度的评价褒贬不一。从境外已有的实证研究来看，既有研究表明停牌是无效的（例如，Lee等，1994；Corwin 和 Lipson，2000[26]；Christie 等，2002），也有研究表明停牌是有效的（例如，Chen 等，2003；Madura 等，2006；Hauser 等，2006）。与境外较为丰富的研究相比，境内已有的研究相对较少，停牌的作用和实施效果尚需实证检验。

由于中国股市起步晚，制度不健全，上市公司层次不一，对信息披露的执行力度和遵守规则的自觉性存在差异，因此既存在因为客观制度不完善造成的信息披露不及时，又存在出于自身利益而推迟、隐瞒或扭曲披露信息的现象；同时，中国股市散户众多，投资者欠成熟，市场上的价格操纵行为盛行，信息非对称程度很高。在这种背景下，实施停牌的主要目的是为了降低信息的非对称程度，维护市场的高效、透明和有序。

事实上，黄本尧（2003）在深圳证券交易所研究报告中提到，停牌制度的设计是为了提高市场透明度，保护交易者利益，维护市场的有效运行。胡文伟等（2007）也在上海证券交易所研究报告中指出，停牌制度作为信息披露制度的核心之一，有利于交易者对上市公司的监督，进而推动证券市场遵循价值规律良性运作。然而，以上两份研究报告仅仅对比分析了境内与境外成熟市场停牌制度的差异，并指出我国股市的停牌制度存在缺陷，有必要进行改进。除了上述报告以外，王铁峰等（2005）、易双文（2007）和陈收等（2008）还分别对异常波动停牌制度的特征和有效性进行了局部研究。然而，除了上述一些研究外，境内已有文献并没有全面地分析中国证券市场目前实施的停牌制度对市场交易行为的影响和效果。更为重要的是，与境外市场不同，除了警示性停牌外，中国证券市场的停牌还包括了大量的例行停牌，如发行人公布定期报告、召开股东大会、公布董事会和监事会决议公告、股票价格异常波动等，停牌的原因远远多于境外市场。这样的停牌制度究竟是否有效？目前尚缺少足够的实证依据。

本章利用中国股票市场的停复牌数据以及相关的低频交易数据，通过事件研究法对中国股票市场停牌制度的有效性进行实证检验。首先，采用传统的事件研究方法，通过考察停牌事件前后相关股票的异常收益率和异常换手率指标来判断各种停牌类型的有效性；然后，通过构造与停牌日对应的"虚拟停牌日"样本，进一步采用多元回归模型检验在控制相关因素后，中国股票市场不同类型的停牌是否有效。

4.1 深圳 A 股市场停牌制度的有效性检验

4.1.1 实证数据

本节使用深圳 A 股市场 2009 年的停复牌和低频交易数据，通过事件研究法分析不同类型停牌的实施效果。停复牌数据来源于深圳证券交易所网站及国泰安（CSMAR）停复牌数据库。剔除错误的样本数据，深圳 A 股市场 2009 年共发生 2922 次停牌（因创业板在 2009 年 10 月 30 日开板，在本节剔除创业板样本数据）。表 4-1 描述了深圳证券交易所 2009 年 A 股市场停牌持续的时长。从表中可以看出，相比境外成熟市场，境内市场停牌时间明显偏长。

表 4-1　深交所 2009 年 A 股市场停牌时长统计

停牌时长	主板	中小板	总计	比例
≤1 小时	285	128	413	14.13%
>1 小时或<4 小时	1	9	10	0.34%
4 小时	1348	846	2194	75.09%
>4 小时或<20 小时	148	37	185	6.33%
≥20 小时	94	26	120	4.11%
总计	1876	1046	2922	100%

根据《深圳证券交易所股票上市规则》（2008 年 9 月修订版）第十四章中的规定和深圳证券交易所报告（黄本尧，2003）对停牌原因进行分类。表 4-2 描述了深圳证券交易所 2009 年 A 股市场停牌原因的分类统计。把总体停牌样本分成例行停牌和警示性停牌。其中，例行停牌主要包括股东大会、临时股东大会、临时报告和未刊登股东大会决议；警示性停牌可细分为异常波动停牌和重大事项停牌。其中，重大事项停牌主要包括业绩预告、特别处理、上市公司公布重大决议、资产重组、退市警告、澄清媒体公告、盘中临时停牌、证监会审批增发或配股及监管方根据实际情况实施的停牌等。

2009 年末深交所 A 股市场主板和中小板上市公司数量分别为 455、327[1]，平均每只股票每年停牌 3.74 次，远高于境外市场的 0.28 次。从停牌类型来看，例行停牌共计 2067 次，占总样本的 70.74%；警示性停牌明显少于例行停牌，共计 855 次，仅占总样本的 29.26%。这充分说明，在中国股票市场，停牌的警示作用较弱，停牌的实施更偏重于形式。主板和中小板异常波动停牌分别占警示性停牌的 46.47%、56.10%，可见异常波动停牌是一种非常重要的警示性停牌。因此，进一步把警示性停牌分为异常波动停牌和重大事项停牌（除异常波动停牌之外的警示性停牌）。

---

[1]　主板和中小板上市公司数量来源于《深圳证券交易所市场统计年鉴 2009》。

表 4-2 深交所 2009 年 A 股市场停牌原因统计

停牌原因	主板	中小板	比例
例行停牌	1267	800	70.74%
股东大会	487	254	
临时股东大会或临时报告	702	487	
未刊登股东大会决议	78	59	
警示性停牌	609	246	29.26%
异常波动	283	138	
重大事项	326	108	
相关事项	144	51	
临时停牌	82	23	
澄清公告	46	19	
其他	54	15	
总计	1876	1046	100%

4.1.2 实证方法

在实证研究中，常常运用事件研究法来研究某一特定事件或信息对公司股票价格或价格波动的影响，如公司的债券或新股票发行、增发、兼并重组、股东大会等等。事件研究法需要事先确定估计窗和事件窗。在本章中，如果本次停牌的估计窗和上次停牌的事件窗有重叠，剔除本次停牌。为了得到更多符合条件的样本，设定 $T_0 = -65$ 至 $T_1 = -6$ 为停牌事件的估计窗。考虑到停牌事件对股价的作用长度和信息可能提前发生泄露，设定 $T_2 = -5$ 至 $T_3 = 5$ 为事件窗，其中 $t = 0$ 为复牌日[①]。

停牌事件对股票价格的影响主要用异常收益率（abnormal return，AR）来衡量，而股票正常收益率是指如果没有发生此事件时股票的期望收益率。陈信元和江峰（2005）检验了均值调整模型、市场调整模型和以市场模型为基础的多种检验方法的检验力，发现无论事件研究中各公司事件是否相近或者重叠，都应采用以市场模型为基础的非参数秩检验，而累积异常收益率的检验也应以市场模型为基础。因此，本章采用 Sharpe(1964) 的市场模型度量股票的正常收益率。在估计窗内，正常收益率采用市场模型对股票日收益率和市场收益率进行回归；在事件窗内，用估计窗得出的相应参数计算出股票的期望收益率，而异常收益率即为事件窗内实际收益率减去期望收益率。

对于任意一个上市公司，其股票收益的市场模型为

$$r_{it} = \alpha_i + \beta_i r_{mt} + \varepsilon_{it} \tag{4-1}$$

其中，r_{it} 为个股日收益率，本章采用的是国泰安(CSAMR)股票市场数据库中经过股利再投资调整的日收益率数据；r_{mt} 为市场日收益率，根据股票属于主板或中小板，分别选用 CSAMR 股票市场数据库里相应日期经过股利再投资调整的深成指回报率或中小板指数回报率；ε_{it} 为随机干扰项；α_i、β_i 为待估计参数。

---

① 如果停牌时长小于 4 小时，也就是停牌和复牌发生在同一天，如异常波动停牌、盘中临时停牌、澄清媒体公告等，停牌日即为第 0 天；如果停牌时长大于 4 小时（包括 4 小时），如股东大会停牌或重大事项停牌等，复牌日即为第 0 天。

采用最小二乘估计，可得参数的估计量 $\hat{\alpha}_i$ 和 $\hat{\beta}_i$。进一步，可计算股票在事件窗内的异常收益率（AR_{iE}）[①]：

$$AR_{iE} = r_{iE} - \hat{\alpha}_i - \hat{\beta}_i r_{mE} \tag{4-2}$$

其中，r_{iE} 表示股票在事件窗内的实际收益率，r_{mE} 表示事件窗内的市场收益率。

事件窗的第 E 天的平均异常收益率为

$$AAR_E = \frac{1}{N} \sum_{i=1}^{N} AR_{iE} \tag{4-3}$$

累积异常收益率从事件窗 -5 天开始算起：

$$CAAR_E = \sum_{t=-5}^{t} AAR_E \tag{4-4}$$

如果停牌是有效的，那么不会存在信息泄漏现象，否则应在信息泄漏之前停牌；同时，如果停牌是有效的，那么复牌后一段时间内的股票价格应该完全反映了停牌期间释放的信息。换言之，如果停牌是有效的，那么停牌前后的异常收益率应该为 0，只有在复牌日当天有明显的异常收益率。据此，本章检验的原假设为：事件窗第 E 天平均异常收益率为 0。

$$\begin{cases} H_0 : AAR_E = 0 \\ H_1 : AAR_E \neq 0 \end{cases} \tag{4-5}$$

通常用于检验的 t 统计量由事件窗异常收益率均值除以标准差得出。但是，收益率方差变化会对参数 t 统计量造成变大或者减小的不利影响。事实上，如果事件窗股票收益率的方差被低估，对原假设统计检验结果就会有更高的拒绝率；相反，如果事件窗股票收益率的波动性被高估，t 检验值变小，则对原假设有更高的接受率，即不能够发现事件对收益率的真实影响。在本章中，用标准化的异常收益率，使检验结果不受收益率波动性的影响。用 SAR_{iE} 表示标准化的异常收益率，s_i 表示第 i 只个股估计窗内异常收益率的标准差。

基于标准化的异常收益率的 t 统计量由 Boehmer 等（1991）给出：

$$t_E = \frac{\frac{1}{N} \sum_{i=1}^{N} SAR_{iE}}{\sqrt{\frac{1}{N(N-1)} \sum_{i=1}^{N} \left(SAR_{iE} - \frac{1}{N} \sum_{i=1}^{N} SAR_{iE} \right)^2}} \tag{4-6}$$

其中，

$$SAR_{iE} = \frac{AR_{iE}}{s_i \sqrt{1 + \frac{1}{L_1} + \frac{(r_{mE} - \bar{r}_m)^2}{\sum_{t=-65}^{-6} (r_{mt} - \bar{r}_m)^2}}} \tag{4-7}$$

其中，$\bar{r}_m$ 表示估计窗内的市场的平均收益率。

出于稳健性的考虑，本章还采用了非参数统计量 Wilcoxon 符号秩检验方法。该方法由 Corrado（1989）提出，它不要求收益率服从正态分布，只根据异常收益率在时间序列数

---

① 本章中下标 t、E 分别表示数据为估计和事件窗的数据，N 为样本个数，L_1 和 L_2 分别为估计窗和事件窗的长度。

据中相对顺序关系来检验异常收益率是否显著为 0。

$$\text{Wilcoxon}_E = \frac{\frac{1}{N}\sum_{i=1}^{N}(K_{iE} - \overline{K})}{S(K)} \tag{4-8}$$

$$S(K) = \sqrt{\frac{1}{L_1 + L_2}\sum_{t=1}^{L_1+L_2}\left[\frac{1}{N}\sum_{i=1}^{N}(K_{it} - \overline{K})\right]^2} \tag{4-9}$$

其中，K_{it} 为个股 i 在第 t 天异常收益率的秩，$\overline{K}$ 为事件窗 E 天所有个股的平均秩，$S(K)$ 为标准差。

本章同时考察了停牌前后股票的换手率，检验停牌对股票流动性的影响。

$$\overline{\text{turn}} = \frac{1}{60}\sum_{t=-65}^{-6}\left(\frac{1}{N}\sum_{i=1}^{N}\text{turn}_{it}\right) \tag{4-10}$$

$$\text{Aturn}_E = \frac{\frac{1}{N}\sum_{i=1}^{N}\text{turn}_{iE}}{\overline{\text{turn}}} \tag{4-11}$$

其中，turn_{it} 为第 i 只股票在 t 天的换手率（当天成交量除以流通总股本），数据来源于国泰 CSAMR 股票数据库。$\overline{\text{turn}}$ 为个股在估计窗内的平均换手率，Aturn_E 为个股在事件窗第 E 天的平均异常换手率。

4.1.3 实证结果与分析

1. 平均异常收益率

本节将从总体、例行停牌、警示性停牌、异常波动停牌和重大事项停牌 5 个方面分别分析主板和中小板停牌制度的有效性。剔除停牌后再停牌样本（即本次停牌的估计窗和上次停牌的事件窗有重叠），最后得到符合条件的主板样本个数分别为 588、470、118、39、79，而中小板为 361、315、46、23、23。

图 4-1 描述了主板和中小板例行停牌、异常波动停牌和重大事项停牌的累积异常收益率。从图中可以看出，对于例行停牌，无论是主板还是中小板，累积异常收益率都非常低，据此可以认为例行停牌的信息含量非常少。

对于异常波动停牌，主板在复牌日几乎没有异常收益率；而中小板在复牌日则有明显的异常收益率，但在复牌后 1 天开始回调，并在复牌后 3 天趋于稳定。相比主板，中小板累积异常收益率更高，价格回调速度更慢，说明中小板盘子小，更容易遭受过度炒作。对于重大事项停牌，主板和中小板的累积异常收益率均在停牌前 4 天便有上涨迹象，并在停牌前 1 天显著上升，说明重大事项在停牌前存在消息泄露。主板在复牌日的累积异常收益率几乎没有变动，而后微弱下降；然而中小板在复牌日的累积异常收益率仍然持续冲高，此后持续上升且幅度较大，在复牌后 2 日才趋于相对稳定。

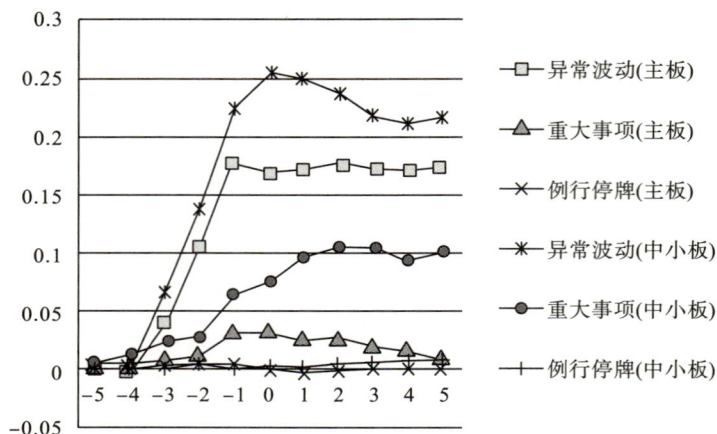

图 4-1　累积异常收益率

表 4-3　事件窗内平均异常收益率及其检验（总体）

事件窗	主板			中小板		
	AAR	t	Wilcoxon	AAR	t	Wilcoxon
−5	0.0025	2.86 **	1.96 *	0.0011	0.78	0.51
−4	−0.0004	0.12	0.00	0.0007	0.83	0.67
−3	0.0034	3.29 **	1.89	0.0042	2.56 **	1.58
−2	0.0067	5.02 **	2.64 **	0.0068	3.99 **	2.70 **
−1	0.0065	4.77 **	1.82	0.0064	3.32 **	1.21
0	−0.0023	−1.28	−2.45 **	0.0047	2.10 *	0.86
1	−0.0025	−2.28 *	−1.69	−0.0001	0.32	−0.76
2	0.0000	0.17	−0.30	0.0025	1.00	0.29
3	−0.0001	−0.16	−0.03	0.0003	0.48	−0.34
4	0.0001	0.52	−0.06	0.0003	0.47	1.36
5	−0.0003	−0.26	−0.35	0.0009	0.72	0.93

注：**、* 分别表示在 1%、5% 水平下的显著。

　　表 4-3 报告了主板和中小板（总体）在事件窗内的平均异常收益率及其检验情况。从表中看出，在 $t = -3$ 到 $t = -1$ 的时间段内，t 统计量都比较显著；而停牌后，t 统计量和 Wilcoxon 统计量几乎不显著，再次说明停牌信息存在泄露。在整个事件窗内，无论是主板还是中小板，平均异常收益率都非常低，说明停牌制度的实施效率非常低，同时破坏了交易的连续性。

　　表 4-4 和表 4-5 分别报告了主板和中小板的例行停牌和警示性停牌在事件窗内的平均异常收益率及其检验情况。从表 4-4 和表 4-5 中可以看出，无论主板还是中小板，例行停牌几乎不显著，同时平均异常收益率较低，说明例行停牌的信息含量较少。至于警示性停牌，主板和中小板的参数统计量在复牌前 3 天都显著，并且平均异常收益率为 1%～3%，说明主板和中小板在停牌前均明显存在着严重的信息泄露；复牌后主板的异常收益率明显下降，而中小板异常收益率仍达 1%～2%，说明主板警示性停牌是比较有效的，

而中小板的警示性停牌没有达到监管层所预期的警示性目的。

表 4-4 事件窗内平均异常收益率及其检验（主板）

事件窗	例行停牌			警示性停牌		
	AAR	t	Wilcoxon	AAR	t	Wilcoxon
−5	0.0022	2.18*	1.80	0.0037	2.06*	0.97
−4	−0.0006	−0.31	0.14	0.0004	0.69	−0.19
−3	0.0009	1.01	1.03	0.0132	3.91**	1.89
−2	0.0022	1.93	1.25	0.0244	5.48**	2.90**
−1	−0.0015	−0.63	−1.75	0.0380	9.04**	5.52**
0	−0.0024	−1.50	−1.94	−0.0018	−0.29	−1.64
1	−0.0023	−1.99*	−1.30	−0.0033	−1.23	−1.18
2	−0.0006	−0.24	−0.19	0.0022	0.57	−0.27
3	0.0014	1.36	1.26	−0.0062	−2.28*	−1.75
4	0.0011	1.37	0.72	−0.0039	−1.53	−1.07
5	0.0003	0.26	0.14	−0.0025	−0.94	−0.79

注：**、* 分别在表示 1%、5% 水平下显著。

表 4-5 事件窗内平均异常收益率及其检验（中小板）

事件窗	例行停牌			警示性停牌		
	AAR	t	Wilcoxon	AAR	t	Wilcoxon
−5	0.0006	0.45	0.24	0.0058	1.18	0.59
−4	0.0005	0.43	0.36	0.0076	1.3	0.69
−3	−0.0006	−0.33	−0.14	0.0112	5.88**	3.45**
−2	0.0021	1.41	1.3	0.0105	5.33**	3.08**
−1	−0.0016	−1.13	−1.25	0.0365	8.45**	4.74**
0	0.0024	1.06	0.36	0.0114	2.45*	1.07
1	−0.0012	−0.41	−0.93	0.0208	1.21	0.15
2	0.0032	1.09	0.74	0.0085	−0.15	−0.76
3	0.0018	1.36	0.79	−0.0021	−1.56	−2.12*
4	0.0013	1.14	2.02*	−0.0074	−1.23	−0.93
5	0.0005	0.24	0.81	0.0042	1.24	0.39

注：**、* 分别表示在 1%、5% 水平下显著。

表 4-6 和表 4-7 分别报告了主板和中小板（警示性停牌及其分类）在事件窗内的平均异常收益率及其检验情况。从表中可以看出，对于异常波动停牌，主板和中小板均在停牌前 3 天有显著的异常收益率，同时中小板的异常收益率明显大于主板；复牌后主板的异常收益率很小且不显著，而中小板仍有高达 1.87% 的异常收益率，说明相比主板，中小板更容易遭受非理性过度炒作，但是总体上来看，异常波动停牌基本上达到了抑制过度炒作的目的。至于重大事项停牌，主板仅在停牌前 1 天异常收益率较大（3.13%）且显著，

说明主板上市公司在发布重大信息前便存在信息泄露；然而中小板在停牌前1天异常收益率高达3.65%且显著，复牌前3天和复牌后2天异常收益率虽然不显著，但仍达1%~2%，说明中小板上市公司不仅存在着严重的信息泄露，同时停牌后信息消化的速度较慢。

表4-6　事件窗内平均异常收益率及其检验（主板警示性停牌）

事件窗	异常波动			重大事项		
	AAR	t	Wilcoxon	AAR	t	Wilcoxon
−5	0.0016	0.79	0.19	0.0067	1.93	1.43
−4	−0.0018	−0.64	−0.48	0.0037	1.03	0.20
−3	0.0381	5.29**	2.86**	−0.0052	0.65	0.14
−2	0.0668	9.13**	4.63**	0.0042	0.89	−0.04
−1	0.0717	10.42**	4.69**	0.0313	5.11**	4.28**
0	−0.0056	−0.25	−1.43	0.0025	−0.19	−1.23
1	0.0020	0.07	0.07	0.0035	−1.43	−2.06*
2	0.0055	0.89	0.02	0.0036	−0.04	−0.47
3	−0.0046	−0.88	−1.01	−0.0095	−2.18	−1.86
4	−0.0019	−0.81	−0.56	−0.0002	−1.31	−1.21
5	0.0027	0.57	0.27	−0.0045	−1.88	−1.61

注：**、*分别在表示1%、5%水平下显著。

表4-7　事件窗内平均异常收益率及其检验（中小板警示性停牌）

事件窗	异常波动			重大事项		
	AAR	t	Wilcoxon	AAR	t	Wilcoxon
−5	0.0031	0.24	−0.03	0.0058	1.64	1.35
−4	−0.0028	−0.06	−0.01	0.0076	1.74	1.56
−3	0.0642	7.71**	3.50**	0.0112	1.94	1.66
−2	0.0741	9.40**	3.83**	0.0036	0.30	0.27
−1	0.0866	10.92**	4.08**	0.0365	3.69**	3.52**
0	0.0301	3.09**	1.59	0.0114	0.85	−0.34
1	−0.0060	−0.48	−0.91	0.0208	2.02*	1.89
2	−0.0137	−1.30	−1.53	0.0085	1.49	0.92
3	−0.0187	−3.01*	−1.77	−0.0021	−0.17	−1.68
4	−0.0060	−0.66	−0.43	−0.0074	−1.20	−1.32
5	0.0043	0.75	0.14	0.0042	0.99	0.63

注：**、*分别在表示1%、5%水平下显著。

总体来看，例行停牌的停牌效率非常低，异常波动停牌基本达到了抑制投资者非理性过度炒作的目的，重大事项停牌存在着明显的信息泄露。相比中小板，主板警示性停牌的实施效果更好，更能有效地抑制过度炒作和更快地反映信息，但仍存在信息泄露。

2. 平均异常换手率

图 4-2 描述了主板和中小板例行停牌、异常波动停牌和重大事项停牌的平均异常换手率。对于例行停牌而言，无论主板还是中小板，在整个事件窗内，平均异常换手率除在复牌日有微略上升外，其他均在 1 附近，说明停牌并没有放大股票的交易量。因此，例行停牌所释放的信息是无价值的。

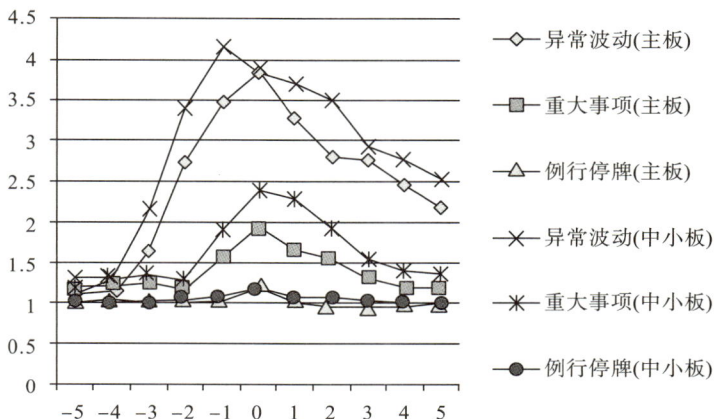

图 4-2　平均异常换手率

对于异常波动停牌，主板和中小板的交易量均在停牌前三天持续高涨，复牌当日主板交易量仍持续高涨，但是中小板的交易量有明显的下降，说明停牌基本上抑制了投资者的非理性炒作。同时，相对主板，异常波动停牌更能降低中小板的交易活跃性。

对于重大事项停牌，主板和中小板的交易量均在停牌前 4 天便有上升的迹象，停牌前 1 天交易量显著放大，这与累积异常收益率相似，说明部分投资者在上市公司重大消息发布前利用"内幕交易"获得了异常收益。复牌日交易量仍持续冲高，可能是由于知情或不知情的投资者对停牌信息评估后做出的反应。对于警示性停牌而言，复牌后 3 天交易量虽有较大下降，但仍比未停牌情况下大得多。

以上研究结果表明，由于例行停牌的平均异常收益率非常低，大量"无信息含量"的例行停牌阻碍了交易的连续性，牺牲了市场效率，无法突出警示性停牌的效果；重大事项停牌则存在着严重的信息泄露；相比主板，中小板更容易遭受非理性过度炒作，但是总体上来看，异常波动停牌基本上达到了抑制过度炒作的目的；从警示性停牌实施效果上来看，相比中小板，主板的实施效果更好，更能有效地抑制过度炒作和更快的信息吸收速度，但仍存有严重的信息泄露。此外，警示性停牌在复牌后 3 天的交易量虽然有明显的下降趋势，但是仍比未停牌情况下要大得多。

4.2　警示性停牌对成交量和波动率的影响研究

本节采用与第 4.1 节相同的停牌数据，取其中的 855 个警示性停牌样本对深圳 A 股市场的警示性停牌进行进一步分析。与第 4.1 节使用的传统的事件研究方法不同，本节通过构造与"停牌日"样本相对应的"虚拟停牌日"样本，采用多元回归的方法研究警示性停牌对证券成交量和价格波动率的影响。

4.2.1　实证方法与结果

为了与"停牌日"样本 Ω_h 进行对比，常常需要构造"虚拟停牌日"或"非停牌日"样本 Ω_{nh}。非停牌日样本有多种构造方法，Lee 等(1994)使用了两种不同的方法构造与停牌日相对应的非停牌日样本：一是选择与停牌股票停牌期间价格变化率相近的其他股票；二是使用该股票停复牌日以外的交易日期作为其非停牌日。

Chen 等(2003)认为停牌至复牌日收盘为价格释放阶段，复牌日的收盘价已基本反映了停牌信息，进而选取与其价格变化接近的非停牌股票作为其非停牌日样本。Hauser 等(2006)则以停牌至复牌后 1 小时作为信息释放区间，然后匹配与其价格变化率接近的非停牌股票。

作者认为同一板块流通市值相近的股票表现近似，因此本节选取与停牌日样本同行业且复牌前一天流通市值为停牌日样本正负 10% 的非停牌股票作为其非停牌日样本[①]。通过对比停牌日样本和非停牌日样本，可以分析出停牌对市场造成的影响。经过上述匹配过程，主板异常波动停牌和重大事项停牌共有非停牌日样本 2247 条、2727 条，中小板为 1495 条、1358 条。

根据第三章的理论分析结果，如果警示性停牌是有效的，那么停牌日样本与非停牌日样本的交易量和波动率应仅在复牌日有显著差异，除此以外没有明显差异。因此，可以通过采用虚拟变量模型来比较两者之间的差异。考虑到停牌日样本的交易量和波动率还会受到除停牌外其他因素的影响。为此，建立带有虚拟变量的多元回归模型进行分析。

对于成交量，建立如下多元回归模型：

$$\ln(\mathrm{Vol}_{it}) = \alpha + \beta_1 \ln(\mathrm{Vol}_t^m) + \beta_2 \ln(LS_i) + \beta_3 \mid \mathrm{ret}_{it} \mid + \beta_4 \mathrm{clpr}_{it} + \gamma \mathrm{dummy}_i + \varepsilon_{it}$$

$$(4\text{-}12)$$

其中，$i \in \Omega_h \cup \Omega_{nh}$ 表示全样本，包括"停牌日"样本 Ω_h 及与其相对应的非停牌日样本 Ω_{nh}；$\ln(\mathrm{Vol}_{it})$ 表示样本 i 在第 t 日的股票成交量的对数；$\ln(\mathrm{Vol}_t^m)$ 表示沪深 300 指数在对应期间内的成分股成交量的对数；$\ln(LS_i)$ 为第 i 个样本对应的股票流通股数的对数；$\mid \mathrm{ret}_{i,t} \mid$ 为样本 i 在第 t 日的对数收益率的绝对值；clpr_{it} 为样本 i 在第 t 日的股票的收盘价；dummy_i 为虚拟变量，当 $i \in \Omega_h$ 时取 1，当 $i \in \Omega_h$ 取 0；ε_{it} 为误差项。

---

① 本节还构造了与停牌日样本对应的同行业且停牌前流通股本相近的"虚拟非停牌日"样本，也可得出与本节相似的结论。

4.2.2 实证结果

表 4-8 至表 4-13 是采用带有怀特异方差调整的最小二乘法回归的结果。由于主要关心的是虚拟变量的回归系数，所以只标注了该变量的显著性，其他控制变量的显著性在本节中并未明确标注。

从表 4-8、表 4-9 和表 4-10 可知，在控制了相关因素之后，停牌样本复牌后的成交量仍然与非停牌日样本存在显著差异。对于异常波动停牌，复牌后虚拟变量的系数显著为正，说明停牌并没有完全"冷却"市场。对于重大事项停牌，停牌前虚拟变量的系数显著为正，说明存在信息泄露现象。

表 4-8　停牌对成交量影响（主板警示性停牌）

事件窗	α	β_1	β_2	β_3	β_4	γ	Adj-R^2
-4	-9.0841	0.7379	0.7728	7.6114	-0.0190	-0.1449**	0.4233
-3	-8.8717	0.7033	0.8134	6.7979	-0.0167	-0.1660**	0.4151
-2	-7.8301	0.6683	0.7891	7.5395	-0.0177	-0.1223**	0.4052
-1	-7.0492	0.6314	0.7860	8.1800	-0.0164	0.0684**	0.4198
0	-7.3450	0.6539	0.7886	0.3991	-0.0171	0.1395**	0.3296
1	-7.2858	0.6314	0.8105	4.3945	-0.0144	0.2018**	0.3750
2	-5.0919	0.5432	0.7777	7.0220	-0.0155	0.1637**	0.3828
3	-6.1577	0.5999	0.7715	5.3476	-0.0161	0.1718**	0.4000
4	-5.5664	0.5724	0.7665	7.8579	-0.0170	0.1788	0.4270

注：**、* 分别表示在 1%、5% 水平下显著。

表 4-9　停牌对成交量影响（主板异常波动停牌）

事件窗	α	β_1	β_2	β_3	β_4	γ	Adj-R^2
-4	-16.0827	1.0114	0.8838	3.8928	-0.0248	-0.3769**	0.3895
-3	-12.0624	0.7921	0.9214	5.9833	-0.0199	-0.5896**	0.3639
-2	-10.5907	0.7281	0.9059	8.2186	-0.0184	-0.5548**	-10.5907
-1	-9.1465	0.6567	0.9123	6.3775	-0.0167	0.0036	0.3499
0	-9.1881	0.6747	0.8861	5.2426	-0.0160	0.3472**	0.3701
1	-8.2204	0.6351	0.8793	2.9146	-0.0141	0.4681**	0.3953
2	-6.9347	0.5827	0.8575	5.5366	-0.0134	0.4452**	0.4089
3	-7.5766	0.6172	0.8557	4.1607	-0.0138	0.4871**	0.4324
4	-6.6733	0.5680	0.8586	7.6283	-0.0138	0.4059**	0.4440

注：**、* 分别表示在 1%、5% 水平下显著。

表 4-10　停牌对成交量影响（主板重大事项停牌）

事件窗	α	β_1	β_2	β_3	β_4	γ	Adj-R^2
-4	-6.9869	0.6634	0.7248	9.9647	-0.0173	-0.0493^{**}	0.4824
-3	-8.1495	0.7016	0.7544	8.4725	-0.0154	-0.0100	0.4850
-2	-7.7158	0.6987	0.7274	8.4869	-0.0174	0.0425^{**}	0.4868
-1	-7.1047	0.6662	0.7315	9.2820	-0.0161	0.0773^{**}	0.4860
0	-6.0196	0.6109	0.7555	0.3733	-0.0168	-0.0128	0.3201
1	-6.7801	0.6210	0.7851	5.6969	-0.0138	0.0744^{**}	0.3774
2	-4.5191	0.5315	0.7514	7.8525	-0.0159	0.0280	0.3837
3	-5.3471	0.5732	0.7501	6.4160	-0.0164	0.0153	0.3995
4	-4.9316	0.5594	0.7390	8.0463	-0.0177	0.0492^{**}	0.4334

注：$**$、$*$分别表示在1%、5%水平下显著。

表 4-11　停牌对成交量影响（中小板警示性停牌）

事件窗	α	β_1	β_2	β_3	β_4	γ	Adj-R^2
-4	-0.9312	0.4489	0.5826	6.6254	-0.0109	0.1953	0.3266
-3	-2.8513	0.5219	0.6112	9.1127	-0.0097	0.1286	0.3606
-2	-2.2772	0.4919	0.6184	7.7788	-0.0082	0.2544	0.3239
-1	-2.9412	0.5209	0.6232	6.8842	-0.0071	0.5561^{**}	0.3694
0	-1.7733	0.4965	0.5708	5.0148	-0.0088	0.6113^{**}	0.3046
1	-1.6395	0.4793	0.5867	6.0164	-0.0082	0.6035^{**}	0.3075
2	-1.7107	0.4728	0.6041	7.4993	-0.0098	0.5994^{**}	0.3505
3	-0.6228	0.4434	0.5603	9.3298	-0.0105	0.5248^{**}	0.3566
4	-3.2249	0.5630	0.5713	8.2458	-0.0108	0.5079^{**}	0.3605

注：$**$、$*$分别表示在1%、5%水平下显著。

表 4-12　停牌对成交量影响（中小板异常波动停牌）

事件窗	α	β_1	β_2	β_3	β_4	γ	Adj-R^2
-4	-0.6638	0.4462	0.5689	5.7400	-0.0139	0.2525	0.3279
-3	-2.7929	0.5342	0.5841	8.4209	-0.0108	0.5480^{**}	0.3442
-2	-0.9144	0.4418	0.5899	6.3774	-0.0082	0.4259^{**}	0.3074
-1	-2.3807	0.4939	0.6177	7.0602	-0.0069	0.7313^{**}	0.4003
0	-2.1860	0.5127	0.5668	6.5915	-0.0082	0.9895^{**}	0.4025
1	-1.8474	0.5002	0.5599	6.5574	-0.0082	0.9171^{**}	0.3782
2	0.2618	0.3780	0.6020	7.2640	-0.0106	0.8283^{**}	0.4072
3	0.6530	0.3736	0.5757	8.1364	-0.0113	0.7932^{**}	0.3971
4	-4.3468	0.6042	0.5937	7.2843	-0.0118	0.7636^{**}	0.4072

注：$**$、$*$分别表示在1%、5%水平下显著。

表 4-13　停牌对成交量影响（中小板重大事项停牌）

事件窗	α	β_1	β_2	β_3	β_4	γ	Adj-R^2
-4	-1.7233	0.4745	0.5971	8.7084	-0.0072	0.1329	0.3320
-3	-3.5317	0.5370	0.6414	10.4518	-0.0084	0.1017	0.3843
-2	-5.5154	0.6334	0.6448	9.1707	-0.0078	0.1159	0.3602
-1	-4.2517	0.5909	0.6168	6.5448	-0.0071	0.2893**	0.3344
0	-1.4300	0.4807	0.5777	4.4337	-0.0094	0.1188	0.2356
1	-2.1847	0.4902	0.6216	5.4325	-0.0084	0.2097**	0.2546
2	-4.4670	0.6114	0.5965	7.3703	-0.0088	0.3057**	0.2985
3	-3.2449	0.5944	0.5144	10.9465	-0.0094	0.2293**	0.3363
4	-2.8480	0.5705	0.5241	10.1706	-0.0099	0.2178**	0.3303

注：**、* 分别表示在 1%、5% 水平下显著。

从表 4-11、表 4-12 和表 4-13 可知，针对中小板的实证结果与主板市场大致相同。不同的是，发现中小板重大事项停牌后 4 天之内虚拟变量的系数仍然显著为正，说明停牌没有让投资者冷静，反而助涨了投资者交易的热情。

对于波动率，建立如下多元回归模型：

$$\sigma_{it} = \alpha + \beta_1 \sigma_t^m + \beta_3 \ln(\mathrm{Vol}_{it}) + \beta_3 \ln(\mathrm{Vol}_t^m) + \beta_4 \mathrm{clpr}_{it} + \gamma \mathrm{dummy}_i + \varepsilon_{it} \qquad (4\text{-}13)$$

其中，σ_{it} 是个股的日内价格振福，表示波动率；σ_t^m 是沪深 300 指数在对应期间内的日内价格振福；$\ln(\mathrm{Vol}_t^m)$ 表示沪深 300 指数在对应期间内的成分股成交量的对数；clpr_{it} 为样本 i 在第 t 日的股票的收盘价；dummy_i 为虚拟变量，当 $i \in \Omega_h$ 时取 1，当 $i \in \Omega_{nh}$ 取 0；ε_{it} 为误差项。

表 4-14 至表 4-19 是采用带有怀特异方差调整的最小二乘法回归的结果。同样，只标注了虚拟变量的显著性，而其他控制变量的显著性并未明确标注。

表 4-14　停牌对波动率影响（主板警示性停牌）

事件窗	α	β_1	β_2	β_3	β_4	γ	Adj-R^2
-4	-0.0341	0.7884	0.0093	-0.0041	0.0001	0.0009	0.3523
-3	-0.0625	0.7749	0.0098	-0.0032	0.0001	0.0035**	0.3598
-2	-0.0379	0.8606	0.0103	-0.0049	0.0001	0.0026**	0.3861
-1	-0.0165	0.8084	0.0103	-0.0058	0.0001	0.0040**	0.3627
0	0.0056	0.7906	0.0116	-0.0078	0.0001	0.0110**	0.3369
1	-0.0910	0.7881	0.0108	-0.0026	0.0001	0.0070**	0.3777
2	-0.0813	0.8304	0.0099	-0.0025	0.0002	0.0056**	0.3822
3	-0.0352	0.8516	0.0097	-0.0046	0.0001	0.0042**	0.3775
4	-0.0610	0.7788	0.0098	-0.0033	0.0001	0.0019	0.3743

注：**、* 分别表示在 1%、5% 水平下显著。

表 4-15　停牌对波动率影响（主板异常波动停牌）

事件窗	α	β_1	β_2	β_3	β_4	γ	Adj-R^2
−4	0.0239	0.7361	0.0085	−0.0061	0.0001	−0.0024	0.3273
−3	−0.0330	0.7892	0.0101	−0.0048	0.0001	0.0064 **	0.3772
−2	0.0342	0.8377	0.0106	−0.0084	0.0001	0.0078 **	0.3637
−1	0.0301	0.8309	0.0108	−0.0083	0.0001	−0.0127 **	0.4393
0	0.0106	0.8385	0.0101	−0.0069	0.0001	0.0064 **	0.3692
1	0.0004	0.7228	0.0111	−0.0070	0.0000	0.0110	0.3251
2	0.0517	0.7826	0.0102	−0.0089	0.0001	0.0069 **	0.3431
3	−0.0232	0.7005	0.0104	−0.0053	0.0001	0.0081 **	0.2888
4	0.0345	0.8185	0.0094	−0.0076	0.0001	0.0032	0.3714

注：** 、* 分别表示在 1%、5% 水平下显著。

表 4-16　停牌对波动率影响（主板重大事项停牌）

事件窗	α	β_1	β_2	β_3	β_4	γ	Adj-R^2
−4	−0.0529	0.8233	0.0096	−0.0035	0.0001	0.0014	0.3632
−3	−0.0690	0.7657	0.0095	−0.0026	0.0001	0.0031 **	0.3475
−2	−0.0490	0.8595	0.0099	−0.0040	0.0001	0.0035 **	0.4004
−1	−0.0322	0.7632	0.0098	−0.0046	0.0001	0.0057 **	0.3006
0	0.0012	0.7427	0.0124	−0.0082	0.0001	0.0131 **	0.3069
1	−0.1293	0.8164	0.0106	−0.0007	0.0002	0.0043 **	0.4083
2	−0.1449	0.8381	0.0097	0.0007	0.0002	0.0041 **	0.3978
3	−0.0478	0.9074	0.0092	−0.0037	0.0002	0.0018	0.4315
4	−0.0920	0.7668	0.0098	−0.0019	0.0002	0.0006	0.3754

注：** 、* 分别表示在 1%、5% 水平下显著。

　　从表 4-14 全样本的估计结果来看，无论是停牌前还是停牌后，虚拟变量的系数均显著为正，停牌样本的波动率显著大于非停牌日样本。尤其值得关注的是，设置异常波动停牌的目的是降低市场的波动程度，力图使市场恢复到正常的波动水平。但是，从表 4-15 的实证结果来看，在控制了相关因素之后，异常波动停牌的实施并没有如预期的那样完全使市场恢复到正常水平，在一定程度上反而增加了市场的波动率。对于重大事项停牌，从表 4-16 的结果来看，停牌前虚拟变量的系数显著为正，再次说明存在信息泄露现象。

　　表 4-17 是针对中小板市场全样本的回归结果，表 4-18 和表 4-19 分别是针对异常波动停牌和重大事项停牌的估计结果。通过比较主板市场与中小板市场的回归结果可知，中小板市场的停牌效果与主板市场几乎完全相同，即异常波动停牌并未降低市场的波动率，而重大事项停牌存在信息泄露现象。

表 4-17　停牌对波动率影响(中小板警示性停牌)

事件窗	α	β_1	β_2	β_3	β_4	γ	Adj-R^2
-4	-0.0344	0.9508	0.0133	-0.0070	0.0002	0.0013	0.4683
-3	-0.1212	0.9089	0.0144	-0.0037	0.0004	0.0071**	0.4438
-2	-0.0416	0.9279	0.0140	-0.0072	0.0004	0.0046**	0.4222
-1	-0.0736	0.9336	0.0131	-0.0049	0.0003	0.0104**	0.4333
0	-0.0876	0.9595	0.0142	-0.0051	0.0002	0.0135**	0.4435
1	0.0081	1.0246	0.0130	-0.0089	0.0003	0.0118**	0.4380
2	-0.0165	0.9104	0.0124	-0.0072	0.0003	0.0082**	0.4219
3	-0.0577	0.7801	0.0130	-0.0055	0.0003	0.0020	0.4089
4	-0.0674	0.9105	0.0131	-0.0053	0.0003	0.0019	0.4721

注：**、*分别表示在1%、5%水平下显著。

表 4-18　停牌对波动率影响(中小板异常波动停牌)

事件窗	α	β_1	β_2	β_3	β_4	γ	Adj-R^2
-4	-0.0177	0.9435	0.0127	-0.0073	0.0002	0.0042	0.4890
-3	-0.0471	0.9052	0.0143	-0.0071	0.0004	0.0118**	0.4362
-2	0.0046	1.0131	0.0140	-0.0095	0.0004	0.0078**	0.4807
-1	-0.0251	0.8669	0.0130	-0.0069	0.0002	0.0086**	0.4006
0	-0.0340	0.9249	0.0132	-0.0068	0.0002	0.0144**	0.4536
1	-0.0523	0.9186	0.0124	-0.0054	0.0003	0.0186**	0.4008
2	0.0111	0.9429	0.0119	-0.0082	0.0003	0.0137**	0.4471
3	-0.1022	0.7257	0.0120	-0.0026	0.0003	0.0053**	0.4326
4	-0.0432	0.9155	0.0130	-0.0063	0.0003	0.0028	0.4662

注：**、*分别表示在1%、5%水平下显著。

表 4-19　停牌对波动率影响(中小板重大事项停牌)

事件窗	α	β_1	β_2	β_3	β_4	γ	Adj-R^2
-4	-0.0371	0.9413	0.0141	-0.0075	0.0003	-0.0025	0.4113
-3	-0.1711	0.9119	0.0146	-0.0014	0.0003	0.0013	0.4533
-2	-0.0600	0.7155	0.0138	-0.0059	0.0003	0.0005	0.3158
-1	-0.0836	0.9562	0.0141	-0.0054	0.0003	0.0116**	0.4718
0	-0.1259	0.9998	0.0156	-0.0044	0.0003	0.0133**	0.4202
1	0.1119	1.0782	0.0133	-0.0142	0.0001	0.0034**	0.4913
2	-0.0150	0.8524	0.0129	-0.0076	0.0002	0.0020	0.3875
3	0.0431	0.8160	0.0145	-0.0116	0.0002	-0.0012	0.4348
4	-0.0539	0.8478	0.0137	-0.0063	0.0003	0.0002	0.4555

注：**、*分别表示在1%、5%水平下显著。

4.3 沪深市场停牌制度有效性检验

4.3.1 实证数据

本节进一步使用上海证券市场以及深圳证券市场(包括创业板市场)2008年10月至2011年11月共3年的停复牌数据以及相关的低频交易数据对中国证券市场的停牌制度进行实证检验。其中,停牌数据来源于深圳国泰安信息技术有限公司提供的停复牌数据库。同时,以上交所和深交所官方网站公布的停牌记录为基准,对该数据库进行校对。在2008年10月至2011年11月,沪深A股市场共有18536个停牌有效样本。为了剔除市场传闻对停牌事件的影响,本节选取的股票样本没有包括ST股票、未完成股改的股票和有退市风险的股票。

表4-20 沪深市场A股市场停牌时长统计(2008.10~2011.11)

停牌时长	主板	中小板	创业板	总计	比例
≤1小时	1279	353	65	1697	9.16%
>1小时或<4小时	17	18	7	42	0.23%
4小时	10709	3990	856	15555	83.92%
>4小时或<20小时	445	154	25	624	3.37%
≥20小时	514	94	10	618	3.33%
总计	12964	4609	963	18536	100%

从表4-20来看,停牌时长等于4小时的为15555次,占总停牌次数的83.92%。停牌时长超过1个交易日的停牌次数占比90.62%,由此可见我国停牌持续的时间明显偏长。

Kryzanowski(1979)指出,停牌可能对好坏消息反应不一致。Tan和Yeo(2003)、Engelen和Kabir(2006)也指出,在计算平均异常收益率的时候,好消息和坏消息对平均异常收益率的贡献可能刚好抵消。因此,本节从好消息和坏消息的角度分类统计例行停牌、异常波动停牌和重大事项停牌的停牌次数(表4-21)。我们认为无论是何种原因停牌,信息的好坏最终都要体现在股价当中。考虑到信息可能提前泄露,把停牌前3天至停牌日当天的累积异常收益率为正的定义为好消息,反之为坏消息。

表4-21 沪深交易所A股市场停牌原因统计(2008.10—2011.11)

停牌原因	主板		中小板		创业板		比例
	好消息	坏消息	好消息	坏消息	好消息	坏消息	
例行停牌	9776		3445		765		75.45%
股东大会	2628	2346	630	657	265	243	
临时股东大会或临时报告	2894	2432	907	1093	112	96	
未刊登股东大会决议	61	415	66	92	23	26	

续表

停牌原因	主板		中小板		创业板		比例
	好消息	坏消息	好消息	坏消息	好消息	坏消息	
异常波动	1758		538		57		12.69％
	1299	459	465	73	43	14	
重大事项	1430		626		141		11.85％
重大信息	514	360	136	115	45	49	
临时停牌	242	123	124	19	10	8	
澄清公告	65	37	78	86	6	2	
其他	56	33	32	36	13	8	
总计	12964		4609		963		100％

从表 4-21 中可以看出，2008 版的停牌制度虽然减少了定期报告和临时报告这两种例行停牌，但例行停牌仍占到了停牌总数的 75.45％。截至 2011 年 11 月 1 日，沪深交易所 A 股市场主板、中小板和创业板上市公司数量分别为 1402、631、270。在主板市场，每只股票每年的例行停牌、异常波动停牌和重大事项停牌次数分别为 2.32 次、0.42 次和 0.34 次；在中小板市场，每只股票每年的例行停牌、异常波动停牌和重大事项停牌次数分别为 1.82 次、0.85 次和 0.33。显然，主板、中小板和创业板的例行停牌次数均远高于境外市场。

4.3.2　实证结果分析

采用与第 4.1 节相同的事件研究法来检验沪深市场停牌制度的有效性。需要说明的是，除了采用市场模型外，为了剔除公司规模和账面市值比对收益率的影响，本节还采用 Fama-French(1993)三因素模型来估计每只股票的正常收益率。

$$r_{it} = \alpha_i + \beta_{i1} r_{mt} + \beta_{i2} \text{smb}_t + \beta_{i3} \text{hml}_t + \varepsilon_{it} \tag{4-14}$$

其中，r_{it} 为个股日收益率，r_{mt} 为市场日收益率，smb_t 及 hml_t 分别为规模因子和账面市值比因子，数据均来自于锐思(RESSET)数据库；ε_{it} 为随机干扰项；α_i、β_{i1}、β_{i2}、β_{i3} 为待估计参数。

1. 累积异常收益率

图 4-3 描述了主板例行停牌、异常波动停牌和重大事项停牌的累积异常收益率 CAAR(三因素模型)[①]。总体而言，从图中可以看出 CAAR 在停牌前 3 天便有上升或下降的迹象，这是投资者依据自己的预期买入或卖出股票的结果。此外，无论是好消息还是坏消息，CAAR 在复牌日变化最大，复牌后 CAAR 变化基本趋于平稳。

---

① 用市场模型估计出的累积异常收益率仍可得出相似结论，下同。

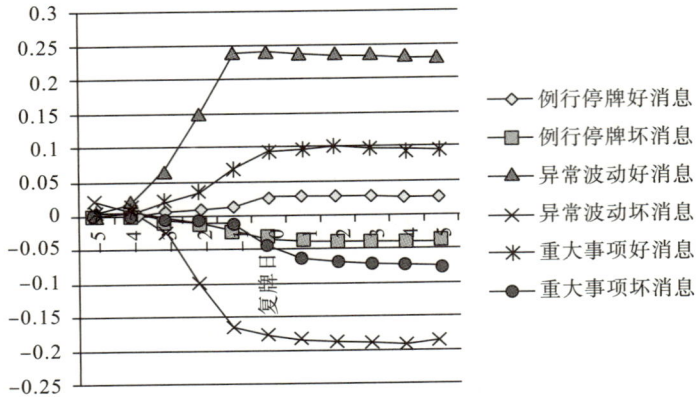

图 4-3　主板停牌累积异常收益率（三因素模型）

对于例行停牌，复牌日后 1 日 CAAR 大致在正负 3% 左右。对于异常波动停牌，复牌日 CAAR 值基本无变化。对于好消息的重大事项停牌，股票的 CAAR 在停牌前 3 日便有抬头的趋势，复牌后 1 日 CAAR 变化趋于平稳。对于坏消息的重大事项，股票的 CAAR 在停牌前 2 日便有下降的趋势，CAAR 在复牌日下降幅度最大，复牌后 1 日 CAAR 持续下降而后趋于平稳。停牌前 CAAR 有显著的变化，说明信息提前被反映到股价上，这可能与上市公司信息泄露有关。从 CAAR 上升幅度来看，好消息重大事项停牌在 −3 天便有显著上升的趋势，而坏消息在 −1 天才有小幅下降的趋势，说明好消息的信息泄露更严重。

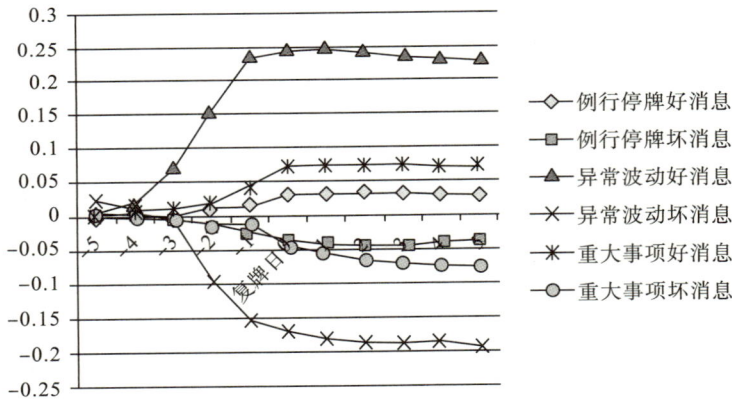

图 4-4　中小板停牌累积异常收益率（三因素模型）

图 4-4 描述了中小板例行停牌、异常波动停牌和重大事项停牌的累积异常收益率。对于例行停牌，复牌日后 1 日 CAAR 大致在正负 4% 左右，比主板略高。对于异常波动停牌，复牌后 CAAR 的变化比较平稳，再次说明停牌能有效地降低股票的异常收益率。对于好消息重大事项停牌，CAAR 在 −2 天便有显著上升的趋势，而坏消息在 −1 天才有小幅下降的趋势，说明好消息更容易为市场所关注，更容易提前作用于股价；停牌前 CAAR 有显著的变化，同样说明信息提前作用到股价上，同样可能与信息泄露有关。从图 4-5 来看，针对创业板的实证结果与中小板类似。

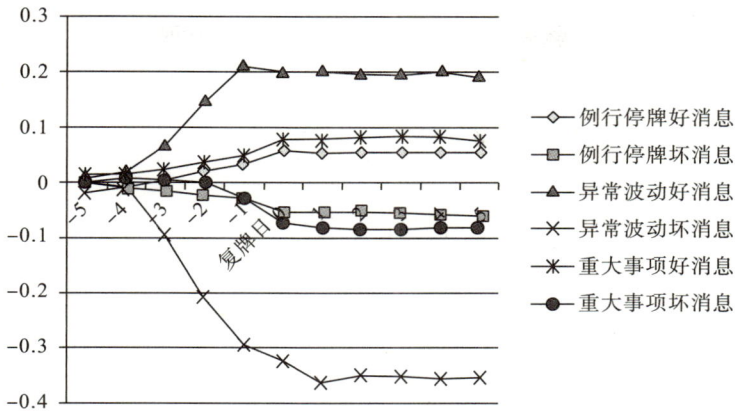

图 4-5　创业板停牌异常收益率(三因素模型)

2. 例行停牌的异常收益率检验

表 4-22 报告了主板例行停牌在事件窗内的平均异常收益率 AAR 及其检验情况。对于主板，好消息例行停牌的 AAR(三因素模型)在停牌前 3 日至复牌后 1 日分别为 0.0077、0.0071、0.0069、0.0147 和 -0.0002，坏消息分别为 -0.0096、-0.0090、-0.0118、-0.0190 和 -0.0031。好坏消息的参数 T 统计量和非参数 Wilcoxon 秩统计量在停牌前 3 日至复牌日均显著。

例行停牌前的 AAR 值显著，说明投资者会根据自己的心理预期提前买入或卖出股票；复牌日 AAR 值最大且显著，说明投资者继续根据上市公司发布的公告修正自己的投资策略，从修正的结果看，投资者提前调整其投资策略的方向是正确的。复牌后 1 日，好坏消息的 AAR 分别为 -0.0002 和 -0.0031，较之前有很大程度的降低且不显著，说明复牌日基本吸收了信息。在事件窗内，股票的 AAR 值较低。

从表 4-23 和表 4-24 来看，中小板和创业板例行停牌的检验结果与主板大致相同。总体而言，由于例行停牌属于可预期停牌，投资者往往根据自己心里预期提前调整投资策略。虽然股价的调整主要在复牌日，但是例行停牌本身的信息含量较低，加之例行停牌往往需要停牌 4 个小时，严重阻碍了交易的连续性。

表 4-22　主板例行停牌平均异常收益率检验

事件窗	三因素模型		市场模型	
	好消息	坏消息	好消息	坏消息
	0.0077	-0.0096	0.0060	-0.0059
-3	17.9199 ***	-23.8713 ***	17.2642 ***	-16.9674 ***
	3.6535 ***	-3.0893 ***	3.4805 ***	-2.3756 **
	0.0071	-0.0090	0.0065	-0.0062
-2	16.9550 ***	-22.9090 ***	18.0239 ***	-17.3792 ***
	3.3576 ***	-2.7032 ***	3.5965 ***	-2.2424 **

事件窗	三因素模型		市场模型	
	好消息	坏消息	好消息	坏消息
	0.0069	−0.0118	0.0037	−0.0092
−1	15.5239***	−30.0594***	10.3265***	−27.4294***
	3.1885***	−3.7535***	1.6919*	−3.7341***
	0.0147	−0.0190	0.0138	−0.0169
0	27.0278***	−38.4362***	26.1161***	−35.8559***
	5.7853***	−5.7338***	5.7221***	−6.0924***
	−0.0002	−0.0031	0.0004	−0.0037
1	−0.2516	−1.2386	1.1315	−1.2693
	−0.4234	−0.6521	−0.2136	−1.1803
	−0.0002	0.0005	−0.0008	−0.0001
2	−0.2357	0.7676	−0.1435	0.5784
	−0.7755	0.6586	−0.6850	0.5155

注：表中第一行为股票的平均异常收益率 AAR，第二行、第三行分别为其参数 t 统计量和非参数 Wilcoxon 秩统计量。***、**、*分别表示在 1%、5%、10% 水平下显著。

表 4-23　中小板例行停牌平均异常收益率检验

事件窗	三因素模型		市场模型	
	好消息	坏消息	好消息	坏消息
	0.0088	−0.0103	0.0076	−0.0065
−3	12.5078***	−15.2813***	13.4528***	−10.3595***
	3.6529***	−2.9110***	3.6992***	−2.1592**
	0.0082	−0.0097	0.0074	−0.0070
−2	11.9174***	−14.9839***	13.0810***	−12.1452***
	3.1825***	−2.8373***	3.5937***	−2.6386**
	0.0044	−0.0125	0.0034	−0.0093
−1	7.2631***	−19.0998***	6.7451***	−16.1874***
	2.1384**	−3.8016***	1.8160*	−3.4834***
	0.0155	−0.0188	0.0150	−0.0166
0	17.7361***	−23.6999***	17.2390***	−21.7996***
	5.2330***	−5.4410***	5.3251***	−5.8759***
	−0.0010	−0.0020	0.0017	−0.0035
1	−1.5399	−1.5397	1.5214	−1.2512
	−0.7006	−0.7984	0.2104	−0.9082

续表

事件窗	三因素模型		市场模型	
	好消息	坏消息	好消息	坏消息
	−0.0011	−0.0001	−0.0001	0.0000
2	−1.9228	−0.3329	0.0897	0.4995
	−0.5517	0.5746	−0.3824	0.5049

注：＊＊＊、＊＊、＊分别表示在1％、5％、10％水平下显著。

表 4-24　创业板例行停牌平均异常收益率检验

事件窗	三因素模型		市场模型	
	好消息	坏消息	好消息	坏消息
	0.0080	−0.0080	0.0082	−0.0064
−3	5.2845＊＊＊	−5.8375＊＊＊	6.4059＊＊＊	−4.3599＊＊＊
	2.8975＊＊＊	−1.9729＊＊	3.2708＊＊＊	−1.6170
	0.0089	−0.0095	0.0088	−0.0065
−2	5.6528＊＊＊	−6.9112＊＊＊	6.6038＊＊＊	−4.3650＊＊＊
	2.9513＊＊＊	−2.7824＊＊＊	3.7213＊＊＊	−1.9571＊＊
	0.0045	−0.0076	0.0065	−0.0064
−1	3.0660＊＊＊	−5.6065＊＊＊	4.5538＊＊＊	−4.7574＊＊＊
	1.7364＊	−1.9362	2.3802＊＊	−2.0699＊＊
	0.0130	−0.0202	0.0143	−0.0168
0	6.5094＊＊＊	−11.7403＊＊＊	6.8978＊＊＊	−9.5008＊＊＊
	3.9495＊＊＊	−5.4378＊＊＊	4.4652＊＊＊	−5.0326＊＊＊
	−0.0028	−0.0001	0.0019	−0.0016
1	−1.1880	−0.0934	1.5547	−0.9446
	−1.1728	0.7305	0.4820	0.0768
	−0.0048	−0.0002	−0.0012	0.0000
2	−1.2459	−0.3844	−0.6425	0.2846
	−1.1906	0.1523	−0.2323	0.1586

注：＊＊＊、＊＊、＊分别表示在1％、5％、10％水平下显著。

3. 异常波动停牌的异常收益率检验

在《深圳证券交易所交易规则》中明确规定，如果连续三个交易日内的日收盘价格涨跌幅偏离值累计达到±20％或者连续三个交易日内的日均换手率与前五个交易日的日均换手率的比值达到30倍，并且该股票连续三个交易日内的累计换手率达到20％，那么交易所将对该股票实施异常波动停牌一小时，同时要求上市公司就可能原因做出说明。

表4-25、表4-26和表4-27分别报告了主板、中小板和创业板异常波动停牌在事件窗

内的平均异常收益率 AAR 及其检验情况。对于好消息，无论是主板、中小板还是创业板，无论是基于市场模型还是三因素模型，AAR 在复牌日及以后均不显著。而对于坏消息，无论是主板、中小板还是创业板，AAR 在复牌日及复牌后 2 日比停牌前虽有明显的下降，但其 T 统计量仍显著(其中基于三因素模型的检验在 5% 的水平上显著)。总体而言，仅从异常收益率角度来看，异常波动停牌能有效地降低复牌后的 AAR，说明停牌基本上达到了警示性的目的；复牌后坏消息异常波动停牌仍有显著的 AAR，说明其价格调整速度相对较慢。

表 4-25　主板异常波动停牌平均异常收益率检验

事件窗	三因素模型		市场模型	
	好消息	坏消息	好消息	坏消息
	0.0523	−0.0655	0.0513	−0.0675
−3	37.1333***	−13.6645***	38.2920***	−13.6141***
	3.6401***	−4.0821***	3.6039***	−4.0042***
	0.0778	−0.0718	0.0811	−0.0757
−2	63.4033***	−17.7806***	65.9844***	−17.0074***
	5.0054***	−4.4969***	4.9641***	−4.5398***
	0.0818	−0.0620	0.0901	−0.0665
−1	67.2436***	−15.7184***	72.7009***	−15.6146***
	5.1326***	−4.0664***	5.1758***	−4.2276***
	0.0009	−0.0093	0.0012	−0.0080
0	0.5881	−2.0975**	1.1180	−1.8279*
	−0.4914	−0.2058	−0.6284	−0.2427
	−0.0021	−0.0113	−0.0013	−0.0071
1	−0.7596	−2.8124***	−0.0488	−1.6508*
	−0.7072	−0.8862	−0.7628	−0.3551
	−0.0022	−0.0079	−0.0026	−0.0048
2	−1.0965	−2.2517**	−1.5321	−1.8218*
	−0.6433	−0.2121	−0.7596	−0.1435

注：***、**、* 分别表示在 1%、5%、10% 水平下显著。

表 4-26　中小板异常波动停牌平均异常收益率检验

事件窗	三因素模型		市场模型	
	好消息	坏消息	好消息	坏消息
	0.0555	−0.0713	0.0569	−0.0621
−3	18.9752***	−6.3320***	20.6911***	−5.0023***
	3.6000***	−3.7894***	3.7092***	−3.2968***

续表

事件窗	三因素模型		市场模型	
	好消息	坏消息	好消息	坏消息
−2	0.0771	−0.0835	0.0812	−0.0876
	31.8168***	−8.4086***	33.4742***	−8.9030***
	4.9432***	−4.2634***	4.9080***	−4.2890***
−1	0.0796	−0.0581	0.0846	−0.0591
	34.8895***	−6.3504***	36.8142***	−6.8746***
	5.1058***	−3.3582***	5.0835***	−3.7685***
0	0.0043	−0.0167	0.0042	−0.0145
	1.3815	−2.0744**	1.0733	−1.8559*
	0.0827	−0.9995	−0.0578	−0.9543
1	0.0022	−0.0124	0.0019	−0.0122
	1.2785	−2.1582**	1.0422	−1.7211*
	−0.2631	−1.0223	−0.4753	−0.6886
2	−0.0035	−0.0067	−0.0046	−0.0044
	−0.7620	−1.9696**	−1.1623	−1.7143*
	−0.6317	−0.4626	−1.0134	−0.5043

注：***、**、* 分别表示在1%、5%、10%水平下显著。

表 4-27 创业板异常波动停牌事件窗内平均异常收益率检验

事件窗	三因素模型		市场模型	
	好消息	坏消息	好消息	坏消息
−3	0.0515	−0.0880	0.0555	−0.1090
	4.2650***	−6.3320***	4.5786***	−5.0023***
	2.7189***	−1.6590*	7.5081***	−1.6590*
−2	0.0808	−0.0965	0.0808	−0.0992
	9.9364***	−8.4086***	2.9842***	−8.9030***
	4.2963***	−1.7078*	3.9814***	−1.6102
−1	0.0642	−0.0853	0.0761	−0.0710
	7.3812***	−6.3504***	6.5870***	−6.8746***
	4.0109***	−1.5614	4.0189***	−1.4639
0	−0.0101	−0.0308	−0.0041	−0.0289
	−0.1333	−2.0744**	0.1441	−1.8559*
	−0.8482	−1.1223	−0.4499	−1.0247

事件窗	三因素模型		市场模型	
	好消息	坏消息	好消息	坏消息
1	−0.0034	−0.0199	0.0105	−0.0365
	0.0587	−2.1582**	0.8172	−1.7211*
	−0.6024	−1.3175	0.0750	−1.1711
2	0.0001	−0.0173	−0.0069	−0.0831
	0.1901	−1.9696**	0.1184	−1.7143*
	−0.2140	−1.6102	−0.8023	−1.5126

注：＊＊＊、＊＊、＊分别表示在1％、5％、10％水平下显著。

4. 重大事项停牌的异常收益率检验

重大事项停牌的目的是加强上市公司的信息披露、减少信息的不对称性，使重要信息到达时投资者能有足够的时间重新评估证券价值，并据此调整自己的投资策略，从而提高市场透明度、维护市场的有序运行。

表4-28、表4-29和表4-30分别报告了主板、中小板和创业板市场重大事项停牌事件窗内的平均异常收益率 AAR 及其检验情况。对于主板市场，停牌前3日至复牌日，好消息的 AAR 值均显著，说明停牌前存在严重的信息泄漏，这可能是停牌的不及时，甚至可能是知情人利用其信息优势提前调整了投资策略获得超额收益。对于坏消息重大事项停牌，停牌前的 AAR 值均显著，说明停牌前也存在信息泄漏，也可能是停牌的不及时或上市公司处于自身利益隐瞒重大坏消息，甚至可能是知情人利用其信息优势提前出逃（如第一章提及的"杭萧钢构事件"）。好消息 AAR 在复牌后1日便不显著，而坏消息 AAR 复牌后2日（创业板为1日）显著，说明相比坏消息，好消息复牌后价格发现效率更高，这与 Kryzanowski(1979)和 Ferris(1992)的研究结论一致。

表 4-28　主板重大事项停牌平均异常收益率检验

事件窗	三因素模型		市场模型	
	好消息	坏消息	好消息	坏消息
−3	0.0118	−0.0107	0.0112	−0.0078
	10.6624***	−7.2470***	11.1591***	−5.7718***
	2.1480**	−1.9453*	2.2861**	−1.5330
−2	0.0180	−0.0103	0.0172	−0.0081
	15.1872***	−6.8603***	15.1859***	−5.0263***
	3.3800***	−1.9738**	3.3349***	−1.4795
−1	0.0340	−0.0057	0.0339	−0.0032
	24.2371***	−2.3622**	24.1975***	−1.2563
	5.6553***	−0.9668	5.7180***	−0.5402

续表

事件窗	三因素模型		市场模型	
	好消息	坏消息	好消息	坏消息
	0.0231	-0.0358	0.0230	-0.0345
0	12.9141***	-17.0284***	12.9845***	-16.7770***
	3.2948***	-6.0164***	3.1365***	-6.1715***
	0.0047	-0.0174***	0.0046	-0.0163
1	1.3664	-8.5615***	1.4986	-8.2762***
	-0.3197	-3.4902***	-0.3656	-3.5601***
	-0.0006	-0.0066	0.0010	-0.0062
2	-0.2748	-3.7561***	1.1766	-3.3308***
	-1.0302	-1.1965	-0.8965	-1.2489

注：***、**、*分别表示在1%、5%、10%水平下显著。

表 4-29　中小板重大事项停牌平均异常收益率检验

事件窗	三因素模型		市场模型	
	好消息	坏消息	好消息	坏消息
	0.0051	-0.0118	0.0056	-0.0076
-3	3.1844***	-4.6588***	3.9395***	-2.6793***
	1.3775	-2.2080**	1.4142	-1.5534
	0.0098	-0.0100	0.0094	-0.0060
-2	5.3574***	-4.6267***	5.7303***	-2.5481**
	2.3244**	-1.8289*	2.1468**	-1.0978
	0.0277	-0.0036	0.0253	-0.0029
-1	12.1756***	-0.9213	11.3952***	-0.4014
	5.3654***	-0.3553	5.1140***	-0.7301
	0.0258	-0.0318	0.0270	-0.0299
0	8.4734***	-8.5495***	8.8207***	-7.9545***
	4.1990***	-4.9704***	4.2885***	-5.4525***
	0.0023	-0.0152	0.0024	-0.0142
1	0.9121	-4.8013***	1.0766	-4.1916***
	-0.2847	-2.5931**	-0.5069	-2.9127**
	0.0006	-0.0119	0.0017	-0.0081
2	0.3149	-4.1577***	0.9372	-2.5351***
	-0.5718	-1.9600**	-0.6011	-1.1418

注：***、**、*分别表示在1%、5%、10%水平下显著。

表 4-30 创业板重大事项停牌事件窗内平均异常收益率检验

事件窗	三因素模型		市场模型	
	好消息	坏消息	好消息	坏消息
	0.0081	−0.0032	0.0116	−0.0032
−3	2.0163**	−0.9000	3.0663***	−0.9805
	1.1522	−0.6444	1.6688*	−0.4860
	0.0133	−0.0032	0.0158	0.0033
−2	2.9021**	−1.1808	3.4772***	0.6532
	2.0279**	−0.6962	2.1567**	0.9521
	0.0130	−0.0097	0.0131	−0.0104
−1	3.2200***	−1.6420	3.1152***	−1.6667*
	2.2214**	−1.1258	2.1978**	−0.8922
	0.0262	−0.0335	0.0271	−0.0343
0	5.0213***	−4.5385***	4.8458***	−4.6355***
	3.5672***	−4.3623***	3.5657***	−4.2744***
	0.0023	−0.0128	0.0049	−0.0134
1	0.5184	−2.6712***	0.9445	−2.8344***
	0.5162	−2.0812	0.4924	−2.2104**
	0.0033	−0.0021	0.0036	0.0016
2	0.8707	−0.2553	0.5268	0.3405
	0.5899	0.2000	0.4651	0.8056

注：＊＊＊、＊＊、＊分别表示在1％、5％、10％水平下显著。

4.4 停牌对成交量和波动率的影响分析

采用与第4.2节相同的研究方法，可通过构造与停牌日样本相对应的非停牌日样本，进一步采用多元回归的方法研究各类型停牌对股票成交量和价格波动率的影响。经过匹配，主板好消息例行停牌、异常波动停牌和重大事项停牌共有非停牌日样本记录14768条、2166条、2431条，坏消息为14680条、2127条、2399条；中小板好消息为3963条、380条、443条，坏消息为3991条、336条、405条；创业板好消息为520条、24条、115条，坏消息为607条、25条、92条。

同样使用回归模型(4-12)和回归模型(4-13)进行估计，表4-31报告了事件窗内例行停牌对股票成交量和波动率影响的估计结果(只报告了虚拟变量的估计系数)。从表4-31的第一部分可知，在控制了市场行情、流通股数、收益率及收盘价等因素的情况下，虚拟变量的估计系数均为正，说明停牌日样本的成交量较大。不过，只有在停牌日，其差异才是高度显著的。虽然在复牌前1日，其差异在10％的水平下显著，但总体而言，停牌日样本与非停牌日样本在停牌前后的差异并不明显。关于波动率，也呈现出类似的现象。

表 4-31　例行停牌对股票成交量和波动率的影响

事件窗		主板		中小板		创业板	
		好消息	坏消息	好消息	坏消息	好消息	坏消息
成交量	−3	1.3868	1.5253	1.1430	0.1529	0.6933	0.8104
	−2	1.3384	1.3877	0.2345	0.3999	0.0277	0.8724
	−1	6.1566*	4.7701*	3.2446*	4.9849*	3.2856*	2.9780*
	0	14.2862***	9.3987***	8.3815***	9.9812***	8.5669***	7.5985***
	1	3.6354	2.3446	1.0405	1.4927	0.8419	1.1036
	2	2.5715	1.2792	0.7950	1.2580	0.7418	0.9015
波动率	−3	1.1707	0.4370	1.7208	0.0229	0.4813	1.2756
	−2	1.6503	0.9764	1.3361	0.6601	1.1171	0.2567
	−1	4.3009**	5.7823**	4.3633**	2.5270*	3.0694*	4.3798*
	0	7.5525***	8.5572***	6.0534***	5.2239***	5.0499**	8.0144***
	1	2.4883	1.7565	1.1908	0.3245	1.2990	1.3833
	2	1.7328	1.1060	0.9178	1.5259	0.6155	1.2128

注：＊＊＊、＊＊、＊分别表示在1％、5％、10％水平下显著。

表 4-32　异常波动停牌对股票成交量和波动率的影响

事件窗		主板		中小板		创业板	
		好消息	坏消息	好消息	坏消息	好消息	坏消息
成交量	−3	1.2554***	1.2402***	1.3253***	1.3508***	1.2687***	1.3100***
	−2	1.4622***	1.8289***	1.9724***	1.9483***	1.4310***	1.5780***
	−1	1.7625***	2.1555***	2.2704***	2.2701***	1.4365***	1.5755***
	0	4.2462***	5.2447***	5.4415***	4.3409***	3.4235***	4.6301***
	1	1.1210***	1.0984***	1.2389***	1.0785***	1.5086***	1.4976***
	2	1.0415***	0.9834***	1.1030***	0.9959***	1.5962***	1.3803***
波动率	−3	0.0111***	0.0114***	0.0085***	0.0035***	0.0044*	0.0164***
	−2	0.0089***	0.0124***	0.0056*	0.0054*	0.0144***	0.0116***
	−1	0.0070***	0.0126***	0.0077*	0.0168***	0.0137***	0.0250***
	0	0.0208***	0.0306***	0.0119***	0.0183***	0.0159***	0.0276***
	1	0.0127***	0.0123***	0.0107***	0.0095***	0.0150***	0.0142***
	2	0.0093***	0.0113***	0.0083**	0.0056*	0.0124***	0.0100**

注：＊＊＊、＊＊、＊分别表示在1％、5％、10％水平下显著。

　　表4-32报告了异常波动停牌对股票成交量和波动率的影响(只报告了虚拟变量的估计系数)。实证结果表明，无论是成交量还是波动率，在控制了相关因素的情况下，虚拟变量系数的估计值在整个事件窗内均显著为正且在复牌日最大，复牌后虽有下降但仍高度显著，说明异常波动停牌会增加市场复牌后的成交量和波动率，并不能起到"冷却"市场的作用。

表 4-33 重大事项停牌对股票成交量和波动率的影响

事件窗		主板		中小板		创业板	
		好消息	坏消息	好消息	坏消息	好消息	坏消息
成交量	−3	0.1216 ***	0.2030 ***	0.1585 ***	0.1352 *	0.1640 *	0.1707 *
	−2	0.1134 ***	0.3063 ***	0.1950 ***	0.2031 ***	0.2649 *	0.2255 *
	−1	0.1697 ***	0.4660 ***	0.2082 ***	0.2751 ***	0.3094 *	0.2097 *
	0	0.6263 ***	0.6820 ***	0.6597 ***	0.4851 ***	0.7565 ***	0.7126 ***
	1	0.4259 ***	0.4686 ***	0.3489 ***	0.1948 ***	0.5483 ***	0.4487 ***
	2	0.3695 ***	0.4612 ***	0.3737 ***	0.1527 *	0.4118 ***	0.3755 ***
波动率	−3	0.0015 *	0.0022 **	0.0020 *	0.0015 *	0.0050 *	0.0040 *
	−2	0.0031 ***	0.0041 ***	0.0022 *	0.0018 *	0.0056 *	0.0041 *
	−1	0.0072 ***	0.0111 ***	0.0028 *	0.0079 *	0.0066 *	0.0052 *
	0	0.0124 ***	0.0165 ***	0.0124 ***	0.0164 ***	0.0131 **	0.0123 **
	1	0.0051 ***	0.0033 ***	0.0054 *	0.0016 *	0.0035 *	0.0035 *
	2	0.0029 ***	0.0023 **	0.0036 *	0.0015 *	0.0024 *	0.0033 *

注：***、**、*分别表示在1%、5%、10%水平下显著。

表 4-33 报告了重大事项停牌对股票成交量和波动率的影响（只报告了虚拟变量的估计系数）。实证结果表明，无论是成交量还是波动率，在控制了相关因素的情况下，虚拟变量系数的估计值在整个事件窗内均显著为正，表明停牌会增加停牌前后的成交量和波动率。此外，在事件前窗内，虚拟变量的系数显著，说明重大事项停牌存在严重的信息泄露；而在事件后窗显著，说明停牌并没有完全释放相关信息，复牌并没有消除相关的不确定性。

4.5 小结

本章采用事件研究法对中国证券市场的主板、深圳市场的中小板和创业板市场各种类型的停牌的有效性进行分类研究。研究结果发现：由于例行停牌的平均异常收益率非常低，大量"无信息含量"的例行停牌阻碍了交易的连续性，牺牲了市场效率，无法突出警示性停牌的效果。重大事项停牌则存在着严重的"内幕交易"和信息泄露。异常波动停牌基本上达到了抑制过度炒作的目的。相比中小板，主板的警示性停牌能更有效地抑制过度炒作和更快地反映信息，但仍存在严重的信息泄露。

通过构造与停牌日样本相对应的非停牌日样本，进一步采用多元回归分析的实证结果表明，无论是主板、中小板还是创业板，重大事项停牌都存在着明显的信息泄露并且增加了市场的波动率，而异常波动停牌则并不能使市场恢复到正常的波动率水平。整体而言，停牌并没有有效地降低复牌后的交易量，反而加剧了股价的波动性，并且阻碍了交易的连续性。因此，认为中国证券市场的停牌制度是低效的。

第五章 基于高频数据的中国
股市停牌制度的实证研究

随着通信技术和信息技术的发展，证券市场吸收相关信息的速度也在加快。传统的基于低频数据得到的相关研究结论可能会受到质疑。为此，本章利用中国股票市场的停复牌数据以及相关的高频交易数据，从市场微观结构的角度进一步对中国股票市场停牌制度的有效性进行实证检验。首先，第5.1节提出基于高频交易数据的停牌有效性的判断依据；其次，基于第三章理论模型的预示，第5.2节至第5.5节选取市场深度和波动率作为度量指标，使用深圳A股市场2006～2008年的停牌和交易数据实证检验中国股票市场停牌制度的实施效果。然后，第5.6节和第5.7节进一步检验停牌对市场流动性和价格发现效率的影响，最后，第5.8节检验深圳中小板市场盘中临时停牌的有效性。

5.1 停牌有效性的判断依据

由于股票在停牌期间已经中止了一切交易活动，因此停牌制度的有效性不能在此期间得到检验。然而，可以通过比较复牌后股票交易行为与对应连续交易情形之间的差异来判断停牌制度的有效性。关于如何判断停牌制度的有效性，第三章已经对此进行了理论预示：只有市场上知情交易者的比例较小（信息非对称程度较高）时，停牌的效果才会强于连续交易，此时停牌后的各种指标都会优于相应的连续交易情形（停牌后的定价偏差和价格波动更小，信息揭示程度更高）。反之，在市场上知情者比例较大（信息非对称程度较低）时，停牌的效果会弱于连续交易，而停牌后的各种指标都会弱于相应的连续交易情形（停牌后的定价偏差和价格波动更大，信息揭示程度更低）。另外，从第三章的理论模型中可以看出，无论在什么情形下使用停牌，股票复牌的市场深度总是大于连续交易的情形。基于上述理论预示，可以使用定价偏差、信息揭示程度、复牌后的价格波动和市场深度作为实证指标，通过比较停牌和相应连续交易情形之间的差异，来分析停牌制度的有效性。

事实上，部分境外学者也通过考察股票停牌与连续交易间的差异来分析停牌制度的有效性。根据Stein（1987）提出的模型，当股票存在不确定信息时，连续交易会降低价格的信息含量。类似地，Greenwald和Stein（1988）提出，当股票存在不确定信息且当前的股价不能立刻反应信息的时候，继续进行连续交易会降低价格的信息含量，增加股价波动。而Greenwald和Stein（1991）和Kodres和O'Brien（1994）则认为，停牌可以有效地解决上述问题，使交易者在新信息到达时有时间调整自己的交易策略，从而减少股价的波动。但是，Grundy和McNichols（1989）、Brown和Jennings（1989）、Dow和Gorton（1993）等提出的模型却认为，交易是信息传递的必要条件，交易者可以通过股价"学习"

到信息并以此作为下单依据。

基于上述若干理论模型，Lee 等（1994）指出，如果停牌是有效的，交易者可以通过停牌对股票复牌后的价格达成共识，那么与没有停牌的情形相比，复牌之后一段时间内股票的价格波动会更低[①]；反之，如果停牌是无效的，交易者无法在停牌期间消化信息并对复牌后的股价达成共识，那么复牌之后一段时间内股票的价格波动会增大。在这里，复牌后的价格波动性成为判断停牌是否有效的指标。与 Lee 等（1994）类似，Corwin、Lipson（2000）和 Christie 等（2002）也使用了代表波动性的指标来分析停牌的效果。

综上所述，基于第三章的理论预示并借鉴了境外学者的研究设计，可以通过检验停牌与非停牌情形下定价偏差、信息揭示程度、市场深度和价格波动等四个微观结构指标的差异来判断停牌的有效性。然而，对于上述四个指标，却很难一一检验。事实上，在现实交易中，证券的真实价值是难以确定的，这使得很难选取表征定价偏差的变量。另外，由于无法将信息所指的内容量化处理，因此也很难找到能表征信息揭示程度的变量。基于上述理由，本章并不对定价偏差和信息揭示程度进行实证检验。在考虑实证指标可得性的前提下，根据第三章的理论预示提出停牌有效性的判断依据：

（1）基于命题 3-6、命题 3-11、命题 3-18 和命题 3-24 中关于市场深度的理论预示，认为：无论停牌是否有效，与对应的连续交易（即没有停牌）情形相比，股票复牌后的市场深度会高于连续交易同期的市场深度。

（2）基于命题 3-7、命题 3-12、命题 3-19 和命题 3-25 中关于价格波动的理论预示，认为：如果停牌是有效的，那么与对应的连续交易（即没有停牌）情形相比，股票复牌后的价格波动会低于连续交易同期的价格波动；如果停牌是无效的，那么与对应的连续交易情形相比，股票复牌后的价格波动会高于连续交易同期的价格波动。

5.2　样本数据

5.2.1　停牌日样本的选取

本章使用的停牌数据来源于深圳证券交易所网站，其中记录了 2005 年以来深圳股票市场的停牌和复牌情况，但是 2007 年 12 月 1 日以前的数据有部分缺少公告日和停复牌日期。为此，还参考了深圳国泰安信息技术有限公司（CSMAR）提供的中国股票市场停复牌数据库，该数据库记录了沪深股市从 2003~2009 年的股票停复牌情况，然而，其中对停牌原因的描述存在较多错误。结合以上两个数据源，以深交所网站的停复牌数据为基准，然后从国泰安公司的数据库中提取数据对缺失的公告日和停复牌日期进行补充，并使用国泰安公司提供的低频日数据对上述日期进行验证，最后建立了深圳 A 股市场

[①]　微观结构的一些经典文献（如 Grossman，1980）认为，在不考虑禀赋和偏好的情况下，交易者对于资产价值的不同信念，是他们彼此之间能发生交易的最主要原因。如果停牌是有效的，信息在停牌期间能充分地释放，那么交易者会就股票复牌后的真实价格达成一致的信念。因此，复牌之后一段内股票价格的波动性会降低。与此类似，王铁峰等（2005）也指出，如果停牌制度确实有效，那么交易者的交易热情在停牌后应该冷却，从而造成股票复牌后的价格波动下降。

2005~2009 年的停复牌数据库。

事实上,由于 2005 年的高频交易数据错误较多且当年的停牌(如股东大会)受股权分置改革影响较大,而 2009 年的高频交易数据暂时没有取得,因此本章仅使用 2006~2008 年三年的数据。另需要指出的是,在 2006 年 5 月和 2008 年 10 月,监管层分别对停牌制度进行过两次改革。因此,2006 年 1~5 月的停牌遵循 2004 版规则,2006 年 6 月~2008 年 9 月的停牌遵照 2006 版规则,而 2008 年 10 月以后的停牌则使用 2008 版规则。通过比较前后三版停牌规则后发现,后两版规则只是在 2004 版规则的基础上进行了局部调整,这只会带来停牌次数的变化,并不会影响对停牌制度的整体研究。本章最终选取深圳 A 股市场 2006~2008 年三年的 14354 次停牌记录作为考察对象。

对于上述数据,做如下处理:剔除其中的跨年度记录 58 条,停牌后再停牌(即一次停牌尚未完成就紧接着另外一次停牌)的记录 2964 条,剩余记录 11332 条。在上述记录中,停牌时长为 1 小时的记录有 6112 条,时长为 4 小时的记录有 4745 条,超过 4 小时的记录合计 475 条[①]。考虑到大部分股票停牌的时长是 1 小时或 4 小时,而对时间较长的停牌尤其是停牌时间超过一周(20 小时交易时间)的情形,其对应的交易行为可能与短期停牌有较大的差异,因此本章仅考虑停牌时长小于或等于 4 小时的停牌记录,结果剩余记录 10857 条。此外,还剔除包含错误信息以及对应交易数据缺失的记录 1265 条,最终剩余停牌记录 9592 条,把这部分记录称为"停牌日"样本。

表 5-1　深圳股市 2006~2008 年停牌原因统计

停牌类型	样本数	复牌时间		股票类别		所占比例
		9:30 复牌	10:30 复牌	非 ST 股	ST 股	
例行停牌	7206	3974	3232	6490	716	75.13%
定期报告	1139	5	1134	1059	80	11.87%
股东大会	3920	3920	—	3618	302	40.87%
临时报告	2147	49	2098	1813	334	22.38%
警示性停牌	2386	182	2204	1403	983	24.87%
澄清公告	43	—	43	40	3	0.45%
异常波动	1726	1	1725	870	856	17.99%
未如期披露信息	17	13	4	14	3	0.18%
会记差错	2	—	2	—	2	0.02%
协议或要约收购	66	—	66	53	13	0.69%
风险警示	107	98	9	39	68	1.12%
根据实际情况	408	68	340	370	38	4.25%
可转债相关事宜	17	2	15	17	—	0.18%
合计	9592	4156	5436	7893	1699	100.00%

---

①　本章在考虑停牌时长的时候,是以停牌期间所包含的交易时间来计算。由于一个交易日总共有 4 小时的交易时间,因此如果一只股票在某个交易日全天停牌,我们认为其停牌时长是 4 小时;如果一只股票是在周末或者节假日的非交易时间停牌,我们认为其停牌时长为 0 小时。

　　表 5-1 描述了样本内深圳 A 股市场 2006～2008 年三年停牌的原因、次数、复牌时间和股票类别等。从停牌类型来看，股东大会次数最多，共计 3920 次，占总样本的 40.87%；临时报告、异常波动和定期报告次数均超过 1000 次，分别占总样本的 22.38%、17.99% 和 11.87%；另外，监管层根据实际情况停牌次数是 408 次，风险警示停牌的次数是 107 次，这两种类型停牌占总样本的比例分别 4.25% 和 1.12%；除了上述情况，其他停牌类型都比较少，每种均在 100 次以下。从停牌是否具有警示作用来看，例行停牌共计 7206 次，占总样本的 75.13%；警示性停牌明显少于例行停牌，共计 2386 次，仅占总样本的 24.87%。从复牌时间来看，9:30 复牌的记录共有 4156 条，10:30 复牌的数据有 5436 条，后者多于前者。从被停牌股票的类别来看，对非 ST 股票的停牌（共计 7893 次）明显多于对 ST 股票的停牌（共计 1699 次），这主要是因为非 ST 股票的数量远远大于 ST 股票。不过，会记差错和风险警示两种停牌类型中，对 ST 股实施的停牌却多于对非 ST 股票实施的停牌，表明 ST 股票更容易触发这几种类型的停牌。

　　图 5-1 显示了样本内深圳 A 股市场 2006～2008 三年的停牌次数分布。从图上可以看出，3～5 月是停牌比较集中的月份，3 个月份的三年停牌合计次数均超过 900 次，其中，4 月份停牌的合计次数甚至超过 1600 次。这是由于大部分上市公司都集中在此期间召开股东大会，审议并披露上一年度的年度报告和分红方案。另外，7 月、8 月、10 月的停牌次数也比较多，这是由于上市公司往往会在这两个月发布定期报告或业绩预告。除了上述月份，其他几个月的停牌合计次数都在 600 次以下或者略多于 600 次。另外，可以发现，每个月的停牌中大部分都是例行停牌。这充分说明，在中国股票市场，停牌的警示作用较弱，停牌的执行更偏重于形式。

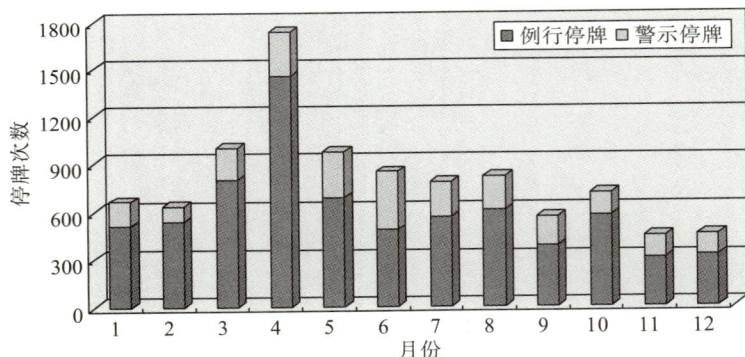

图 5-1　深圳股市 2006～2008 年停牌分布（按月计）

　　表 5-2 描述了样本内所有记录的复牌收益率、复牌价格变化率、停牌时长和复牌交易量的平均值和中位数，以及好消息和坏消息的数目。这里复牌收益率定义为复牌价格与上一个交易日收盘价格形成的收益率，复牌价格变化率是复牌收益率的绝对值。消息的好坏按复牌收益率的正负来划分：复牌收益率大于或等于 0 的即定义为好消息，反之则为坏消息。从表中可以看出，无论是例行停牌还是警示性停牌或者是全样本，复牌后收益率全都为正，每种停牌类型对应的好消息数都大于坏消息数。这可能是由于 2006～2007 年中国股票市场处于牛市状态，市场的消息大多是正面消息，同时交易者的热情较

高。从复牌价格变化率来看，几种类型停牌对应的复牌价格变化率相差无几。从停牌时长来看，例行停牌的持续时间要略长于警示性停牌的持续时间。从复牌交易量来看，由警示性停牌带来的复牌交易量要明显大于例行停牌的情形。

表 5-2　深圳股市 2006～2008 年停牌类型统计结果

类型	样本数	复牌收益率	复牌价格变化率	停牌时长	复牌交易量	好消息	坏消息
全样本	9592	0.0019	0.0261	2.30	124482	5785	3807
		(0.0009)	(0.0188)	(1.00)	(31015)		
例行停牌	7206	0.0011	0.0259	2.65	89757	4288	2918
		(0.0013)	(0.0188)	(4.00)	(25300)		
警示性停牌	2386	0.0042	0.0267	1.23	229355	1497	889
		(0.0000)	(0.0191)	(1.00)	(62178)		

注：括号里面是对应统计量的中值。

　　需要指出的是，第三章中的理论模型主要是研究因为信息披露而导致的停牌。换言之，停牌的发生都是因为有信息的冲击导致。而在前述的停牌日样本当中，异常波动停牌实际上是因为价格的异常波动而导致的，这不是因信息释放而停牌的情况，与理论模型的设定不符。为了与理论模型刻画的情形吻合，更好地研究停牌的效果，剔除异常波动停牌的样本，最终剩余停牌日样本 7866 条，记其为 Ω_h[①]。在本章的实证检验中，将上述因信息披露而停牌的样本 Ω_h 作为研究对象。

5.2.2　非停牌日样本的选取

　　为考察停牌制度对市场的影响，通常需要比较同一只股票在停牌和非停牌情形下的差异，即构造与停牌日样本对应的非停牌日样本并与之进行比较。在已有研究中，非停牌日的构造有多种方法。例如，Lee 等（1994）采用除停牌日之外的所有交易日作为非停牌日样本，而 Corwin 和 Lipson（2000）和 Christie 等（2002）则分别以停牌日前后各 10 天和 100 天作为非停牌日样本。

　　考虑到部分交易日可能并不存在信息事件及相应的价格变化，因而这些样本与对应停牌日样本之间的差异可能并不取决于停牌制度，而更可能是由信息本身及相应的价格变动引起的。因此，为了在一定程度上控制信息因素的干扰，单纯研究停牌对市场交易行为的影响，Lee 等（1994）还选取与停复牌期间价格变化比较接近的普通交易日作为非停牌日样本。然而，上述做法也存在一定问题：即停牌公告包含的信息并不一定能在停

---

① 在本章中，删除异常波动停牌样本的另外一个原因是：当股票的价格变动触发异常波动停牌的相关规定时（如股票连续交易日的涨幅与指数同期涨幅偏离超过 20%），该股票即会被交易所实施停牌，而在同样的情形下没有停牌的股票是无法找到的。换言之，即使是在近似的情况下，异常波动类停牌样本也很难找到对应的非停牌日样本，更无法通过比较停牌和非停牌的差异来分析停牌的有效性。

牌期间被市场全面消化，这意味着复牌时刻的价格变化未必就能完全反映停牌信息[①]；此时，以停复牌期间的价格变化作为选取非停牌日的基准，显然不能很好地控制住信息因素的影响。

实际上，要选取合适的非停牌日匹配样本，关键是确定停牌时公告信息在什么"时刻"能完全反映到股票价格当中。如果确定了上述时刻，那么此时的价格就能反映停牌信息的内涵，而从停牌时刻到该时刻的整个期间也就是停牌信息完全融入市场的期间。此时，选取与上述期间相对应且价格变化比较接近的正常交易日作为非停牌日样本，就能较好地控制住信息因素的影响。在之前的一些文献中，也有部分文献基于上述原理选取非停牌日样本。例如，Hauser 等(2006)以复牌后的 1 小时作为停牌信息完全进入市场的时刻，以停牌时刻到该时刻的整个期间作为信息完全反映到市场的期间，并进而选取与上述期间价格变化较为接近的普通交易日作为非停牌日样本。Chen 等(2003)则以复牌交易日当天的收盘时刻作为停牌信息完全反映到市场中的时刻，以停牌时刻到复牌日收盘时刻作为停牌信息揭示的期间，进而选取与该期间价格变化比较接近的普通交易日作为非停牌日样本。

需要指出的是，在市场微观结构理论中，信息完全反映到市场中意味着此时的成交价格即是理论上的"均衡价格"。也就是说，Hauser 等(2006)将复牌后的 1 小时视为市场完全消化信息并达到均衡价格的时刻，Chen 等(2003)将复牌日的收盘时刻视为达到均衡价格的时刻。在现实交易中，收盘价格是证券市场中的一个重要参考价格。除了下一个交易日的开盘参考价格、指数的收盘价、增发配股派息的除权参考价等均以当日收盘价为基准进行计算外，金融机构之间的信用交易担保比率、基金公司募集发行的开放式基金的资产净值、服务咨询机构所做的价格趋势分析等也以当日收盘价作为衡量和评价标准；此外，在很多市场，盘后交易(大宗交易和零股交易等)均按照收盘价格进行。因此，收盘价格往往能够较为准确地代表证券在一天交易结束后的价值(Harris，1989)。

基于上述理由，本章借鉴 Chen 等(2003)的方法，即视股票复牌交易日的收盘价格为均衡价格，以停牌时刻到复牌日收盘时刻作为停牌信息完全反映到市场的期间，同时选取与上述期间相对应且"复牌日超常价格变化率"(复牌交易日收盘价格与停牌前最后一笔交易的价格形成的对数收益率的绝对值)与之相差在 $\pm 0.5\%$ 以内的所有未停牌交易日作为非停牌日候选样本。例如，对在 10:30 复牌的样本 $i(i \in \Omega_h)$，在该股票当年所有非停牌日中，选取日超常收益率与 i 对应的复牌日超常价格变化率相差在 $\pm 0.5\%$ 内的记录，以此作为 i 对应的非停牌日候选样本。对在 9:30 复牌的样本，采取类似的办法。经匹配，有 165 条停牌日样本没有找到与之对应的非停牌日样本，因此删除这部分记录；而剩余的停牌日样本有 7701 条(记其为 Ω'_h)，与之对应的非停牌日候选样本有 227200 条(记其为 Ω'_{nh})。使用上述匹配方法，可以控制停牌日和非停牌日样本之间的信息差异。

值得注意的是，在第三章的理论模型中，为了比较停牌制度与连续交易机制的差异，假设在停牌或连续交易的情形下市场的知情者比例都是 μ。换言之，是在信息非对称程

度相同的情况下比较两种机制的差异。基于上述理论，在使用前述匹配方法控制信息差异的情况下，还应该控制停牌日和非停牌日样本在信息非对称程度方面的差异。

考虑到拥有私有信息的知情交易者可以在停牌前凭借其信息优势进行交易，因此知情者的交易需求必然会影响到市场的供需关系。与正常交易日的情况相比，当知情者的订单（无论是限价单还是市价单）在停牌前进入市场时，限价订单簿上的供需不平衡程度都会增大①。市场上信息的非对称程度越高，知情者人数越多，那么由知情者交易需求带来的供需失衡必然越大，而限价订单簿上的订单不平衡程度也会随之增大。事实上，Harris 和 Panchapagesan（2005）的研究已经表明，限价订单簿是可以提供信息的，限价订单簿的不平衡程度可以反映知情交易者的存在（即非对称信息的存在）。基于上述理由，借鉴 Harris 和 Panchapagesan（2005）的方法，使用停牌前 15 分钟内限价订单簿上 5 档买卖订单的不平衡程度来刻画信息的非对称程度（也即第三章中的知情者比例 μ），具体定义如下：

$$\text{OrderIm}_i = \frac{\frac{1}{n}\sum_{l=1}^{n}|Bv_{i,l}^5 - Sv_{i,l}^5|}{\text{Outshare}_i} \tag{5-1}$$

其中，$Bv_{i,l}^5$ 和 $Sv_{i,l}^5$ 分别表示样本 i 对应记录在停牌前 15 分钟内的第 l 笔交易成交时 5 档最优买价和最优卖价上面的订单数量之和；Outshare_i 表示样本 i 对应股票的流通股数，用以控制股票规模差异带来的影响；n 表示停牌前 15 分钟内的成交笔数。

借助上述指标，即可以在前述的非停牌日候选样本 Ω'_{nh} 中，选取与停牌日样本 i（$i \in \Omega'_h$）的信息非对称程度相近的非停牌日样本，在控制住信息差异的基础上进一步控制信息非对称程度的差异，从而更精确地比较停牌制度与连续交易机制。在本章中，选取那些与停牌日样本的信息非对称程度相差在 10% 以内的未停牌日作为非停牌日候选样本②。经过匹配，发现 Ω'_h 中有 2329 条停牌日样本没有找到对应的非停牌日样本，最终剩余停牌日样本 5372 条（将其记为 Θ_h），对应的非停牌日候选样本 15026 条③。基于上述的停牌日和非停牌日候选样本，即可以在控制住市场的信息非对称程度的情况下，比较停牌制度和连续交易机制在面对相同信息时的差异。

另外需要指出的是，过去的研究（例如，Lee et al.，1994[65]；Corwin 和 Lipson，2000；Chiristie et al.，2002；等）在选取了与停牌日相对应的非停牌样本后，往往通过构造"异常观察值"指标（abnormal measures），将停牌日指标与对应的所有非停牌日指标均值进行比较。然而，这种做法往往会存在一定问题：当与停牌日样本对应的非停牌日样本较多时，停牌日指标与非停牌日对应均值之间往往存在显著差异，这主要是因为非停牌日样本数量较多并进而导致显著性检验中的 t 值较大。

---

①　如果知情者使用限价单实现其交易需求，那么限价订单簿上一个方向（买方或卖方）上面的订单数量必然增加；如果知情者使用市场单实现其交易需求，那么限价订单簿某一方向上的订单数量必然减少（即已有的限价单被知情者的市价单所"消耗"）。以上两种情形无论出现哪种，与正常交易日的情况相比，限价订单簿上的订单不平衡程度都会增大。

②　例如，对于停牌日样本 i（$i \in \Omega'_h$），我们在非停牌日候选样本 j（$j \in \Omega'_{nh}$）中选取那些与 i 对应的股票代码相同且满足 $\frac{\text{OrderIm}_j - \text{OrderIm}_i}{\text{OrderIm}_i} \leqslant 10\%$ 的未停牌样本。

③　包括在之前匹配过程中没有匹配成功的 165 条停牌日样本，两次匹配后一共有 2494 条停牌日样本没有找到对应的非停牌日样本。

在本章中，由于所选取的非停牌日候选样本数量几乎是对应的停牌日样本数量的 3 倍，因此如果直接借鉴 Lee 等（1994）[65]，Corwin 和 Lipson（2000）和 Chiristie 等（2002）等的做法，那么很有可能会带来错误的统计结果。为此，本章使用停牌日样本与非停牌样本一一对应的匹配方法，即对于每一条停牌日样本 i（$i \in \Theta_h$），在其对应的非停牌日候选样本中随机选取一条记录，作为与之对应的非停牌日样本。经过上述的一一匹配，可以得到与停牌日样本 Θ_h 对应的 5372 条非停牌日样本，将其记为 Θ_{nh}。

5.3   实证分析

基于前面构造的停牌日和非停牌日样本，可以考察停牌制度对市场交易行为的影响，进而分析停牌制度的有效性。考虑到在停牌期间，股票已经中止一切交易活动，投资者者的交易需求只能在复牌后实现。因此，本章主要分析复牌时刻及复牌后一段时间（15分钟）内的交易行为，以此分析停牌制度带来的影响。基于第 5.1 节中所述的停牌有效性的判断依据，本章主要选择复牌后 15 分钟内的市场深度和波动率指标，作为判断中国股票市场停牌制度是否有效的依据。

5.3.1   变量选取

1.   市场深度指标

在复牌之后，市场使用连续竞价模式，流动性由限价订单提供，没有成交的订单放在订单簿上。此时，市场深度的绝对值定义为最优买卖价格上订单总量的均值，本章通过该指标考察复牌后市场的流动性，具体定义如下：

$$\text{Depth}_i^m = (S_i^m + D_i^m)/2 \qquad (5\text{-}2)$$

其中，$i \in \Theta_h \cup \Theta_{nh}$，表示全体停牌日或非停牌日样本；$S_i^m$ 和 D_i^m 分别表示样本 i 在交易日 m 时刻的最优卖价和最优买价上的订单数量。

2.   波动性指标

本章使用复牌后 15 分钟的已实现波动率表征股票的价格波动，其定义为

$$Rv_i^{15} = \Big(\sum_{l=1}^n R_{i,l}^2 + 2 \sum_{l=2}^n R_{i,l} R_{i,l-1} \Big) \qquad (5\text{-}3)$$

其中，$R_{i,l} = \ln(P_{i,l}) - \ln(P_{i,l-1})$，$P_{i,l}$ 和 $P_{i,l-1}$ 分别表示样本 i 在复牌后 15 分钟内的第 l 笔和第 $l-1$ 笔交易的成交价，n 表示复牌后 15 分钟内的总交易笔数，$i \in \Theta_h \cup \Theta_{nh}$。

此外，为了结果的稳健性，还使用价格变化率表征股票的价格波动，其定义为股票在某个交易期间的初始价格和结束时价格的对数之差的绝对值。记 $|\text{Ret}_i^{15}|$（$i \in \Theta_h$）为样本 i 在复牌后 15 分钟的价格变化率，即复牌后第 15 分钟的最后一笔成交价与复牌价格的对数之差的绝对值。相应的，记 $|\text{Ret}_i^{15}|$（$i \in \Theta_{nh}$）为相应的非停牌日样本在对应期间内的价格变化率。

5.3.2　描述性统计

使用上述定义，计算停牌日样本 i 在复牌后 15 分钟内的平均市场深度和波动率指标[①]，并计算相应的非停牌日样本在同期的各项指标，然后分别对停牌日和非停牌日样本内的所有记录求平均，最后对其进行显著性 t 检验，同时算出各指标的中位数，并进行 Wiloxon 符号秩检验，计算结果见表 5-3。

表 5-3　停牌日和非停牌日相关指标的描述性统计结果（全部股票）

相关变量	停牌日		非停牌日		指标差异检验	
	均值	中位数	均值	中位数	均值（t 检验）	中位数（Wiloxon 检验）
$\overline{Depth}$	88035	9265	17866	7311	70169 ***（0.0000）	1953 ***（0.0000）
Rv^{15}	0.0180	0.0159	0.0102	0.0089	0.0078 ***（0.0000）	0.0070 ***（0.0000）
$\mid Ret^{15} \mid$	0.0158	0.0124	0.0088	0.0065	0.0069 ***（0.0000）	0.0059 ***（0.0000）

注：括号内为对应统计量的 p 值，*** 表示在 1% 的水平下显著。

从表 5-3 中的描述性统计中可以看出，在复牌后 15 分钟内，停牌股票的平均市场深度、已实现波动率和价格变化率均明显大于对应非停牌日样本同期的平均水平。结合第 5.1 节中对停牌有效性的判断依据来看，公告信息并没有在停牌期间完全释放，交易者没有就股票的复牌价格达成一致，股票价格在停牌期间的调整明显不足以反映公告信息的内容。正因为如此，异质信念在复牌后依然存在，这也使得复牌后 15 分钟内的价格波率明显大于非停牌日同期水平。另外，由于投资者推迟的交易需求均留至复牌后实现，因此在股票复牌后的 15 分钟内，市场深度明显大于非停牌日同期水平，这也验证了第三章中的理论预期。总体来看，中国股票市场的停牌是缺乏效率的。这与 Lee 等（1994），Corwin 和 Lipson（2000）和 Christie 等（2002）等对于美国股票市场的研究结果是一致的。

除了对全样本进行分析外，本节还按停牌类型的不同分别对例行停牌和警示性停牌两个子样本考察了停牌日与非停牌日样本的差异，描述性结果如表 5-4 和表 5-5 所述。

从表 5-4 和表 5-5 的结果来看，无论是例行停牌还是警示性停牌，股票在停牌后 15 分钟内的平均市场深度和价格波动都明显大于对应的非停牌日样本的同期水平。这表明，无论是警示性停牌还是例行停牌，中国股票市场的停牌都是缺乏效率的，这与第三章的理论预期不完全相符（第三章的理论模型认为例行停牌是无效的，而警示性停牌则是有效的）。

---

① 这里，记第 i 条记录对应的复牌后 15 分钟内的平均市场深度为 $\overline{Depth_i}$。其中，$\overline{Depth_i}$ 是复牌后 15 分钟内每笔交易深度的平均值，即使用式（3-2）求平均所得。

表 5-4 停牌日和非停牌日相关指标的描述性统计结果（例行停牌）

相关变量	停牌日		非停牌日		指标差异检验	
	均值	中位数	均值	中位数	均值 (t 检验)	中位数 （Wiloxon 检验）
$\overline{Depth}$	71656	9122	17272	7126	54385 *** (0.0000)	1996 *** (0.0000)
Rv^{15}	0.0178	0.0158	0.0104	0.0091	0.0074 *** (0.0000)	0.0067 *** (0.0000)
$|Ret^{15}|$	0.0156	0.0123	0.0090	0.0066	0.0066 *** (0.0000)	0.0057 *** (0.0000)

注：括号内为对应统计量的 p 值，*** 表示在 1% 的水平下显著。

表 5-5 停牌日和非停牌日相关指标的描述性统计结果（警示性停牌）

相关变量	停牌日		非停牌日		指标差异检验	
	均值	中位数	均值	中位数	均值 (t 检验)	中位数 （Wiloxon 检验）
$\overline{Depth}$	290522	11263	25212	9073	265310 *** (0.0001)	2191 *** (0.0001)
Rv^{15}	0.0202	0.0181	0.0085	0.0071	0.0116 *** (0.0000)	0.0109 *** (0.0000)
$|Ret^{15}|$	0.0183	0.0141	0.0073	0.0050	0.0110 *** (0.0000)	0.0091 *** (0.0000)

注：括号内为对应统计量的 p 值，*** 表示在 1% 的水平下显著。

需要指出的是，在本章的样本中同时包括了普通股票和被特殊处理的股票（简称 ST 股票）。与普通股票所属的上市公司相比，ST 股票所属的上市公司可能存在两种异常状况：一种是在财务方面存在异常状况，例如公司连续两个会计年度的净利润为负，最近一个会计年度的股东权益低于注册资本，注册会计师在最近一个会计年度出具无法表示意见或否定意见的审计报告等情形；另一种是在其他方面存在异常状况，例如自然灾害、重大事故等导致生产经营活动基本中止，公司涉及可能赔偿金额超过公司净资产的诉讼等情形。

正是由于 ST 股票所属的上市公司存在上述异常状况，因此对交易者而言，ST 股票的风险往往比非 ST 股票大，而交易者在交易时也会更加谨慎。张海燕和陈晓（2008）的研究表明，交易者在交易 ST 股票时，往往比非 ST 股票时更加理性。另外，由于 ST 股票所属上市公司的经营状况存在重大不确定性，因此在 ST 股票的交易过程中信息披露通常会存在诸多问题。吴国萍（2008）发现，相比普通上市公司，ST 股票的上市公司信息披露违规行为发生的频率更高，在内部控制信息披露方面存在更多问题（具体表现为强制披露要求的执行效果差，披露的内容过于简单，缺乏实质性内容，信息含量不高，总体的披露质量不尽如人意等）。唐跃军等（2006）的研究表明，集中持股、具有绝对信息优势的第一大股东（基本为非流通股东）不仅有动机也有能力掩盖实际存在的可能招致 ST 的异常状况。换言之，在 ST 股票的交易过程中，信息的非对称程度可能比非 ST 股票更高。

表 5-6　非 ST 股票停牌日和非停牌日相关指标的描述性统计结果

相关变量	停牌日		非停牌日		指标差异检验	
	均值	中位数	均值	中位数	均值 （t 检验）	中位数 （Wiloxon 检验）
$\overline{Depth}$	70154	8831	15322	6980	54832 *** （0.0000）	1851 *** （0.0000）
Rv^{15}	0.0177	0.0158	0.0103	0.0090	0.0074 *** （0.0000）	0.0069 *** （0.0000）
$\mid Ret^{15}\mid$	0.0157	0.0123	0.0090	0.0066	0.0067 *** （0.0000）	0.0057 *** （0.0000）

注：括号内为对应统计量的 p 值，*** 表示在 1% 的水平下显著。

表 5-7　非 ST 股票停牌日和非停牌日相关指标的描述性统计结果（例行停牌）

相关变量	停牌日		非停牌日		指标差异检验	
	均值	中位数	均值	中位数	均值 （t 检验）	中位数 （Wiloxon 检验）
$\overline{Depth}$	64505	8717	14773	6882	49732 *** （0.0001）	1834 *** （0.0000）
Rv^{15}	0.0175	0.0156	0.0105	0.0091	0.0070 *** （0.0000）	0.0065 *** （0.0000）
$\mid Ret^{15}\mid$	0.0154	0.0122	0.0091	0.0067	0.0063 *** （0.0000）	0.0055 *** （0.0000）

注：括号内为对应统计量的 p 值，*** 表示在 1% 的水平下显著。

表 5-8　非 ST 股票停牌日和非停牌日相关指标的描述性统计结果（警示性停牌）

相关变量	停牌日		非停牌日		指标差异检验	
	均值	中位数	均值	中位数	均值 （t 检验）	中位数 （Wiloxon 检验）
$\overline{Depth}$	145751	10380	22668	8815	123083 *** （0.0027）	1565 *** （0.0012）
Rv^{15}	0.0209	0.0182	0.0083	0.0071	0.0127 *** （0.0000）	0.0110 *** （0.0000）
$\mid Ret^{15}\mid$	0.0189	0.0148	0.0073	0.0052	0.0116 *** （0.0000）	0.0096 *** （0.0000）

注：括号内为对应统计量的 p 值，*** 表示在 1% 的水平下显著。

表 5-9　ST 股票停牌日和非停牌日相关指标的描述性统计结果

相关变量	停牌日		非停牌日		指标差异检验	
	均值	中位数	均值	中位数	均值 （t 检验）	中位数 （Wiloxon 检验）
$\overline{Depth}$	269439	16105	43672	11042	225767 *** （0.0002）	5062 *** （0.0000）
Rv^{15}	0.0207	0.0170	0.0094	0.0081	0.0114 *** （0.0000）	0.0089 *** （0.0000）
$\mid Ret^{15}\mid$	0.0166	0.0132	0.0074	0.0051	0.0092 *** （0.0000）	0.0080 *** （0.0000）

注：括号内为对应统计量的 p 值，*** 表示在 1% 的水平下显著。

表 5-10　ST 股票停牌日和非停牌日相关指标的描述性统计结果（例行停牌）

相关变量	停牌日		非停牌日		指标差异检验	
	均值	中位数	均值	中位数	均值 （t 检验）	中位数 （Wiloxon 检验）
$\overline{Depth}$	149131	15494	44337	10635	104794 ** （0.0167）	4860 *** （0.0000）
Rv^{15}	0.0214	0.0170	0.0093	0.0083	0.0122 *** （0.0000）	0.0087 *** （0.0000）
$\mid Ret^{15} \mid$	0.0168	0.0140	0.0074	0.0052	0.0094 *** （0.0000）	0.0088 *** （0.0000）

注：括号内为对应统计量的 p 值，＊＊＊和 ＊＊ 分别表示在 1％和 5％的水平下显著。

表 5-11　ST 股票停牌日和非停牌日相关指标的描述性统计结果（警示性停牌）

相关变量	停牌日		非停牌日		指标差异检验	
	均值	中位数	均值	中位数	均值 （t 检验）	中位数 （Wiloxon 检验）
$\overline{Depth}$	1084429	24813	39166	12297	1045263 *** （0.0042）	12516 *** （0.0015）
Rv^{15}	0.0159	0.0173	0.0100	0.0080	0.0060 *** （0.0013）	0.0093 *** （0.0021）
$\mid Ret^{15} \mid$	0.0152	0.0092	0.0074	0.0042	0.0079 *** （0.0029）	0.0050 （0.1131）

注：括号内为对应统计量的 p 值，＊＊＊ 表示在 1％的水平下显著。

考虑到非 ST 股票和 ST 股票存在上述的一些差异（经营状况和风险不同，交易者的态度不同，公司信息的非对称程度不同），因此停牌作为一个重要的价格稳定机制和信息披露载体，对非 ST 股票和 ST 股票的影响可能会有所不同。为此，本章根据非 ST 股票和 ST 股票两种股票类别，同时按照例行停牌和警示性停牌两种停牌类型构筑子样本，重复表 5-3 至表 5-5 的计算过程，结果如表 5-6 至表 5-11 所示。

从表 5-6 至表 5-11 的结果来看，无论是非 ST 股票还是 ST 股票，不管是例行停牌还是警示性停牌，股票在复牌后 15 分钟内的平均市场深度和价格波动都明显大于对应非停牌日样本的平均水平。上述结果再次表明印证表 5-3 的结论，这说明停牌对市场深度和价格波动的影响并不依赖于样本的选取。

总结以上的描述性统计结果可以发现，不管是对非 ST 股票还是 ST 股票实施停牌，无论停牌的类型是例行还是警示性，中国股票市场的停牌总体上是缺乏效率的，公告信息并没有在停牌期间完全释放，交易者也不能对复牌后的价格达成一致。异质信念的存在，使得复牌后 15 分钟内的价格波动显著高于非停牌日同期水平。此外，由于停牌中止了连续交易，交易者推迟的交易需求只能留待复牌后实现，因此复牌后 15 分钟的平均市场深度总是大于非停牌日同期水平[①]。

需要指出的是，上文通过多种市场微观结构指标考察了停牌对股票市场交易行为的

---

① 事实上，我们还按照停牌类型的不同重复了表 5-3 中的统计，得到的结果完全一致。

影响，得到了与 Lee 等（1994）[65]、Corwin 和 Lipson（2000）和 Chiristie 等（2002）和王铁锋等（2005）等比较一致的结论。然而正如引言中所述，这种方法很难从停牌后的交易行为中剔除其他因素例如公司规模、价格波动、市场指数和市场总交易量等带来的影响，因而对停牌效果的准确度量存在一定偏差。为了更好地考察停牌制度的实施效果，本章在选取适当控制变量的情况下，采用带有虚拟变量的多元回归模型来分析股票复牌后的交易行为。

5.3.3　停牌对市场深度的影响

本章第 5.3.2 节考察了停牌对市场深度的影响，结果发现停牌之后股票的市场深度会大于非停牌日同期水平。然而，这种差异可能会受到市场行情、交易量、波动性等其他因素的影响。为了进一步考察市场深度的差异是否是由停牌机制本身所引起，通过建立带有虚拟变量的回归模型进行分析。

Chordia 等（2000）的研究表明，市场整体交易量会影响到单只股票的市场深度。而 Brockman 和 Chung（1999，2002）则发现，股票的市场深度受其股价波动的影响。Coughenour 和 Deli（2002）的研究表明，股票的交易次数和价差会影响其市场深度。此外，Brockman 和 Chung（2003）、Fink 等（2006）和 Eom 等（2007）等的研究还发现，个股的价格高低也是影响其市场深度的因素之一。基于上述理由，选取市场指数的交易量作为市场行情的控制变量，选取个股的已实现波动率、交易次数、平均成交价格和平均相对价差作为个股自身的控制变量，通过建立带有虚拟变量的回归模型来检验停牌对股票市场深度的影响。为此，建立如下模型：

$$\ln(\overline{Depth_i}) = \alpha + \beta_1 Dummy_i + \beta_2 Dummy_i * OrderIm_i^{15} + \gamma_1 \ln(Vol_m)$$
$$+ \gamma_2 Rv_i^{15} + \gamma_3 \ln(Tdnum_i) + \gamma_4 \ln(Avgprc_i) + \gamma_5 \overline{Rs}_i + u_i \qquad (5\text{-}4)$$

其中，$i \in \Theta_h \cup \Theta_{nh}$ 表示停牌日样本 Θ_h 及其对应的非停牌日样本 Θ_{nh}；$\overline{Depth_i}$ 表示样本 i 在复牌后 15 分钟内的平均市场深度；$OrderIm_i^{15}$ 表示样本 i 在停牌前 15 分钟内的信息非对称程度，定义如（5-1）所述；$\ln(Vol_m)$ 表示深成指数成分股在对应期间内的交易量的对数；Rv_i^{15} 表示样本 i 在复牌后 15 分钟内的已实现波动率；$Tdnum_i$ 表示样本 i 在复牌后 15 分钟内的交易次数；$Dummy_i$ 表示虚拟变量，当 $i \in \Theta_h$ 时取 1，当 $i \in \Theta_{nh}$ 取 0；u_i 为误差项。

需要指出的是，在式（5-4）中，除了使用代表停牌与否的虚拟变量 $Dummy_i$ 外，还使用了停牌虚拟变量与信息非对程度的交互项 $Dummy_i * OrderIm_i^{15}$。其中，虚拟变量主要是考察停牌对市场深度的影响，而交互项则用来考察在信息非对称程度不同的情况下停牌对市场深度的影响。将数据代入式（5-4），采用带有怀特调整的最小二乘法进行回归，结果见表 5-12。

从表 5-12 可以看出，无论是对于全样本、例行停牌或者警示性停牌，虚拟变量系数 β_1 的估计值均为正的（仅例行停牌子样本不显著）。这说明，股票在复牌后 15 分钟内的市场深度大于非停牌日同期水平，这与表 5-3 至表 5-5 的描述性统计结果完全一致，也再次印证了第三章中的理论预期（命题 3-6、命题 3-11、命题 3-18 和命题 3-24）。造成这种结果的原因在于，交易者推迟的交易需求均留至复牌后实现，这种需求为市场注入了流动性，因此在股票复牌后的15分钟内，市场深度明显大于非停牌日同期水平。

从交互项的情况来看，对于所有样本来说，交互项系数 β_2 的估计值都是显著为正的。以上结果表明，越是在信息非对称程度高的情况下使用停牌，停牌后一段时间内的市场深度越是高于对应非停牌日的同期水平，这也印证了命题3-6、命题3-18和命题3-24的理论预期。造成以上结果的原因在于，在信息非对称程度较高的情况下，知情者人数较少，市场上大多数的交易者处于信息劣势，信息的严重不对称影响了处于市场多数的非知情者参与复牌后交易的积极性。在此情形下使用停牌，可以使得大多数非知情者交易者获取信息，从而提高其参加复牌后交易的积极性，因此复牌后一段时间内的市场深度获得极大的提升。相反，在信息非对称程度较低的情况下，市场上的知情者人数较多，处于信息劣势的非知情者较少。在此情形下使用停牌，尽管也可以使得少部分非知情者获取信息，但是其效果显然不如信息非对称程度较高的情形。因此，越是在信息非对称程度高的情况下，使用停牌越能提高股票复牌后的市场深度。

表 5-12　停牌对深度的影响（全部股票）

解释变量	全样本	例行停牌	警示性停牌
Dummy	0.0715 ***	0.0368	0.6636 ***
	(2.6890)	(1.4260)	(4.4964)
Dummy * OrderIm	160.2350 ***	139.9963 ***	205.9026 ***
	(7.4013)	(6.0757)	(2.8008)
$\ln(\text{Vol}_m)$	0.0030	−0.0089	0.1593 ***
	(0.3462)	(−1.0702)	(4.0225)
Rv	−5.0397 **	−4.2132 **	−14.3250 *
	(−2.5260)	(−2.1760)	(−1.7244)
$\ln(\text{Tdnum})$	0.4933 ***	0.5316 ***	0.0725
	(20.1081)	(23.5279)	(0.6260)
$\ln(\text{Avgprc})$	−0.8747 ***	−0.8653 ***	−1.0617 ***
	(−60.9174)	(−59.3944)	(−14.7519)
$\overline{Rs}$	−117.4265 ***	−108.1104 ***	−186.2947 ***
	(−11.9827)	(−12.1513)	(−2.8924)
Adj-R^2	0.4391	0.4598	0.3534

注：括号内为对应统计量的 t 值，***、** 和 * 分别表示在1%、5%和10%的水平下显著。

此外，与前文类似，本章也根据非ST股票和ST股票划分子样本，进一步考察停牌对市场流动性的影响。表5-13和表5-14结果显示，无论是非ST股票还是ST股票，不管是例行停牌还是警示性停牌，虚拟变量系数 β_1 的估计值几乎都是显著为正（除了在对非ST股票的例行停牌中不显著），这与表5-12的结果基本一致，说明与对应的连续交易的情形相比，停牌后15分钟内的市场深度总是明显大于连续交易同期的水平。另外，在表5-13和表5-14中，交互项系数 β_2 的估计值几乎都是显著为正的（除了在对ST股票的警示性停牌中不显著）。这表明，越是在信息非对称程度较高的时候使用停牌，复牌后一段时间内的市场深度越是大于对应的连续交易的情形，此时停牌的作用越明显。

表 5-13　停牌对市场深度的影响（非 ST 股票）

解释变量	全样本	例行停牌	警示性停牌
Dummy	0.0563 **	0.0412	0.4072 ***
	(1.9662)	(1.3655)	(3.0030)
Dummy * OrderIm	92.5598 ***	84.2057 ***	100.1168 ***
	(4.4595)	(3.6376)	(2.6505)
$\ln(\mathrm{Vol}_m)$	−0.0195 **	−0.0229 ***	0.0619
	(−2.3235)	(−2.7183)	(1.5767)
Rv	−7.0548 **	−7.1035 *	−6.7954 *
	(−2.0408)	(−1.7401)	(−1.8718)
$\ln(\mathrm{Tdnum})$	0.5683 ***	0.5859 ***	0.2934 ***
	(20.9996)	(20.4862)	(2.7714)
$\ln(\mathrm{Avgprc})$	−0.8237 ***	−0.8182 ***	−0.9949 ***
	(−57.4374)	(−55.8000)	(−13.6901)
$\overline{Rs}$	−104.2925 ***	−96.0105 ***	−246.2524 ***
	(−9.5213)	(−8.3606)	(−4.7283)
Adj-R^2	0.4636	0.4756	0.3816

注：括号内为对应统计量的 t 值，*** 、** 和 * 分别表示在 1%、5% 和 10% 的水平下显著。

表 5-14　停牌对市场深度的影响（ST 股票）

解释变量	全样本	例行停牌	警示性停牌
Dummy	0.4894 ***	0.2911 ***	1.9852 ***
	(4.1737)	(2.6700)	(5.5077)
Dummy * OrderIm	150.4732 ***	123.9851 ***	131.0212
	(4.4135)	(3.3503)	(1.4920)
$\ln(\mathrm{Vol}_m)$	0.0797 **	0.0391	0.4709 ***
	(2.5132)	(1.2487)	(5.1887)
Rv	−3.5219 *	−1.9119	−97.1574 ***
	(−1.6805)	(−1.1035)	(−4.7241)
$\ln(\mathrm{Tdnum})$	0.2588 ***	0.4222 ***	−0.0761
	(3.0520)	(5.9721)	(−0.4104)
$\ln(\mathrm{Avgprc})$	−1.0375 ***	−1.0781 ***	−1.0924 ***
	(−11.7563)	(−12.2513)	(−4.8136)

解释变量	全样本	例行停牌	警示性停牌
$\overline{Rs}$	−191.2598 ***	−185.8461 ***	−81.1262 *
	(−5.0443)	(−6.4381)	(−1.7640)
Adj-R²	0.2994	0.3493	0.4843

注：括号内为对应统计量的 t 值，$***$、$**$ 和 $*$ 分别表示在 1%、5% 和 10% 的水平下显著。

5.3.4　停牌对波动性的影响

在本章第 5.3.2 节中，使用价格变化率作为波动性指标，采用已实现波动率作为稳健性检验指标，从上述两方面考察了停牌对股票价格波动的影响，结果发现停牌股票的价格波动与没有停牌的股票有显著差异。为了进一步考察波动性的这种差异是否是由停牌机制本身所引起，通过建立带有虚拟变量的回归模型进行分析。

从施东晖（1996）对中国股票市场的研究来看，股票的价格波动会受到当期市场行情的影响，市场波动越大，个股的波动就会随之增大。Chiyachantana 等（2006）也发现，市场波动对股票波动有显著影响。Karpoff（1987）的研究表明，价格变化和交易量具有正相关关系。而 Eom 等（2007）的研究也认为，交易量的大小会影响股价的波动性。此外，Nas 和 Skjeltorp（2006）还发现，股价波动会受到公司规模和相对价差的影响。综上所述，选取市场指数的变化率作为市场行情的控制变量，选取交易量、流通股数、平均相对价差作为个股自身的控制变量，通过建立带有虚拟变量的回归模型来检验停牌对股票价格波动率的影响。为此，建立模型如下：

$$\mid Rv_i^{15} \mid = \alpha + \beta_1 \mathrm{Dummy}_1 + \beta_2 \mathrm{Dummy}_1 * \mathrm{OrderIm}_i^{15}$$
$$+ \gamma_1 \mid \mathrm{Ret}_m \mid + \gamma_2 \ln(\mathrm{RVol}_i^j) + \ln(OS_i) + \gamma_4 \overline{Rs_i} + u_i \qquad (5\text{-}5)$$

其中，$i \in \Theta_h \cup \Theta_{nh}$，定义如式（5-4）所述；$Rv_i^{15}$ 表示样本 i 在复牌后 15 分钟内的已实现波动率；$\mid \mathrm{Ret}_m \mid$ 表示深成指数在对应期间内的指数价格变化率；$\ln(\mathrm{RVol}_i)$ 表示样本 i 在复牌后 15 分钟内的交易量的对数；$\ln(OS_i)$ 表示第 i 个交易日样本对应的股票流通股数的对数；$\overline{Rs_i}$ 表示样本 i 在复牌后 15 分钟内的平均相对价差；而 Dummy_i、$\mathrm{Dummy}_i * \mathrm{OrderIm}_i^{15}$ 和 $\overline{u_i}$ 如式（5-4）所述。

将数据代入式（5-5），采用带有怀特异方差调整的最小二乘法进行回归，得到下面的表 5-15。由表 5-15 第二列（全样本）可以看出，在控制住市场行情和个股因素的情况下，虚拟变量系数 β_1 的估计值显著为正，这与表 5-3 的结果完全一致。上述结果表明，与对应的连续交易的情形相比，停牌后 15 分钟内的价格波动明显大于连续交易的同期价格波动。造成以上结果的原因在于，监管层发布的公告信息不能在停牌期间完全释放，交易者经过停牌之后并没有对股票的均衡价格达成共识，复牌价格与真实价格相比存在偏差，并且在复牌之后的 15 分钟内这种偏差仍然不能得到有效的消除，这种共识的缺乏导致复牌后的股价波动增大。而在相同情形下采用连续交易，通过交易自发地传递信息，显然更有利于交易者对股价达成共识，进而降低股票的价格波动。以上结果与 Greenwald 和

Stein(1991)和 Kodres 和 O'Brien(1994)对停牌效果的理论预期刚好相反。结合 5.1 中对停牌有效性的判断，可以认为，中国股票市场的停牌总体上是缺乏效率的。

表 5-15　停牌对已实现波动率的影响(全部股票)

解释变量	全样本	例行停牌	警示性停牌
Dummy	0.0049 ***	0.0048 ***	0.0073 ***
	(14.5842)	(13.3870)	(7.0437)
Dummy * OrderIm	−0.9420 ***	−0.9532 ***	−1.0482 **
	(−4.1541)	(−3.6973)	(−2.5175)
$\mid Ret_m \mid$	0.1783 ***	0.1767 ***	0.2357 **
	(7.9014)	(7.5749)	(2.3907)
$\ln(RVol^j)$	0.0028 ***	0.0027 ***	0.0033 ***
	(18.7520)	(17.0718)	(10.7210)
$\ln(LS)$	−0.0022 ***	−0.0021 ***	−0.0032 ***
	(−12.7752)	(−11.8078)	(−4.5713)
$\overline{Rs}$	1.6583 ***	1.6666 ***	1.4789 **
	(12.7788)	(12.5963)	(2.5424)
Adj-R^2	0.1353	0.1344	0.1474

注：括号内为对应统计量的 t 值，*** 和 ** 分别表示在 1% 和 5% 的水平下显著。

　　除了使用全样本分析外，还分例行停牌和警示性停牌两个子样本重复式(5-5)的回归，结果得到与全样本完全一致的结论，这说明停牌对已实现波动率的影响并不依赖于停牌类型的选择。需要指出的是，在表 5-15 的结果中，例行停牌子样本的结果与第三章的理论预期完全相同，而警示性停牌子样本的结果却与理论预期存在差异。

　　另外，从表 5-15 可以看出，无论是对于哪个样本，交互项系数 β_2 的估计值全部都是显著为负的。这表明，越是在信息非对称程度高的时候，与对应的非停牌日(即连续交易)同时期的情形相比，使用停牌越能降低市场的价格波动，这与命题 3-7、命题 3-12、命题 3-19 和命题 3-25 的理论预期相符。造成以上结果的原因在于，市场上的信息非对称程度越高，知情者数量越少，处于信息劣势的非知情者数量越多，此时使用停牌就越能促进信息的传递，而交易者也就越容易通过停牌对股价达成共识，进而复牌后的价格波动越小。以上结果意味着，在信息非对称程度较高的情况下，使用停牌可以起到较好的作用(降低股票的价格波动)。

　　考虑到不同股票类型之间的差异可能会对上述结果造成影响，按照非 ST 股票和 ST 股票划分子样本，重复(5-5)的回归，结果如表 5-16 和表 5-17 所示。

表 5-16　停牌对已实现波动率的影响(非 ST 股票)

解释变量	全样本	例行停牌	警示性停牌
Dummy	0.0047 ***	0.0046 ***	0.0073 ***
	(13.9511)	(12.8944)	(6.5383)

解释变量	全样本	例行停牌	警示性停牌
Dummy * OrderIm	−1.4379 ***	−1.6647 ***	−0.3387
	(−5.0314)	(−5.4973)	(−0.4510)
| Ret$_m$ |	0.1905 ***	0.1924 ***	0.2367 *
	(10.4858)	(10.5095)	(1.8823)
ln(RVol^j)	0.0029 ***	0.0028 ***	0.0032 ***
	(25.1974)	(23.9974)	(9.0450)
ln(LS)	−0.0022 ***	−0.0022 ***	−0.0028 ***
	(−13.6581)	(−13.0281)	(−3.5490)
$\overline{Rs}$	1.7807 ***	1.7400 ***	2.7347 ***
	(13.6076)	(13.3625)	(3.0183)
Adj-R^2	0.1866	0.1975	0.1544

注：括号内为对应统计量的 t 值，*** 和 * 分别表示在 1% 和 10% 的水平下显著。

从表 5-16 可以看出，在控制住部分其他因素的情况下，虚拟变量系数 β_1 的估计值均显著为正。这表明，当非 ST 股票停牌的时候，无论是例行停牌还是警示性停牌，复牌后 15 分钟内的价格波动都明显大于对应连续交易同期的价格波动，这再次验证了表 5-6 至表 5-8 的结果。上述结果意味着，对于非 ST 股票的停牌，无论是例行停牌还是警示性停牌，都不能促使信息在停牌期间完全释放，异质信念的存在使得复牌后股票的价格波动依然较大。

此外，还可以发现，无论是对于哪个样本，交互项系数 β_2 的估计值都是为负的（仅在警示性子样本中不显著）。这与表 5-15 的结果类似，说明越是在信息非对称程度高的情况下，与对应连续交易同期间的情况相比，停牌越能降低复牌后的价格波动。

表 5-17 停牌对已实现波动率的影响（ST 股票）

解释变量	全样本	例行停牌	警示性停牌
Dummy	0.0092 ***	0.0103 ***	0.0027
	(3.4860)	(3.2385)	(1.5032)
Dummy * OrderIm	−0.6625 **	−0.4998	−1.2094 **
	(−2.1231)	(−1.3587)	(−2.5315)
| Ret$_m$ |	−0.0771	−0.1649	0.1116
	(−0.3834)	(−0.6635)	(1.1655)
ln(RVol^j)	0.0022 **	0.0018	0.0044 ***
	(2.4142)	(1.5049)	(8.3564)
ln(LS)	−0.0025 **	−0.0019	−0.0040 ***
	(−1.9733)	(−1.2956)	(−3.4968)

续表

解释变量	全样本	例行停牌	警示性停牌
$\overline{Rs}$	1.0209 **	1.1593 **	0.6484
	(2.3129)	(2.0915)	(1.4581)
Adj-R^2	0.0440	0.0407	0.3889

注：括号内为对应统计量的 t 值，＊＊＊和＊＊分别表示在1％和5％的水平下显著。

表 5-17 的结果与表 5-15 和表 5-16 类似。对于 ST 股票而言，无论采用哪种停牌，在复牌后 15 分钟内，虚拟变量系数 β_1 的估计值都是为正的，这也与表 5-9 至表 5-11 的结果一致。值得注意的是，当 ST 股票发生警示性停牌时（见表 5-17 中的第三部分），在复牌后 15 分钟内系数 β_1 的估计值尽管为正，但是却不显著。这表明，尽管对 ST 股票实施的警示性停牌并没有使得复牌后的价格波动减小，但是也没有明显高于非停牌日水平。与其他几个子样本的结果相比，ST 股票的警示性停牌在降低市场价格波动方面无疑显得更加有效。这也说明，中国股票市场的停牌，尽管从整体上看起来是无效的，但是仍有一部分停牌起到了一定的作用（至少没有更糟）。另外，从交互项来看，交互项系数 β_2 的估计值全部都是负的（仅在例行停牌子样本不显著），这再次证明停牌的效果与信息的非对称程度有关：市场信息的非对称程度越高，使用停牌的效果越好。

除了使用已实现波动率作为衡量波动率的指标外，为了结果的稳健性，本章还使用价格变化率来度量价格波动。在这里，使用复牌后 15 分钟的价格波动率 $|Ret_i^{15}|$ 来代替式（5-5）中的 Rv_i^{15}，重复上面的回归，结果得到表 5-18 至表 5-20。

表 5-18 至表 5-20 的回归结果显示，不管是非 ST 股票还是 ST 股票，无论是例行停牌还是警示性停牌，在控制住市场和个股因素的情况下，虚拟变量系数 β_1 的估计值全部显著为正。上述结果说明，停牌后 15 分钟内股票的价格变化率大于连续交易同期的水平，这与第 5.3.2 节中的描述性统计完全一致。总体来看，表 5-18 至表 5-20 再次验证了表 5-14 至表 5-16 的结果，说明中国股票市场的停牌整体上是无效的。

另外，还可以发现，在表 5-18 至表 5-20 中，交互项系数 β_2 的估计值全部为负。这再次验证第三章中的命题 3-7、命题 3-12、命题 3-19 和命题 3-25，说明越是在市场信息非对称程度较高情况下使用停牌，停牌的效果越明显。

表 5-18 停牌对价格变化率的影响（全部股票）

解释变量	全样本	例行停牌	警示性停牌
Dummy	0.0037 ***	0.0034 ***	0.0073 ***
	(14.1429)	(12.4792)	(7.5408)
Dummy * OrderIm	−0.9842 ***	−0.8728 ***	−1.7141 ***
	(−4.6336)	(−3.7194)	(−3.1651)
$\mid Ret_m \mid$	0.4170 ***	0.4198 ***	0.4334 ***
	(15.5743)	(15.3340)	(3.4449)

续表

解释变量	全样本	例行停牌	警示性停牌
$\ln(RVol^j)$	0.0031 ***	0.0030 ***	0.0032 ***
	(26.7402)	(25.6983)	(7.9096)
$\ln(LS)$	−0.0023 ***	−0.0023 ***	−0.0022 ***
	(−16.7872)	(−16.1643)	(−4.5067)
$\overline{Rs}$	1.2717 ***	1.2802 ***	1.1469 ***
	(16.1143)	(16.3542)	(2.8595)
Adj-R^2	0.2032	0.2003	0.2465

注：括号内为对应统计量的 t 值，*** 表示在 1% 的水平下显著。

表 5-19　停牌对价格变化率的影响（非 ST 股）

解释变量	全样本	例行停牌	警示性停牌
Dummy	0.0036 ***	0.0034 ***	0.0065 ***
	(12.8078)	(11.8536)	(6.0067)
Dummy * OrderIm	−1.3113 ***	−1.3992 ***	−0.9226
	(−5.2700)	(−5.5502)	(−1.4165)
$\lvert Ret_m \rvert$	0.4096 ***	0.4179 ***	0.3484 **
	(14.9848)	(14.9818)	(2.5261)
$\ln(RVol^j)$	0.0031 ***	0.0031 ***	0.0034 ***
	(25.2162)	(24.1712)	(7.0907)
$\ln(LS)$	−0.0023 ***	−0.0023 ***	−0.0018 ***
	(−16.1212)	(−15.7735)	(−3.3958)
$\overline{Rs}$	1.3543 ***	1.3228 ***	2.0620 ***
	(15.4354)	(14.8033)	(5.0821)
Adj-R^2	0.2025	0.1993	0.2620

注：括号内为对应统计量的 t 值，*** 和 ** 分别表示在 1% 和 5% 的水平下显著。

表 5-20　停牌对价格变化率的影响（ST 股）

解释变量	全样本	例行停牌	警示性停牌
Dummy	0.0059 ***	0.0055 ***	0.0082 ***
	(6.5267)	(5.6612)	(3.1015)
Dummy * OrderIm	−0.6968 *	−0.3323	−2.5568 ***
	(−1.7032)	(−0.6997)	(−5.3664)
$\lvert Ret_m \rvert$	0.4449 ***	0.3515 **	0.7428 ***
	(3.4088)	(2.3550)	(4.0812)

续表

解释变量	全样本	例行停牌	警示性停牌
$\ln(RVol^j)$	0.0031 ***	0.0030 ***	0.0033 ***
	(8.8981)	(7.8691)	(4.5437)
$\ln(LS)$	−0.0030 ***	−0.0025 ***	−0.0057 ***
	(−5.5068)	(−4.1189)	(−3.5995)
$\overline{Rs}$	0.8950 ***	1.0736 ***	0.4536
	(4.5300)	(6.3303)	(1.0278)
Adj-R^2	0.2268	0.2278	0.2727

注：括号内为对应统计量的 t 值，***、** 和 * 分别表示在 1%、5% 和 10% 的水平下显著。

综合前面的实证分析来看，无论是例行停牌还是警示性停牌，与对应的连续交易的情形相比，股票复牌后 15 分钟内的市场深度和价格波动都会大于连续交易同期的水平。结合第 5.1 节中关于停牌有效性的判断依据来看，中国股票市场的停牌制度整体上是缺乏效率的，停牌并没使交易者在停牌期间充分地接收和消化信息，相反地，停牌带来的交易中止还造成了股票复牌后的异常价格波动。另外，还发现，越是在信息非对称程度高的情况下，使用的停牌的效果越好。此时，与对应的连续交易的情形相比，停牌不仅可以明显提升复牌后的市场深度，同时还能显著降低股票的价格波动。

此外，尽管中国股票市场的停牌总体上是无效的，但是在依据股票类别（非 ST 股票和 ST 股票）和停牌类型（例行停牌和警示性停牌）划分子样本的研究中，发现：在对 ST 股票实施警示性停牌时，复牌后 15 分钟的已实现波动率尽管大于对应的非停牌日样本的情形，但是结果却不显著。这表明，与其他几种类型的停牌（非 ST 股票的例行/警示性停牌，ST 股票的例行停牌）相比，对 ST 股票实施的警示性停牌略微有效。

5.4　稳健性检验

在第 5.3 节中，使用市场深度和波动率指标，通过统计检验和回归分析考察了中国股票市场停牌制度的实施效果。需要指出的是，前文的实证结果是通过构造与停牌日样本 Θ_h 对应的非停牌日样本 Θ_{nh} 并进而分析两者间的差异所得到的。这也意味着，非停牌日样本 Θ_{nh} 的选取，可能会对前述的实证结果造成影响[①]。在第 5.2 节中，在当年所有的正常交易日中选取了与停牌日的信息非对称程度相差在 10% 以内且与复牌日超常价格变化率相差在 ±0.5% 以内的记录作为非停牌日样本，并采取随机抽取和一一匹配的办法，构造了一组非停牌日样本 Θ_{nh}。然而，前文的结论会不会高度依赖于非停牌日样本的选取？如果改变阈值来选取非停牌日样本，会出现什么样的结果？如果根据其他准则来选取非停牌日样本，是否会出现不同的结论？为此，在本节中选取不同的非停牌日样本，

---

① 从已有的研究来看，在分析停牌制度有效性的研究中，最大的困难是选取与停牌日对应的非停牌日样本，尽量控制两类样本在信息内涵方面的差异。只有两类样本在信息方面是无差异的，我们才能在排除其他因素的情况下，分析停牌和连续交易在面临相同信息的情况下有什么差异。为此，本书在稳健性检验中采用多种方法改变匹配样本，尽力控制信息差异带来的影响，以分析停牌和连续交易机制之间的差异。

重复第 5.3 节中的检验，进一步分析停牌制度的实施效果。

5.4.1 检验一：通过改变匹配阈值选取样本

在第 5.3 节中，本章选取与停牌日的信息非对称程度相差在 10% 以内且与复牌日超常价格变化率相差在 ±0.5% 以内的正常交易日作为非停牌日候选样本，用以控制停牌日和非停牌日样本在信息非对称程度和信息因素方面的差异。然而，上述阈值的选取是否太过严厉？在更宽松的条件下是否可以得到跟前文一致的结论？为了回答上述问题，本节放松非停牌日的选择标准，筛选与停牌日的信息非对称程度相差在 20% 以内且与复牌日超常价格变化率相差在 ±1% 以内的正常交易日作为非停牌日候选样本，并通过第 5.2.2 节所述的随机抽取和一一匹配来选取与停牌日样本数目相等的非停牌日记录。通过上述匹配，得到停牌日和对应的非停牌日样本各 6929 条。使用上述样本，重复第 5.3 节中的研究，得到结果如表 5-21 所示[①]。

表 5-21 中关于虚拟变量和交互项的估计结果与表 5-12 至表 5-20 的结果几乎完全一致，其中只有部分估计值的显著性与第 5.3 节中的结果略有差异。例如，在表 5-21 中，当检验 ST 股票的警示性停牌对市场深度的影响时，交互项系数的估计值是显著为正的，而在 5.3 节中对应的结果为正但是不显著。又如，当检验非 ST 股票对已实现波动率的影响时，在非 ST 股票全样本和例行停牌子样本中交互项系数的估计值为负但不显著，而在第 5.3 节中对应结果是显著的。此外，当检验非 ST 股票的警示性停牌对价格变化率的影响时，交互项系数估计值的显著性与第 5.3 节中对应的结果略有差异。

表 5-21 停牌对各种微观指标的影响(改变匹配阈值后)

样本	深度		已实现波动率		价格变化率	
	Dummy	Dummy * OrderIm	Dummy	Dummy * OrderIm	Dummy	Dummy * OrderIm
全部股票						
全样本	0.1077 ***	116.1991 ***	0.0044 ***	−0.2724 **	0.0037 ***	−0.4184 ***
	(4.5571)	(10.0428)	(14.4958)	(−2.2055)	(15.5683)	(−2.9363)
例行停牌	0.0705 ***	115.4046 ***	0.0041 ***	−0.2494 *	0.0034 ***	−0.3889 **
	(3.1001)	(9.0975)	(13.0063)	(−1.6469)	(13.8676)	(−2.3747)
警示性停牌	0.6541 ***	92.3763 ***	0.0073 ***	−0.4473 **	0.0069 ***	−0.6014 **
	(4.9798)	(3.8850)	(6.6863)	(−2.4830)	(7.4263)	(−1.9649)
非 ST 股票						
全样本	0.0415 *	100.4647 ***	0.0040 ***	−0.3350	0.0035 ***	−0.4818 *
	(1.7999)	(13.4218)	(13.7778)	(−1.4329)	(12.9272)	(−1.9091)

---

① 为简洁起见，本节只报告各样本对式(5-4)至式(5-5)的回归分析中关于虚拟变量和交互项的结果。

样本	深度		已实现波动率		价格变化率	
	Dummy	Dummy * OrderIm	Dummy	Dummy * OrderIm	Dummy	Dummy * OrderIm
例行停牌	0.0264	94.4701***	0.0037***	−0.3203	0.0032***	−0.4310*
	(1.1543)	(14.0593)	(12.5941)	(−1.3193)	(11.9763)	(−1.8013)
警示性停牌	0.3255**	159.7749***	0.0082***	−0.6435	0.0071***	−1.3241***
	(2.5564)	(3.0634)	(6.2777)	(−1.2937)	(6.5894)	(−2.5896)
ST 股票						
全样本	0.6066***	77.1588***	0.0070***	−0.2516**	0.0048***	−0.3106*
	(6.3397)	(4.9526)	(3.5404)	(−2.0780)	(6.5940)	(−1.8979)
例行停牌	0.4758***	83.4800***	0.0077***	−1.8119	0.0048***	−0.2483
	(4.9003)	(3.5022)	(3.3222)	(−0.9381)	(5.8920)	(−0.9677)
警示性停牌	1.6902***	40.8893***	0.0013	−0.2667**	0.0041*	−0.4166*
	(6.6018)	(3.3797)	(0.8567)	(−2.4442)	(1.7976)	(−1.9562)

注：括号内为对应统计量的 t 值，***、** 和 * 分别表示在 1%、5% 和 10% 的水平下显著。

　　不过，从总体来看，上述差异并不影响本章的结论。在放宽阈值选取非停牌日样本的情形下，仍然可以发现：与对应的连续交易的情形相比，股票在复牌后的 15 分钟内的市场深度和价格波动大于非停牌日的同期水平。上述结果表明，中国股市停牌制度是无效的，停牌不仅没有使得信息在停牌期间完全释放，反而会增大复牌后股价的不确定性。另外，从表 5-21 划分子样本的情况来看，所有的指标均显示对非 ST 股票实施的停牌（尤其是对非 ST 股票的例行停牌）是完全无效的；另一方面，表 5-21 却并没有提供足够的证据表明对 ST 股票实施的停牌（尤其是对 ST 股票的警示性停牌）是完全无效的。最后，表 5-21 中关于交互项的结果再次说明，越是在信息非对称程度大的情况下，使用停牌的效果越好。

5.4.2　检验二：通过改变信息非对称程度的度量指标选取样本

　　在前面的研究中，都是在控制住信息非对称程度和复牌日超常价格变化率的情况下，借助一定的匹配准则从同一只股票当年的所有未停牌交易日中筛选对应的非停牌日样本。其中，使用停牌前 15 分钟内限价订单簿上 5 档买卖订单的不平衡程度来刻画信息的非对称程度（如式 5-1 所示）。事实上，在现实交易中，按照价格优先原则，在订单簿的 5 档限价订单中，最先成交的必然是最优买价或最优卖价上面的订单。这也意味着，当知情交易者凭借其信息优势进行交易时，订单簿上首先受到冲击的是最优买价和最优卖价上的订单。换言之，最优买价和最优卖价上订单的不平衡程度也可以衡量信息的非对称程度。如果使用这种方法定义信息的非对称程度，得到的结果是否会与前文存在差异？

　　为此，本节使用停牌前 15 分钟内限价订单簿的最优买价与最优卖价位置上的订单之差来刻画信息的非对称程度，选取与停牌日的信息非对称程度相差在 20% 以内且与复牌日超常价格变化率相差在±1%以内的正常交易日作为非停牌日候选样本，并通过前述的随机抽取和一一匹配准则来选取与停牌日样本数据相等的非停牌日记录。通过上述匹配，得到停牌日和对应的非停牌日样本各 6926 条。基于上述样本，重复第 5.3 节中的研究，得到结果如表 5-22 所示。

对比 5.3 节中的研究结果可以看出，表 5-22 中关于虚拟变量的估计结果与表 5-12 至表 5-20 的结果几乎完全一致。略有差异处在于，当检验非 ST 股票的警示性停牌时交互项系数的估计值为正但不显著，另外有部分系数估计值的显著性与第 5.3 节中对应的结果存在细微差异。尽管与第 5.3 节中的结果存在细微差异，但是表 5-22 中结果仍然表明：与对应的连续交易的情形相比，股票在复牌后的 15 分钟内的市场深度和价格波动仍然大于非停牌日的同期水平。这也意味着，中国股票市场停牌是无效的，停牌并没有提高市场的效率。

从子样本的结果来看，有证据表明对非 ST 股票的停牌(尤其是非 ST 股票的例行停牌)是完全无效的，但是没有证据可以认定对 ST 股票的停牌(尤其是 ST 股票的警示性停牌)是完全无效的。此外，表 5-22 中关于交互项的结果再次证明，越是在信息非对称程度高的情况下，使用停牌越能提高市场的深度同时降低价格的波动。

表 5-22　停牌对各种微观指标的影响(使用新的信息非对称程度度量指标)

样本	深度		已实现波动率		价格变化率	
	Dummy	Dummy * OrderIm	Dummy	Dummy * OrderIm	Dummy	Dummy * OrderIm
全部股票						
全样本	0.1769 ***	117.4096 ***	0.0040 ***	−0.1014 *	0.0030 ***	−0.2395 **
	(7.8880)	(8.5618)	(15.0098)	(−1.6767)	(13.8689)	(−2.0263)
例行停牌	0.1406 ***	118.9369 ***	0.0037 ***	−0.0841	0.0027 ***	−0.1866
	(6.6115)	(7.1906)	(13.3993)	(−1.1570)	(12.0185)	(−1.4022)
警示性停牌	0.6917 ***	84.2245 ***	0.0078 ***	−0.2607 ***	0.0069 ***	−0.5035 *
	(5.2828)	(4.3647)	(7.3789)	(−2.8152)	(8.7159)	(−1.8951)
非 ST 股票						
全样本	0.0923 ***	92.1212 ***	0.0038 ***	−0.0684	0.0028 ***	−0.1268
	(4.2715)	(13.4226)	(14.2769)	(−1.1137)	(12.3364)	(−1.4444)
例行停牌	0.0724 ***	88.4751 ***	0.0035 ***	−0.1064 *	0.0025 ***	−0.1160
	(3.4612)	(9.6880)	(12.8605)	(−1.8510)	(10.7933)	(−1.4873)
警示性停牌	0.4320 ***	187.5723 **	0.0086 ***	0.8970	0.0070 ***	−0.7959
	(3.3329)	(2.3319)	(6.9242)	(1.1687)	(8.0678)	(−0.5782)
ST 股票						
全样本	0.7992 ***	88.3550 ***	0.0056 ***	−0.1292	0.0039 ***	−0.2968 *
	(8.7775)	(4.9250)	(3.9549)	(−1.0394)	(5.6484)	(−1.6666)

样本	深度		已实现波动率		价格变化率	
	Dummy	Dummy * OrderIm	Dummy	Dummy * OrderIm	Dummy	Dummy * OrderIm
例行停牌	0.7067 ***	104.6527 ***	0.0059 ***	−0.0211	0.0037 ***	−0.2112
	(7.7549)	(3.8703)	(3.6440)	(−0.1100)	(5.0583)	(−0.7169)
警示性停牌	1.5397 ***	50.0173 ***	0.0022	−0.1974 ***	0.0041 *	−0.4522 *
	(5.5567)	(3.7992)	(1.5239)	(−2.6282)	(1.7243)	(−1.9638)

注：括号内为对应统计量的 t 值，***、**和*分别表示在 1%、5%和 10%的水平下显著。

除了上述稳健性检验外，还分不同年度和市态（2006～2007 年为牛市，2008 年为熊市）重复了前面的研究，得到了与第 5.3 节中一致的结论。另外，还根据中国股市的特点，考虑了"周一效应"带来的影响，得到的结果与第 5.3 节中的结论并无显著差异。篇幅所限，这两部分结果没有列出。

5.5　关于理论和实证结果差异的分析

通过第 5.3 节和第 5.4 节的检验可以发现，中国股票市场的例行停牌是完全无效的，这与第三章的理论预期完全吻合。根据前文的分析，例行停牌主要公布上市公司的一些常规消息（例如，年报、季报、业绩预告、股东大会决议事项等），这类消息在市场上的预期性较强，绝大多数交易者能够根据各种渠道获取一些相关信息。在此情形下，市场的信息非对称程度较低，知情交易者人数较多，使用停牌反而没有连续交易的效果好。然而，本章的研究还发现，中国股票市场的警示性停牌也是无效（尽管没有证据表明对ST 股票的警示性停牌是完全无效的），这与上一章的理论预期不符。考虑到警示性停牌主要是在公司出现突发事件时实施，其突发性较强，能够得到信息的交易者相对较少，市场的信息非对称程度较高。因此，按照第三章的理论预期，警示性停牌应该是有效的。在这里，为什么理论预期和实证结果会出现差异？

通过前面的研究已经发现，越是在信息非对称程度高的情形下使用停牌，停牌的效果越好。换言之，当市场的信息非对称程度大到一定程度时，停牌的效果必定会强于对应的连续交易的情形[①]。在本章的检验中，得到了停牌无效的结论，这是否因为使用的样本都是在信息非对称程度较低的情形下获取的？为了分析上述问题，借助信息非对称程度指标（式 5-1）和复牌日超常价格变化率，将第 5.2.2 节中没有匹配成功的 2494 条停牌日样本与已经匹配成功的 5372 条停牌日样本进行比较，结果如表 5-23 所示。

---

① 在第三章的理论模型中，我们可以发现，当市场上知情者人数 μ 接近于 0（即信息非对称程度很高时），停牌的效果要远远强于连续交易。在第三章对深度和价格波动的检验中，我们也验证了上述结论。

表 5-23　未匹配停牌日样本与已匹配停牌日样本信息非对称程度的比较

样本	已匹配停牌日样本		未匹配停牌日样本		指标差异检验		匹配样本数：未匹配样本数
	均值	中位数	均值	中位数	均值（t 检验）	中位数（Wiloxon 检验）	
总样本	6.10E−04	3.49E−04	2.72E−03	6.01E−04	−2.11E−03 *** (0.0000)	−2.52E−04 *** (0.0000)	5372：2494
例行停牌	6.00E−04	3.49E−04	2.52E−03	5.87E−04	−1.92E−03 *** (0.0000)	−2.38E−04 *** (0.0000)	4970：2236
警示性停牌	7.30E−04	4.46E−04	3.76E−03	7.19E−04	−3.73E−03 *** (0.0000)	−3.43E−04 *** (0.0000)	402：258

注：括号内是对应统计量的 p 值，*** 表示在 1% 的水平下显著。

从表 5-23 第一部分可以看出，已匹配停牌日样本的信息非对称程度明显低于未能匹配的那部分停牌日样本的信息非对称程度。换言之，在本章使用的停牌日样本中，信息非对称程度较高的那部分样本（即 2494 条未匹配样本）因为无法找到对应的非停牌日样本而被剔除，在检验中使用的是信息非对称程度较低的那部分样本（即 5372 条已匹配样本）。从表 5-23 中子样本的情况来看，无论是例行停牌还是警示性停牌，已匹配停牌日样本的信息非对称程度均显著低于对应的那部分未匹配样本的信息非对称程度，这与总样本的结果完全一致。基于上述分析，不难理解，为什么在本章的实证检验中得到了停牌（无论是例行停牌还是警示性停牌）整体上无效的结论。

此外，对比两个子样本的结果可以看出，在本章所使用的已匹配停牌日样本中，警示性停牌样本的信息非对称程度均值（7.30E-04）仅仅略高于例行停牌样本的信息非对称程度均值（6.00E-04），而远低于未匹配警示性停牌样本的信息非对称程度均值（3.76E-03）。根据第三章的理论预示，当信息的非对称程度高到一定程度时停牌才是有效的。显然，在本章所使用的已匹配停牌样本中，警示性停牌样本的信息非对称程度并不足够大，这可能是导致本章部分实证结果（警示性停牌是无效的）与第三章理论模型产生差异的原因。

需要指出的是，以上结果也从另一方面说明，当市场上信息的非对称程度较高时（即市场"需要停牌"的时候），停牌确实发生了。本书实证结果之所以发现停牌是无效的，可能是由于真正需要停牌的情况确实已经停牌了，而且在这种情况下不存在未停牌的情况，因此在本章的框架下面无法进行检验。根据本章的研究，越是在信息非对称程度高的情况下，实施停牌越会对市场起到好的作用。因此，在 2494 条未匹配样本中，当信息非对称程度很高时，不排除存在停牌有效的情形（同时也无法断言这些停牌都是有效的）。当然，与未匹配样本相比，大多数样本（即已匹配的 5372 样本）的结果仍然表明，中国股票市场的停牌制度是缺乏效率的。

事实上，在境外市场，停牌的通行原则是：当发生重大事件需要公告时，上市公司会首先和做市商进行沟通，由做市商判断将要公布的信息是否可能会引起交易中股价的异常波动。如果做市商认为上述可能性存在，那么上市公司才会向交易所申请停牌。此外，境外证券市场的监管人员随时监控市场的运行，若发现上市公司的股票出现异动而公司又没有申请停牌，那么监管人员可以主动对该公司股票实施盘中紧急停牌。在境内市场，交易所在《上市规则》中详细规定了需要停牌的各种情形以及停牌的期限。当上市公司触发《上市规则》中关于停牌的相关规定时，不管上市公司的当前状况及相关信息披露是否会真正引起股价的异常波动，该公司的股票都需要根据规定进行停牌。从以上对比可以看出，在境内市场，由于没有做市商的存在，交易所只能对所有可能引起股价异动的情况进行停牌。这种"防患于未然"的做法，事实上是为了防止在少数极端情形下出现股价异动，但是其结果就会导致大量"按部就班"的停牌出现（尤其以例行停牌居多）。换言之，在本章使用的 5372 条已匹配停牌日样本（包括警示性停牌样本）中，可能大部分样本并不会真正引发股价的异动，在此情形下信息的非对称程度并不高。因此，从本章的研究来看，例行停牌和警示性停牌都是无效的。然而，即便如此，也无法认定中国股票市场的停牌制度在所有情形（尤其是信息非对称程度极高的情形）下是无效的。

除了上述分析外，造成中国股市警示性停牌无效的原因可能还有以下两个方面：①从停牌类型来看，中国股票市场的例行停牌数量过多，零星的警示性停牌夹杂在大量的例行停牌中，很难起到应有的警示作用。黄本尧（2003）也认为，中国股票市场的例行停牌数量过多，而警示性停牌相对较少，这导致交易者把停牌视为一种正常现象，因而对警示性停牌的警示作用缺乏关注。②从交易者构成来看，中国股票市场是一个以个体交易者为主的新兴市场。与机构相比，个体交易者往往没有受过专业训练，缺乏专业技能，除了在可用信息的获取方面远不如机构外，对已有信息的分析能力也相对较差。正是由于中国股市中存在着数量巨大的个体交易者，因此很难保证所有交易者在停牌期间都能够理性地分析并理解公告信息的内容。换言之，在停牌期间，信息的非对称程度可能依然很高，这会导致停牌（包括警示性停牌）的效果大打折扣①。由以上两方面原因，可以解释为什么警示性停牌的结果与理论预示相悖。

5.6 停牌对市场流动性的影响

基于第 5.2 节构建的停牌日和非停牌日样本，可以进一步考察停牌制度对市场流动性的影响。在本节中，记复牌时刻为 0，以整数 1~4 分别定义复牌后的第 1 个至第 4 个 15 分钟的交易期间，以整数 −1~−4 分别表示停牌之前的第 1 个至第 4 个 15 分钟交易期间，共九个时间段②。在本节中，主要从换手率、相对价差和流动性比率三个方面考察停牌对市场流动性的影响。

---

① 事实上，在第三章使用的例行预期框架中假设所有的交易者都是理性的，换言之，所有的交易者都能完全理解信息。但是，正如上所述，在以个体交易者为主的中国市场，很难保证所有的交易者都是完全理性的。因此，在现实中，即使是在警示性停牌期间，我们也无法保证所有交易者均能完全理解公告信息的内容，这也会在一定程度上弱化警示性停牌的作用。

② −1 表示停牌前一个交易日 14：45 至 15：00 的交易期间，−2 表示 14：30 至 14：45，−3 和 −4 依次类推。

5.6.1 相关变量

1. 换手率

换手率指的是股票交易量与流通股数之比，是标准化后的股票交易量指标，用以衡量股票交易的活跃程度。除了市场深度，苏冬蔚和麦元勋（2004）的研究表明，换手率也可以用来衡量市场的流动性。此外，张峥和刘力（2006）指出，换手率是投资者意见分歧波动的代理变量。基于上述理由，本节使用换手率考察停牌制度对市场流动性和投资者行为的影响。换手率的定义为

$$\text{Turn}_{i,t} = \frac{\text{Vol}_{i,t}}{LS_i} \times 100\% \tag{5-6}$$

其中，$i \in \Omega_h \cup \Omega_{nh}$ 表示全体停牌日或非停牌日样本；$t = -4$、-3、-2、-1、0、1、2、3、4，分别表示停牌前后的 4 个交易期间以及复牌时刻；$\text{Vol}_{i,t}$ 表示交易日样本 i 在第 t 个期间内的股票交易量；LS_i 表示第 i 个交易日样本对应股票的流通股数。

2. 相对价差

本节也使用价差指标考察市场流动性。由于买卖价差通常随价格发生变化，所以使用相对价差，其定义如下：

$$RS_i^l = \frac{A_{i,1}^l - B_{i,1}^l}{(A_{i,1}^l + B_{i,1}^l)/2} \tag{5-7}$$

其中，$A_{i,1}^l$ 和 $B_{i,1}^l$ 分别表示样本 i 在复牌日 l 时刻的最优卖价和最优买价。

使用上述指标，不仅能考察市场的流动性，也能判断股票的交易成本。

3. 流动性比率

除了基于交易量和价格因素考察市场的流动性以外，还使用量价结合的指标（流动性比率）来考察市场的流动性。这里，流动性比率衡量了交易量和价格变化的关系。若少量的交易引起的价格变化较大，即流动性比率较大，则市场流动性较差；反之，若大量的交易引起的价格变化较小，即流动性比率较小，则市场流动性较高。考虑到流通股本的大小与其交易金额有密切关系，并且流通市值较大的股票的上市和停牌也会对整个市场的流动性产生冲击。因此，本书借鉴 Amihud（2002）度量流动性比率的方法，对其定义如下：

$$LM_i^l = \frac{|\ln(p_i^l) - \ln(p_i^{l-1})|}{\ln(\text{Vol}_i^l)} \tag{5-8}$$

其中，p_i^l 和 p_i^{l-1} 分别表示样本 i 对应记录在复牌日 l 时刻和 $l-1$ 时刻的成交价，Vol_i^l 表示样本 i 在复牌日 l 时刻的成交量。

5.6.2 描述性统计结果与分析

基于第 5.2 节构造的停牌日和非停牌日样本，可以分别计算样本内第 i 条记录在第 t

个期间内的换手率、平均相对价差和流动性比率[①]，以此考察停牌日和非停牌日情形下市场流动性的差异，进而分析停牌制度带来的影响。

1. 换手率

图 5-2 是停牌日与非停牌日样本在对应交易期间内换手率平均值的比较结果。从图 5-2 中可以看出，除了在停牌期间股票的换手率远低于非停牌日同期平均换手率外[②]，在停牌前后股票的换手率都明显高于非停牌日平均水平。从停牌前来看，越临近停牌，股票的换手率越高，但是停牌日和非停牌日的差异并没有显著的变化趋势。从复牌后来看，在复牌后的第一个交易期间内，股票的换手率最高，并且与非停牌日平均水平的差异最大；而随着交易的进行，复牌股票的换手率逐渐减小，同时与非停牌日的差异也逐渐变小，但是这种差异在 1 个小时之内没有完全消除。

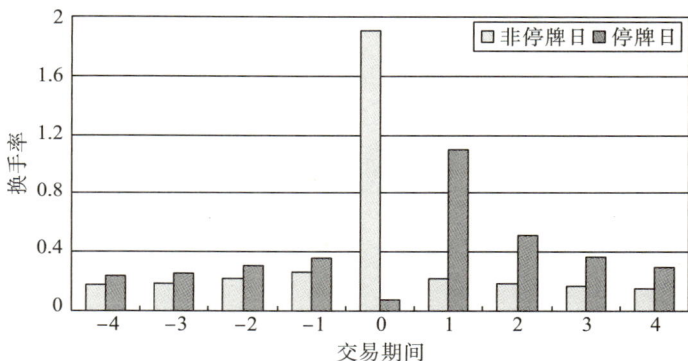

图 5-2　停牌日和非停牌日换手率比较(全样本)

以上结果表明，投资者的交易需求中除了有部分会因为停牌的到来而被推迟至复牌后实现外，另有部分交易需求则会被提前至停牌前实现。在因停牌而推迟实现的交易需求中，投资者在停牌期间(即参与复牌集合竞价时)的交易需求远低于非停牌日同期平均水平；而在复牌之后一段时间内，投资者的交易需求则远大于非停牌日平均水平。

从第 5.1 节中对于停牌有效性的判断依据来看，停牌显然没有使得投资者对于股票复牌后的价格达成一致，也这导致投资者的交易需求没有在停牌期间或停牌后的短时间内实现，而是在复牌后的一段时间内实现。另外，从投资者部分被提前至停牌前实现的交易需求来看，这很可能是由于投资者对于即将到来的停牌有所预期、为了避免停牌带来的交易中止而主动将交易需求提前。

为了更好地考察停牌对换手率的影响，还对两个子样本(例行停牌和警示性停牌)进行分析(图 5-3 和图 5-4)。从图 5-3 和图 5-4 中可以看出，两个子样本的结果与全样本类似。有所差异的地方在于，在停牌前后的各一个小时内，例行停牌与对应非停牌日样本换手率的差异略小于警示性停牌与对应非停牌日之间的差异。这可能是由两方面造成的：

---

①　在式(5-7)中，定义了在 l 时刻相对价差，而第 t 个交易期间内的平均相对价差则是该期间内每笔交易相对价差的平均值。

②　这是因为停牌期间股票中止了一切交易，只有在复牌集合竞价时刻会产生一定交易量。

　　(1)例行停牌主要是公布定期报告、业绩预告和临时报告的信息，另外也可能是召开股东大会。这些信息在市场上的预期较强，对于市场的冲击较小，而警示性停牌通常都是发布上市公司处于异常状态的信息，这些信息通常是突然发生，对于市场的冲击较大，这导致投资者对于警示性停牌的发生更为敏感，其交易行为与非停牌日相对具有更大的差异。

　　(2)在警示性停牌样本中，部分是因为股价异动而实施的异常波动类停牌；在这类停牌发生以前，市场上往往会出现股价波动剧烈、换手率较高等特征，这也导致在停牌前后的一小时内警示性停牌与非停牌日换手率的差异大于例行停牌的情形。

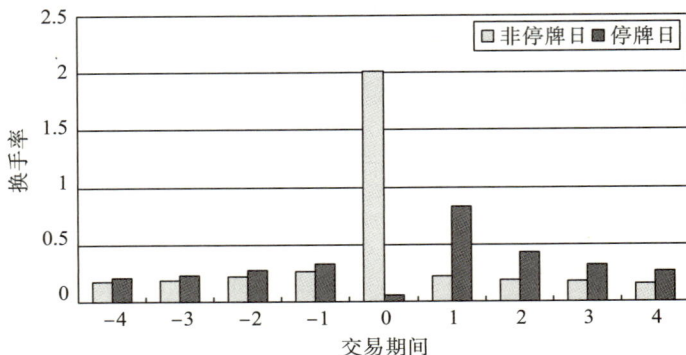

图 5-3　停牌日和非停牌日换手率比较(例行停牌)

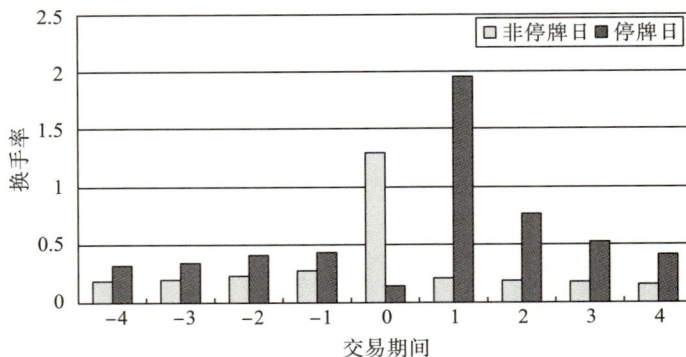

图 5-4　停牌日和非停牌日换手率比较(警示性停牌)

2. 相对价差

　　图 5-5 揭示了对应交易期间内停牌日与非停牌日样本在平均相对价差均值方面的差异。结果表明，在停牌前的一小时内，股票的相对价差要低于非停牌日平均水平，而在复牌后的 15 分钟内则更高；在复牌后的第 2 个至第 4 个交易期，停牌后股票的相对价差显著减少并且低于非停牌日平均水平。

　　造成上述结果的原因在于：在停牌前的一小时，投资者出于对停牌的预期而将部分交易需求提前，为市场提供了流动性，减小了价差，降低了交易成本。在复牌后，由于投资者并没有能完全消化停牌信息、对复牌后的股价达成一致，因此在复牌后的短时间

（15分钟）内，股票的相对价差大于非停牌日平均水平，同时这也意味着投资者实现其交易需求所花费的交易成本比非停牌日更高。

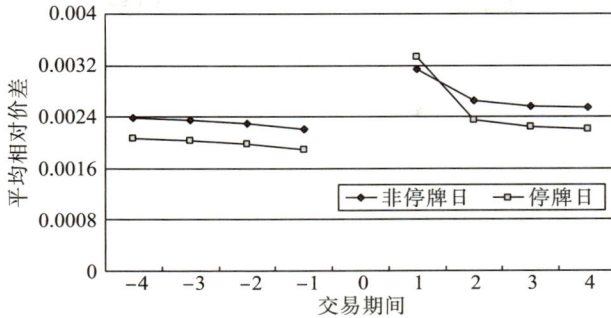

图 5-5　停牌日和非停牌日平均相对价差比较（全样本）

从复牌30分钟以后的情况来看，停牌后股票的相对价差要明显小于非停牌的情形，且这种差异在复牌完成一个小时之后仍然存在。结合第 5.1 节对于停牌有效性的判断依据，可以认为：中国股票市场的停牌是缺乏效率的，停牌并不能使得公告信息完全消化，投资者并不能通过停牌对股价达成一致，异质信念在复牌30分钟之后依然存在。

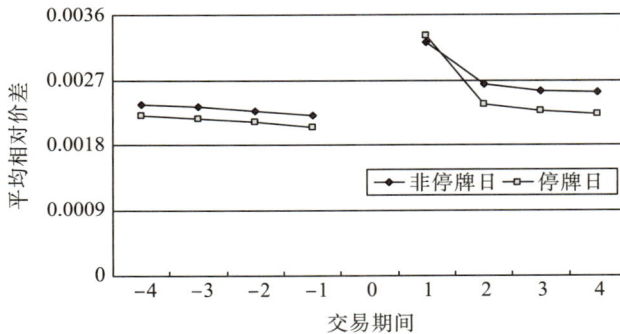

图 5-6　停牌日和非停牌日平均相对价差比较（例行停牌）

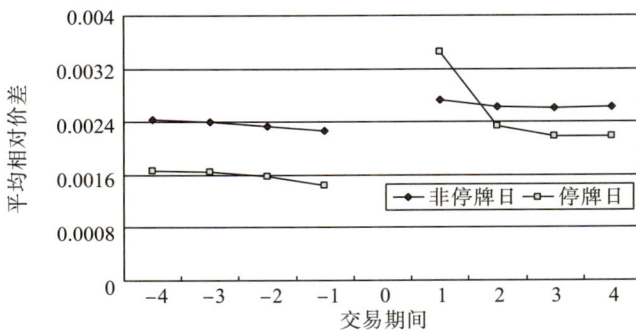

图 5-7　停牌日和非停牌日平均相对价差比较（警示性停牌）

除了对全样本进行考察外，还分例行停牌和警示性停牌两个子样本考察了停牌对相对价差的影响（图 5-6 和图 5-7）。与图 5-5 类似，无论是例行停牌还是警示性停牌，股票在停牌前的相对价差始终低于非停牌日的平均水平，但是在复牌后15分钟内的价差却显著增大并高于非停牌日水平；随着交易的进行，在复牌 15 分钟之后，复牌股票的相对价差明显减小，并且低于非停牌日平均水平。

3. 流动性比率

图 5-8 是停牌日和非停牌日对应期间内的流动性比率均值的比较结果。考虑到流动性比率是从量价结合的角度考察市场的流动性，显然该指标对流动性的刻画比前述指标更为深刻。从图 5-8 可以看到，在停牌前的一小时内，股票的流动性比率与非停牌日平均水平略低；而在停牌后的 15 分钟内，股票的流动性比率则大于非停牌日的情形；随着交易的进行，在复牌 15 分钟之后，停牌后股票的流动性比率明显降低，并且低于非停牌日平均水平。

上述结果表明：在停牌前，投资者出于对停牌的预期而将其交易需求提前，这使得市场上的流动性高于非停牌日的平均水平；在复牌后，由于停牌并没有起到应有的作用、投资者不能对复牌后的股价达成一致，因此复牌后短时间（15 分钟）内的流动性比率增大，市场交易需求对于价格的冲击变大，交易成本增加；同时，由于投资者没有就复牌后的股价达成一致信念，因此复牌一个小时后的交易需求依然强烈，这使得市场的流动性反而增加。

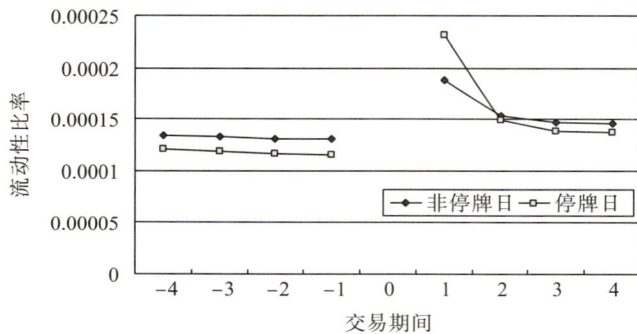

图 5-8　停牌日和非停牌日流动性比率比较（全样本）

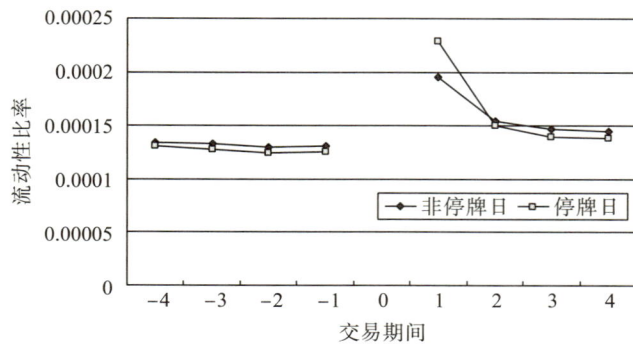

图 5-9　停牌日和非停牌日流动性比率比较（例行停牌）

图 5-9 和图 5-10 是基于例行停牌和警示性停牌得到的考察结果，其图形与全样本类似。有所区别之处在于，警示性停牌样本在停牌前一小时的流动性比率要远低于非停牌

日平均水平（而例行停牌样本与对应非停牌日样本的差异则较小），而复牌之后与非停牌日样本的差异也比例行停牌更加明显。

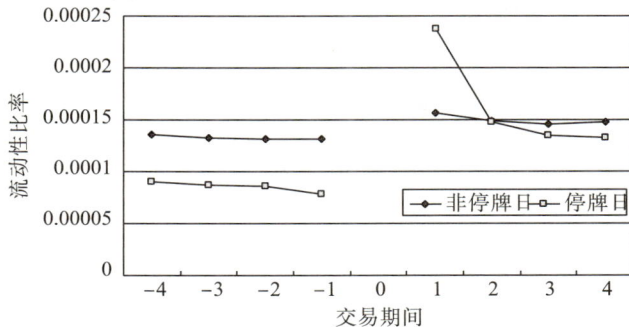

图 5-10 停牌日和非停牌日流动性比率比较（警示性停牌）

综上来看，停牌对投资者行为和市场流动性的影响是较为显著的：在停牌前一小时，股票的换手率和市场深度均高于非停牌日平均水平，而相对价差和流动性比率则更低；在复牌后一小时，股票的换手率依然高于非停牌日情形，但是在复牌后短时间（15分钟）内，停牌后股票的相对价差和流动性比率均高于非停牌日平均水平，而在30分钟之后却大幅度减小并低于非停牌日的情形。

从前述指标中可以看出，投资者的交易需求中除了部分会因为停牌的到来而被推迟至复牌后实现外，另有部分交易需求则会被提前至停牌前实现，这使得复牌前的三个流动性指标一致优于非停牌日水平。而在复牌后，投资者的交易需求并没有集中在复牌时刻或复牌后的短时间（15分钟）内实现；在复牌完成后，投资者的交易需求一直非常强烈，复牌后一小时内停牌日样本的换手率明显高于非停牌日的情形。

此外，还发现，股票复牌后15分钟内的相对价差和流动性比率明显大于非停牌平均水平，而在复牌30分钟以后则小于非停牌的情形。结合第5.1节中对于停牌有效性的判断依据，可以初步认为：停牌并不能使得公告信息完全释放，投资者经过停牌以后并不能对股票复牌后的价格达成共识，异质信念的存在使得复牌后一个小时内交易需求和市场深度明显高于没有停牌的情形；与此同时，由于投资者在复牌时缺乏对于股价的一致信念，因此复牌后短时间（15分钟）内的相对价差和流动性比率明显大于非停牌日的情形，此时投资者需要以更高的交易成本去实现推迟的流动性需求，而交易需求对于股价的冲击也比没有停牌时更大；在复牌30分钟之后，由异质信念带来的交易需求促使市场的流动性提高，停牌后股票的相对价差和流动性比率反而明显小于非停牌日的情形。

5.6.3 回归结果与分析

在第5.6.2节中，通过换手率、相对价差和流动性比率指标的描述统计结果发现，停牌对投资者行为和市场流动性有显著影响。然而，仅仅通过简单的平均值比较很难从停牌前后的交易行为中剔除其他相关因素（例如市场行情和个股差异）带来的影响，因而对停牌效果的检验可能存在偏差。与第5.3节类似，为了更好地考察停牌制度的影响，本节在选取适当控制变量的情况下，仍然使用带有虚拟变量的多元回归模型来分析股票复牌后的交易行为。

1. 换手率

通过第 5.6.2 节的分析，发现停牌会使得股票停牌前和复牌后的换手率发生明显变化。但是，这种变化可能会受到其他因素如市场行情、公司规模和价格变化的影响。Beaver(1968)发现，市场整体交易越活跃，个股交易就会随之更加活跃，而大盘行情的变化也可能会对股票交易产生影响。张峥和刘力（2006）指出，个股换手率会受到其流通股数的影响。陈怡玲和宋逢明（2003）的研究表明，股票的交易还会受到同期价格变化的影响。综合上述因素，为研究停牌前后换手率的变化是否由停牌制度本身所引起，本节选取市场指数的指数变化率和成分股的交易量作为市场影响个股的控制变量，选取公司规模和已实现波动率作为个股自身的控制因素，通过设置虚拟变量来检验停牌对股票交易活跃程度的影响。

为此，建立如下回归模型：

$$\text{Turn}_{i,t} = \alpha + \beta \text{Dummy}_i + \gamma_1 \ln(\text{Vol}_t^m) + \gamma_2 |\text{Ret}_t^m| + \gamma_3 \ln(LS_i) + \gamma_4 Rv_{i,t} + u_{i,t} \quad (5\text{-}9)$$

其中，$i \in \Omega_h \cup \Omega_{nh}$ 表示全体交易日样本，包括停牌日样本 Ω_h 及其对应的非停牌日样本 Ω_{nh}；$\text{Turn}_{i,t}$ 和 LS_i 如式(5-6)所述；Dummy_i 指代虚拟变量，如果 i 属于停牌日样本则取 1，如果属于对应的非停牌日样本则取 0；$\ln(\text{Vol}_t^m)$ 表示深成指数成分股在对应期间内的交易量的对数；$|\text{Ret}_t^m|$ 表示深成指数在对应期间内的对数收益率的绝对值；$Rv_{i,t}$ 表示交易日样本 i 在第 t 个期间内的已经实现波动率；$u_{i,t}$ 为随机误差项。

从表 5-24 中的结果可知，在控制了市场行情、公司规模和价格波动的情况下，无论对于哪个样本，第 0 期虚拟变量系数的估计值显著为负，而在其他各期则全部显著为正。这表明，投资者的交易需求中除了部分会因为停牌的到来而被推迟至复牌后实现外，另有部分交易需求则会被提前至停牌前实现；投资者参与复牌集合竞价的积极性并不高，进而使得停牌前后的换手率较高而停牌期间的换手率较低。

上述结果与图 5-2 至图 5-4 中的结果完全一致。作者认为原因在于：在股票停牌前，投资者出于对停牌的预期，同时为了规避交易中止而带来的风险，可能会将其部分交易需求提至停牌前执行，这使得停牌前的换手率显著高于非停牌的情形。在股票复牌后，由于公告信息并没有在停牌期间完全消化、投资者不能对复牌后的股价达成共识，因此参与复牌集合竞价交易的积极性较低；同时，由于异质信念的存在，投资者在复牌后一小时内对于股票价格的分歧较大，导致这些时间段内的换手率一直显著高于非停牌日平均水平。

表 5-24　停牌对换手率的影响

交易期间	全样本		例行停牌		警示性停牌	
	Dummy	Adj-R²	Dummy	Adj-R²	Dummy	Adj-R²
−4	0.06*** (16.65)	0.09	0.03*** (10.33)	0.09	0.15*** (12.99)	0.11
−3	0.06*** (16.91)	0.09	0.03*** (11.31)	0.08	0.16*** (13.95)	0.12

续表

交易期间	全样本		例行停牌		警示性停牌	
	Dummy	Adj-R²	Dummy	Adj-R²	Dummy	Adj-R²
−2	0.08*** (17.70)	0.09	0.05*** (13.32)	0.08	0.19*** (11.67)	0.10
−1	0.09*** (22.56)	0.08	0.07*** (17.65)	0.07	0.18*** (14.20)	0.10
0	−1.92*** (−135.15)	0.17	−2.06*** (−157.05)	0.16	−1.33*** (−74.33)	0.18
1	0.79*** (48.09)	0.20	0.55*** (42.99)	0.16	1.58*** (27.43)	0.34
2	0.29*** (48.03)	0.15	0.21*** (38.39)	0.13	0.51*** (31.07)	0.24
3	0.18*** (40.35)	0.12	0.13*** (32.15)	0.11	0.31*** (26.57)	0.19
4	0.13*** (33.37)	0.12	0.09*** (24.55)	0.11	0.23*** (23.05)	0.17

注：括号中是对应统计量的 t 值，***表示在1%水平下显著。

2. 相对价差

与换手率类似，第5.6.2节在没有剔除其他因素的情况下考察了停牌对平均相对价差的影响。为了更进一步研究这种影响是否由停牌制度本身影响，通过建立如下带有虚拟变量的回归对此进行分析：

$$RS_i^l = \alpha + \beta \text{Dummy}_i + \gamma_1 \ln(\text{Vol}_t^m) + \gamma_2 |\text{Ret}_t^m| + \gamma_3 \ln(\text{Vol}_{i,t}) + \gamma_4 \ln(\bar{p}_i) + \gamma_5 Rv_{i,t} + u_{i,t}$$

$$(5\text{-}10)$$

其中，RS_i^l 表示样本 i 在 t 个期间内的相对价差；$\ln(\text{Vol}_{i,t})$ 表示交易日样本 i 在第 t 个期间内的股票交易量的对数；$\ln(\bar{p}_i)$ 表示停牌日样本 i 在 t 个期间内的平均成交价的对数；Dummy_i、$\ln(\text{Vol}_t^m)$、$|\text{Ret}_t^m|$ 和 $Rv_{i,t}$ 的定义与式(5-9)相同。

表 5-25　停牌对相对价差的影响

交易期间	全样本		例行停牌		警示性停牌	
	Dummy	Adj-R²	Dummy	Adj-R²	Dummy	Adj-R²
−4	−2.0E−04*** (−14.17)	0.32	−7.4E−05*** (−5.31)	0.33	−6.0E−04*** (−15.06)	0.30
−3	−2.1E−04*** (−10.91)	0.30	−9.5E−05*** (−5.67)	0.31	−5.3E−04*** (−13.60)	0.32
−2	−2.0E−04*** (−14.21)	0.32	−6.8E−05*** (−4.99)	0.34	−6.0E−04*** (−14.20)	0.28
−1	−2.0E−04*** (−14.52)	0.36	−7.1E−05*** (−5.41)	0.36	−5.6E−04*** (−11.97)	0.35
0	3.1E−04*** (2.72)	0.36	3.5E−04*** (4.09)	0.37	1.8E−05 (0.04)	0.33

交易期间	全样本		例行停牌		警示性停牌	
	Dummy	Adj-R²	Dummy	Adj-R²	Dummy	Adj-R²
1	−2.5E−05 * (−1.65)	0.35	8.7E−06 (0.53)	0.36	−2.3E−04 *** (−5.98)	0.33
2	−8.5E−05 *** (−5.67)	0.33	−4.0E−05 *** (−2.61)	0.33	−3.1E−04 *** (−8.82)	0.32
3	−1.5E−04 *** (−10.37)	0.32	−1.0E−04 *** (−6.99)	0.33	−3.5E−04 *** (−9.00)	0.30
4	−2.0E−04 *** (−14.17)	0.32	−7.4E−05 *** (−5.31)	0.33	−6.0E−04 *** (−15.06)	0.30

注：括号中是对应统计量的 t 值，***，* 表示在 1%，10% 水平下显著。

表 5-25 中关于全样本的结果显示，在控制住部分其他因素的情况下，停牌会导致停牌前的相对价差较低、复牌后的价差更高，并且上述结果均是显著的，这与图 5-5 的结果完全一致。结合前述换手率的结果来看，停牌更多的是改变了投资者的交易意愿，促使他们在停牌前后为市场提供流动性（甚至这种流动性间接降低了停牌前的交易成本）；然而，停牌并没有使得信息充分释放、投资者不能在复牌时对股价达成一致，因此停牌不仅没有降低股票的交易成本，反而使之在复牌后短时间（15 分钟）内显著增大；同时，在复牌 30 分钟（甚至 1 小时）之后，由于异质信念仍然存在，投资者的交易需求依然强烈，因此市场的流动性反而显著高于非停牌日同期水平，此时股票的交易成本也较低。

从两个子样本的情况来看，结果与全样本类似。有所差异之处在于，在例行停牌之后的第 1 个和第 2 个交易期间内，虚拟变量系数的估计值都是正的，只是在第 2 个交易期间并不显著；而在警示性停牌之后的 15 分钟内，虚拟变量系数的估计值尽管为正但是却不显著。上述结果表明，与例行停牌相比，经过警示性停牌的股票在复牌之后的短时间（15 分钟）内具有更小的相对价差，投资者也可以以更小的成本实现其交易需求。这从某种程度说明警示性停牌比例行停牌更有效，也验证了监管层取消例行停牌、强化警示性停牌的改革措施。

3. 流动性比率

与前文通过回归考察相对价差类似，用流动性比率替代相对价差，通过式（5-10）剔除其他因素的影响，考察停牌对流动性比率的影响。

表 5-26　停牌对流动性比率的影响

交易期间	全样本		例行停牌		警示性停牌	
	Dummy	Adj-R²	Dummy	Adj-R²	Dummy	Adj-R²
−4	−9.3E−03 *** (−9.42)	0.19	−9.0E−07 (−0.82)	0.20	−3.6E−05 *** (−16.02)	0.17
−3	−1.1E−05 *** (−8.65)	0.18	−2.6E−06 ** (−2.16)	0.18	−3.4E−05 *** (−17.59)	0.20

续表

交易期间	全样本		例行停牌		警示性停牌	
	Dummy	Adj-R^2	Dummy	Adj-R^2	Dummy	Adj-R^2
−2	−9.6E−06 *** (−10.77)	0.21	−1.4E−06 (−1.49)	0.23	−3.6E−05 *** (−13.61)	0.17
−1	−1.0E−05 *** (−10.75)	0.25	−6.1E−07 (−0.59)	0.24	−3.8E−05 *** (−14.00)	0.24
1	3.9E−05 *** (6.51)	0.20	3.2E−05 *** (5.78)	0.23	7.7E−05 *** (4.70)	0.13
2	3.3E−06 *** (3.04)	0.20	4.8E−06 *** (4.34)	0.20	−5.4E−06 ** (−2.03)	0.19
3	−9.6E−07 (−0.97)	0.17	4.5E−07 (0.45)	0.18	−9.2E−06 *** (−4.37)	0.17
4	−3.1E−06 *** (−2.87)	0.16	−4.7E−07 (−0.40)	0.17	−1.4E−05 *** (−5.75)	0.16

注：括号中是对应统计量的 t 值，***，** 表示在 1%，5% 水平下显著。

表 5-26 关于全样本的结果显示，在控制住市场和个股差异的情况下，虚拟变量系数的估计值在停牌前的 4 个交易期间内是显著为负的，而在复牌后的第 1 个和第 2 个交易期间内显著为正，在复牌后的第 3 个和第 4 个交易期间内为负（在第 3 个期间不显著），这与图 5-8 基本一致。结合前文关于换手率和价差的分析来看，停牌前投资者参与交易的意愿强于非停牌的情形，这间接为市场提供了流动性，减小了交易需求对于股价的冲击。而从复牌后的表现来看，停牌显然没有促使投资者对于股价达成一致，在复牌后的短时间（15 分钟）内交易量对于股价的冲击显著大于非停牌日同期水平；同时，由于投资者未能就复牌后的股价达成一致、异质信念依然存在，因此在复牌一个小时之后市场的交易依然比没有停牌时活跃，也促使了市场的流动性增加。

此外，也分两个子样本进行考察，结果发现例行停牌对停牌前流动性比率的影响较小（虚拟变量的估计值全部为负但是并不完全显著）。这可能是由于警示性停牌所涉及停牌事项更为敏感，投资者对该类型停牌的反应更加强烈。

5.6.4 结论

综合本节内容来看，投资者的交易需求中除了部分会因为停牌的到来而被推迟至复牌后实现外，另有部分交易需求会被提前至停牌前实现，这使得复牌前的换手率、相对价差、流动性比率三个流动性指标一致优于非停牌日水平。而在复牌后的一个小时内，三个流动性指标却表现出不同的特征：停牌后股票的换手率一直大于非停牌日平均水平，虚拟变量系数的估计值在复牌后的 4 个交易期间内都是高度显著的；然而，在复牌后的短时间（15 分钟）内停牌后股票的相对价差和流动性比率却显著大于没有停牌的情形。

结合第 5.1 节中对于停牌有效性的判断依据来看，在停牌前，出于对停牌的预期以及对停牌期间不确定性的恐惧，投资者更愿意在停牌前提供流动性，这使得停牌前三个流动性指标一致优于非停牌日停牌水平。而在复牌后，公告信息显然没有随着停牌的完成而全部释放，投资者未能就复牌后的股价达成一致信念，因此参与复牌集合竞价交易的积极性较差。同时，正因为异质信念的存在，投资者在复牌后的交易需求依然强烈，这导致复牌一小时内的换手率和市场深度增加。另外，正是因为投资者在复牌时缺乏对于股价的一致信念，因此复牌后短时间(15 分钟)内的相对价差和流动性比率明显大于非停牌日的情形，此时投资者需要以更高的交易成本去实现推迟的流动性需求，而交易量对于股价的冲击也比没有停牌时更大。

总体来看，中国股票市场的停牌制度是缺乏效率的，停牌不仅中断了正常的市场交易，改变了投资者原有的交易需求，同时还人为地增加了复牌后短时间内的交易成本，降低了该期间内市场的流动性。这也从侧面证明停牌期间信息的释放是有限的，投资者不能就复牌后的股价达成一致信念，复牌价格也不是理论上的"均衡价格"，更多的价格发现实际上是通过复牌后的连续交易来完成的。

5.7　停牌对价格发现效率的影响

5.7.1　样本数据

本节仅选取深圳 A 股市场 2006 年的停复牌数据，从价格分散程度和价格调整速度两方面对停牌的价格发现效率进行考察。如果停牌是有效的，那么与非停牌日的情形相比，股票在复牌之后的价格发现效率会提高，代表价格发现效率的指标会更好，反之亦然。

深圳 A 股市场 2006 年全年共发生停牌 4059 次，平均每只股票一年停牌近 7 次(2006 年深圳 A 股市场共有 582 只股票参与交易)，远多于境外市场的停牌次数。对以上数据，剔除其中跨年度停牌的数据 119 条、存在错误信息的数据 11 条、对应交易数据缺失的数据 211 条，结果剩余 3718 条记录。另外，在这 3718 条数据中，有一部分数据是"停牌后再停牌"的数据，即一次停牌尚未完成就紧接着另外一次停牌，这部分数据共有 951 条。为了剔除多种停牌原因的交叉影响，本节不考虑以上"停牌后再停牌"情形。剔除上述数据之后剩余停牌记录 2767 条，其中例行停牌 1839 条(占总样本的 75.12%)，警示性停牌 928 条(占总样本的 24.88%)。

采用与第 5.2.2 节相同的"非停牌日"样本构造方法进行匹配，有 28 条停牌日样本没有找到与其对应的非停牌日样本，因此剔除掉这部分记录，最终剩余停牌日样本 2420 条(记为 Ω_h)，与之对应的非停牌日样本有 120611 条(记为 Ω_{nh})。

5.7.2　停牌对价格分散程度的影响

在股票市场上，交易价格在一定程度上反映了投资者对股票价值的认识。当新信息到达市场时，投资者会接收并消化信息，最终通过交易价格反映出他们对信息的理解。如果市场的价格发现效率较高、投资者对股票价值的认识相同，那么投资者很容易就股票价格达成一致，交易价格对真实价格的偏离程度就会比较低。价格分散程度正是定义股票价格对其真实价值偏离程度的变量，可以用来衡量股票在新信息到达时的价格发现效率。根据 Greenwald 和 Stein(1991)、Kodres 和 O'Brien(1994)的模型，停牌使得市场在新信息到达时有充分的时间去消化它，因此复牌价格应该可以充分反映信息内涵（甚至达到帕累托最优），那么复牌之后交易价格对均衡价格的偏离就会比较小。基于上述原理，可以通过比较停牌和非停牌情形下的价格分散程度来考察停牌对价格发现的影响：如果停牌之后的价格分散程度较小，说明投资者在新信息到达之后可以通过停牌更好地消化信息，对股票新的均衡价格达成了共识，进而说明停牌提高了价格发现效率，是有效的；否则，停牌只能扩大价格的离散程度，导致股票的价格发现效率降低。

另外，直观上讲，如果某个信息的内涵更丰富、所含信息量较大、其中的信息对股票价格有直接影响，那么股价对该信息的反映会比较强烈、波动范围会增大。因此，如果仅仅单一地考虑停牌对价格分散程度的影响，那么就容易忽略信息"强度"的作用。Brown 等(1988)认为，股票价格在日内的最大变化幅度可以作为信息强度的衡量。

基于这种看法，采取 Chen 等(2003)的方法，对信息强度作如下定义：

$$\text{News}_i = \text{Max}\{\,|\,\text{HiPrc}_{i,t} - \text{ClPrc}_{i,t-1}\,|,\,|\,\text{LoPrc}_{i,t} - \text{ClPrc}_{i,t-1}\,|\,\} \tag{5-11}$$

其中，$i \in \Omega_h \cup \Omega_{nh}$；$\text{HiPrc}_{i,t}$ 和 $\text{LoPrc}_{i,t}$ 分别表示交易日样本 i 对应记录的日内最高价格和最低价格，$\text{ClPrc}_{i,t-1}$ 表示交易日样本 i 对应记录在复牌之前最后一个交易日的收盘价。

由于新信息到达市场之后，投资者会基于自己对信息的理解进行交易，并通过交易把这种理解反映到价格当中。因此，如果停牌是有效的，交易者能够通过停牌消化信息并对股票新的价格达成共识，那么价格的走向应能够充分反映信息的强度；反之，如果股票价格的变化幅度没有与信息的强度相对应，并且变化方向偏离了信息对股价的影响，那么这种偏差就被认为是对股票真实价格的背离。

Chen 等(2003)称这种偏差为价格分散(price dispersion)，其偏差程度定义如下：

$$\text{Disp}_i = \begin{cases} |\,\text{HiPrc}_{i,t} - \text{ClPrc}_{i,t}\,|, & \text{若}\,|\,\text{HiPrc}_{i,t} - \text{ClPrc}_{i,t-1}\,| \geqslant |\,\text{LoPrc}_{i,t} - \text{ClPrc}_{i,t-1}\,| \\ |\,\text{LoPrc}_{i,t} - \text{ClPrc}_{i,t}\,|, & \text{若}\,|\,\text{HiPrc}_{i,t} - \text{ClPrc}_{i,t-1}\,| < |\,\text{LoPrc}_{i,t} - \text{ClPrc}_{i,t-1}\,| \end{cases}$$

$$\tag{5-12}$$

其中，$i \in \Omega_h \cup \Omega_{nh}$；$\text{HiPrc}_{i,t}$、$\text{LoPrc}_{i,t}$ 和 $\text{ClPrc}_{i,t}$ 分别表示交易日样本 i 对应的日内最高价格、最低价格和收盘价格。

使用上述定义，度量了价格分散程度，进而可以通过比较停牌日和非停牌日下的价格分散程度来考察停牌的实施效果。然而，除了停牌制度本身会影响到价格分散程度，还有部分其他因素需要考虑。如前所述，信息的强弱可以对股票的价格产生影响。同时，市场行情对个股的影响也不可忽视。此外，个股股价的高低也会影响到价格分散程度的大小。

综合上述因素，本节在 Chen 等(2003)的基础上，使用信息强度、市场指数的分散程度和股票的收盘价作为控制变量，建立带有虚拟变量的回归模型如下[①]：

---

① Chen 等(2003)中模型的基本设定为 $\text{Disp}_i = \alpha + \beta \text{News}_i + \gamma \text{Dummy}_i + u_i$，其中 Nevs_i 和 Disp_i 的定义如式(5-11)和式(5-12)，该模型没有考虑市场行情和个股价格高低带来的影响。为此，本书以市场行情和个股收盘价作为控制变量。同时，为了降低个股价格带来的影响，我们分别使用 $\dfrac{\text{Disp}_i}{\text{Clprc}_i}$ 和 $\dfrac{\text{News}_i}{\text{Clprc}_i}$ 作为被解释变量和控制变量。事实上，在不改变其他控制变量的情况下，分别使用 Disp_i 和 News_i 作为被解释变量和控制变量，最终结果不会受到影响。

$$\frac{\text{Disp}_i}{\text{ClPrc}_i} = \alpha + \beta_1 \frac{\text{News}_i}{\text{ClPrc}_i} + \beta_2 \text{InDisp}_i + \beta_3 \text{ClPrc}_i + \gamma \text{Dummy}_i + u_i \quad (5\text{-}13)$$

其中，$i \in \Omega_h \cup \Omega_{nh}$；$\text{News}_i$、$\text{Disp}_i$ 和 $\text{ClPrc}_{i,t}$ 分别如式（5-11）和式（5-12）所示；InDisp_i 表示深成指数在对应交易日样本内的分散程度，其定义类似于式（5-12）；Dummy_i 表示虚拟变量，当 $i \in \Omega_h$ 时取 1，当 $i \in \Omega_{nh}$ 取 0；u_i 是误差项。

表 5-27 的回归结果显示，不管对哪个样本，在控制住信息内涵的情况下，虚拟变量系数 γ 的估计值是显著为正的，这表明停牌导致股票复牌后的价格分散程度增大、价格发现效率降低。以上结果说明，尽管停牌使投资者有足够的时间对资产价值进行重估、更新其对股票价格的信念，但是投资者仍然很难在复牌之后对股票的均衡价格达成统一的认识。由于在分析过程中控制住了市场因素和信息强度，因此以上结果与市场的影响以及信息的强弱无关，仅仅是因为停牌本身降低了股票的价格发现效率。

表 5-27 停牌对股票价格分散程度的影响

交易期间	α	β_1	β_2	β_3	γ	Adj-R^2
全样本	0.0076 ***	0.1277 ***	0.0001 ***	0.0001 ***	0.0038 ***	0.1043
	(77.9768)	(51.8845)	(6.1204)	(60.0395)	(9.3706)	
例行停牌	0.0077 ***	0.1272 ***	0.0001 ***	0.0001 ***	0.0035 ***	0.1045
	(77.5306)	(51.3081)	(5.6901)	(59.6152)	(8.2958)	
警示性停牌	0.0078 ***	0.1358 ***	0.0001 ***	0.0001 ***	0.0043 ***	0.0876
	(45.8539)	(30.9022)	(4.2399)	(31.7929)	(4.1880)	

注：*** 表示在 1% 水平下显著，括号内为对应统计量的 t 值。

5.7.3 停牌对价格调整速度的影响

在前文中已经提到，价格反映了投资者对股票价值的不同信念，并且投资者还可以通过交易"学习"到与股票价格相关的信息。Greenwald 和 Stein(1991)认为，停牌可以使投资者在新信息到达时有足够的时间"消化"信息，进而调整自己的交易策略。Kodres 和 O'Brien(1994)认为，在重要信息到达之时，停牌能使股价达到帕累托最优。基于以上的观点认为，如果停牌是有效的，那么经过停牌的股票其价格发现效率一定高于非停牌的情况。停牌一定可以促使投资者尽快地消化信息，加快对股价相关信息的"学习"过程，促使股价快速调整到均衡价格。为了考察停牌的实施效果，使用 Hauser 等(2006)中提到的价格调整速度(speed of price adjustment)来考察停牌的实施效果。在考虑市场因素的情况下，价格调整速度定义为

$$\text{SOAdj}_{i,t} = \frac{\text{CAR}_i(\text{SupTime}, t)}{\text{CAR}_i(\text{SupTime}, \text{ClsTime})} \quad (5\text{-}14)$$

其中，$i \in \Omega_h \cup \Omega_{nh}$；ClsTime 和 SupTime 分别表示样本 i 对应交易日的收盘时刻和之前一个交易日的收盘时刻；$\text{CAR}_i(\text{SupTime}, \text{ClsTime})$ 表示从 SupTime 时刻到 ClsTime 时

刻的累积超常收益率[①]；$CAR_i(SupTime，t)$表示从 SupTime 时刻到 t 时刻的累积超常收益率。

图 5-11 是停牌日与非停牌日样本在对应期间的平均价格调整速度的比较结果。可以看出，在复牌后的 20 多分钟内，停牌日样本的平均价格调整速度低于非停牌日的平均水平。而在交易进行了 30 分钟之后，停牌股票的价格调整速度要高于非停牌日的平均水平。同时也可以发现，在停牌之后的 1 小时内，股票价格的调整速度的变化范围较大。这说明，即使通过样本的选取控制住了信息因素，停牌依然会导致股票的价格变动增加。

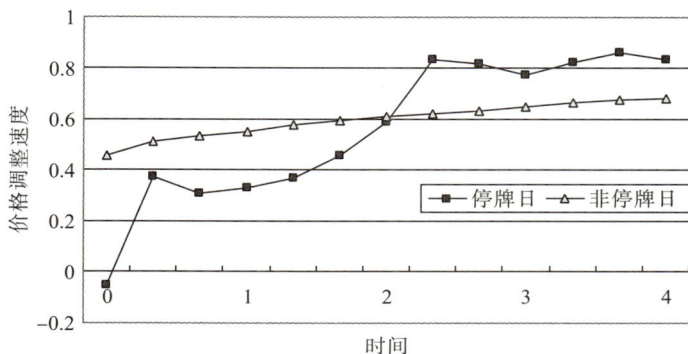

图 5-11 停牌日与非停牌日平均价格调整速度比较（全样本）

为了更好地考察停牌与否对价格调整速度的影响，还分两个子样本（例行停牌和警示性停牌）进行分析。从图 5-12 和图 5-13 中可以看出，在复牌交易开始后的 30 分钟内，停牌日的平均价格调整速度高于非停牌日的平均速度，而在 30 分钟之后则低于非停牌日的平均水平，这与图 5-11 的结果类似。稍有不同的是，警示性停牌在复牌后时刻的价格调整速度小于负的 0.5，明显对公告内容反应不足；而在交易进行到 50 分钟以后，价格调整速度却又超过正 1，这说明其对公告内容反应过度。

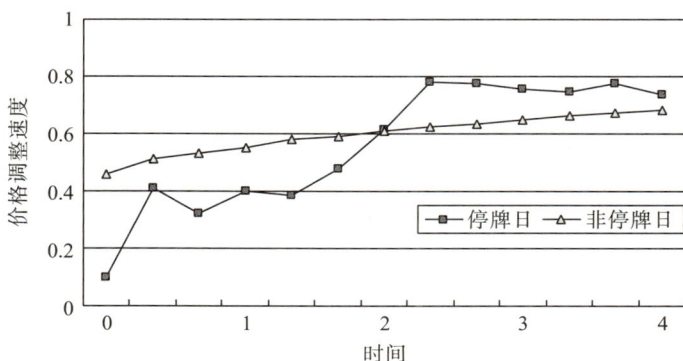

图 5-12 停牌日与非停牌日价格调整速度比较（例行停牌）

---

① 在本节中，累积超常收益率定义为一段时间内股票的累积收益率减去对应期间深成指数的累积收益率。

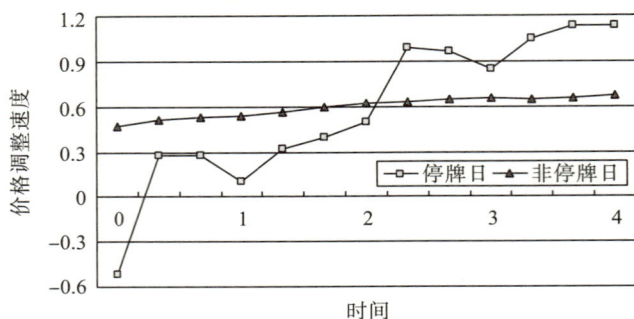

图 5-13 停牌日与非停牌日价格调整速度比较（警示性停牌）

另外，在前文中曾提到，交易是信息传递的必要条件，投资者可以通过股价获得信息并以此作为下单依据（Grundy 和 McNichols，1989；Brown 和 Jennings，1989；Dow 和 Gorton，1993）。因此，股票的价格调整速度可能会受到交易量和交易次数的影响。也即是说，如果股票在 t 时刻的交易量较大、交易比较频繁，那么投资者从中"学习"到信息的可能性较大，股价的调整速度也会较快。为了剔除交易量对股票价格发现效率的影响，进一步研究停牌本身对价格调整速度的影响，建立如下模型：

$$SOAdj_{i,t} = \alpha + \beta RVol_{i,t} + \gamma Dummy_i + u_{i,t} \tag{5-15}$$

其中，$i \in \Omega_h \cup \Omega_{nh}$，$t = 0$、1、2、3、4，定义如式 5.6 节所述；$SOAdj_{i,t}$ 如式（5-14）所示；$RVol_{i,t}$ 表示样本 i 对应的记录在第 t 期间以前（包括第 t 期间在内）的累计交易量占当天日交易量的比例；$Dummy_i$ 和 u_i 如式（5-13）。

从表 5-28 的回归结果可以看出，除了在总样本的第 3 个和第 4 个期间，以及警示性停牌子样本的第 4 个期间，在控制住交易量因素的情况下，虚拟变量系数 γ 的估计值是不显著的，这说明停牌对股票价格调整速度的影响并不显著，并不能如预期的那样通过提高价格调整速度来提高价格发现效率。另一方面，相对交易量系数 β 的估计值全部为正且高度显著，这表明交易量的增加对股票的价格调整速度有正的影响。上述结果说明，交易者并不能通过停牌消化公告信息并对股票新的均衡价格达成一致。在股票复牌之后，交易者仍然是通过交易去"学习"与股价相关的信息。停牌对价格发现效率并没有帮助，是交易自身促使了价格发现效率的提高。

表 5-28 停牌对股票价格调整速度的影响

交易期间	α	β	γ	Adj-R^2
全样本				
0	0.1997 ***	0.7032 ***	−0.2692	0.0004
	(4.6853)	(5.8219)	(−1.0195)	
1	0.1140 **	1.0639 ***	−0.0085	0.0006
	(2.3094)	(8.9415)	(−0.0405)	
2	0.1145 *	1.0819 ***	0.1404	0.0006
	(1.9448)	(8.5936)	(0.8250)	

续表

交易期间	α	β	γ	Adj-R^2
3	0.0326	1.2310***	0.2753*	0.0007
	(0.4872)	(9.3910)	(1.8245)	
4	−0.0135	1.2914***	0.2771*	0.0007
	(−0.1759)	(9.4019)	(1.8564)	
例行停牌				
0	0.3896***	0.1070***	−0.2954	0.0001
	(15.0389)	(3.1689)	(−1.4093)	
1	0.4428***	0.1570***	−0.0702	0.0002
	(15.8650)	(5.0696)	(−0.3526)	
2	0.5149***	0.1238***	0.0671	0.0001
	(17.5629)	(3.9951)	(0.3589)	
3	0.5573***	0.1121***	0.1585	0.0001
	(18.7065)	(3.8436)	(0.8426)	
4	0.5845***	0.1141***	0.1061	0.0001
	(18.4172)	(3.9127)	(0.5763)	
警示性停牌				
0	0.3625***	0.2470***	−0.8875	0.0005
	(8.4792)	(2.7923)	(−1.0436)	
1	0.3805***	0.3276***	−0.3686	0.0004
	(8.5629)	(4.3684)	(−0.6072)	
2	0.4808***	0.2525***	−0.0811	0.0003
	(10.8616)	(3.8359)	(−0.2062)	
3	0.5142***	0.2369***	0.2191	0.0002
	(10.5183)	(3.4921)	(1.0409)	
4	0.5498***	0.1830***	0.4833**	0.0002
	(10.5009)	(2.8294)	(2.1314)	

注：***、**和*分别表示在1%、5%和10%水平下显著，括号内为对应统计量的 t 值。

5.8 深圳中小板市场盘中临时停牌的研究

5.8.1 引言

随着近年来中国国民经济持续健康发展，市场上出现了一大批主业突出、成长性好、科技含量高的中小企业。由于各种原因，这些优秀的中小企业往往达不到主板市场的上市要求，因此失去了公开上市募集资金的可能性，从而大大限制了企业的提升和发展。2004 年 5 月 17 日，深圳证券交易所正式推出中小企业板，为优秀中小企业上市提供了重要的融资渠道，有力地解决了其融资困难的问题。中小板的出现，标志着我国证券市场融资功能的进一步完善，成为我国调整产业结构、推进经济改革的重要手段。

然而，中小板在实现融资功能、满足企业需求的同时，也存在着一些不足。由于在中小板上市的企业成长性较好且股本有限，因此往往成为市场资金关注的焦点，而我国股市对于新股上市首日无涨跌幅限制的规定也为过度炒作提供了客观条件。在这种背景下，大多数中小板股票都展示出上市首日暴涨、而后一段时间暴跌的情况。例如，2004 年 6 月 25 日上市的中小板"首八只"股票，在首日上市过热以后，大多数连续两个交易日跌停。其中，"大族激光"（002008）首日开盘不到 3 秒钟，就创出了 48 元的高价（421.74％的涨幅），随后连续两周下跌，最低跌至 24 元，跌幅达 50％。另据有关部门统计，在 2006 年 6 月恢复新股发行后的三个月内，在中小板发行的 100 余只股票中，有超过四成的股票，其上市首日的最高价即是其上市后一个月内的最高价。业内人士普遍认为，中小板"炒新"之风给投资者带来巨大的投资"陷阱"，也不利于中小板长期的健康持续稳定发展。

2006 年 8 月 2 日 14 时 10 分，"天源科技"（代码 002057）因上市当日换手率达到 80％而被深圳证券交易所实施盘中临时停牌，成为中小板中第一只因首日上市过度炒作而被停牌的股票。这标志着，深交所在实行实时监控大笔高价申报、向相关会员发布书面警示、加强投资者风险教育、及时发布风险公告等一系列监管措施之后，开始使用"盘中临时停牌"来作为防止中小板首日上市过度炒作的工具。

2006 年 9 月 14 日，深交所正式发布《深圳证券交易所关于加强中小企业板股票上市首日交易风险控制的通知》。该通知规定，当股票上市首日盘中涨幅与开盘涨幅之差达到 ±50％时，交易所将对其实施临时停牌 15 分钟；当复牌后盘中涨幅与开盘涨幅之差达到 ±90％时，交易所将再次对其实施临时停牌 15 分钟。在 2007 年 9 月 14 日，深交所再次发布《深圳证券交易所关于进一步加强中小企业板股票上市首日交易监控和风险控制的通知》，在原有停牌规定的基础上，增加了对盘中涨幅与开盘涨幅之差首次达到 ±150％和 ±200％的股票停牌 30 分钟的规定。这两次通知的出台，充分表明了监管层防范中小企业板股票上市首日交易风险、维护证券市场秩序、保护投资者合法权益的决心。

从机制设计来看，深圳股票市场中小板盘中临时停牌制度与境外市场常见的订单不平衡停牌（order imbalance halt）非常相似，两者都是在买卖单极度不平衡且价格偏离严重的情况下对股票实施的临时停牌。然而，需要指出的是，在中国股票市场，盘中临时停牌仅在新股首次发行或股票复牌当日无涨跌限制的情形下实施。因此，国内已有的对于停牌制度的研究均集中在主板市场，这些研究尚未涉及盘中临时停牌制度。与此同时，随着 2006 年 6 月开始两市股票的密集发行期到来，中小板股票首日上市的炒作与防范成为交易所关注的焦点。盘中临时停牌的出现，是否真的能抑制中小板新股的炒作？

5.8.2　样本数据

本节使用的盘中停牌数据来自深圳证券交易所网站，样本期间为 2006 年 8 月 2 日至

2008 年 9 月 19 日。在样本期间内，共计收集盘中临时停牌样本 103 条，其中包括主板市场股票停牌样本 4 条，权证停牌样本 32 条，中小板股票市场停牌样本 68 条，记为 Ω_h。

表 5-29 描述了深圳中小板市场从 2006 年 8 月至 2008 年 9 月的所有盘中临时停牌的原因、次数和所涉及公司数。其中，盘中涨幅是指盘中成交价格较股票发行价格的涨幅，开盘涨幅是指开盘价格较股票发行价格的涨幅。根据深交所规定，凡是盘中涨幅与开盘涨幅之差达到一定程度（例如，±50％、±90％）时，股票就要被实施临时停牌。在这里，按照盘中涨幅与开盘涨幅之差的偏离方向，将其分为正向偏离和负向偏离。

从表 5-29 中可以看出，在样本期内，共计有 50 家中小板公司股票在上市首日被实施盘中停牌，停牌率为 23.04％。从偏离方向来看，正向偏离的记录数远多余负向偏离的记录数（分别为 57 和 11 条）。从涉及公司数来看，正向偏离的 57 个样本涉及 40 个上市公司，据统计，其中有 11 家公司在上市当日被盘中停牌两次以上；负向偏离的 11 记录涉及 10 个上市公司，其中仅有 1 家公司在上市当日被停牌两次。

表 5-29　深圳中小板市场盘中临时停牌统计

停牌原因	样本数	涉及公司数
盘中涨幅与开盘涨幅之差正向偏离	57	40
盘中涨幅与开盘涨幅之差负向偏离	11	10
合计	68	50

表 5-30　深圳中小板市场盘中临时停牌时长统计

停牌时长分布	样本数		样本停牌时长统计值（分钟）
15 分钟以内	6	均值	17.97
15 分钟	53	中值	15.55
30 分钟	7	最大值	63.70
30 分钟以上	2	最小值	1.73

表 5-30 显示了深圳中小板市场盘中临时停牌在停牌时长方面的特征。从表中可以看出，盘中临时停牌最长超过 1 小时，最短不到 2 分钟，均值和中值分别为 17.97 分钟和 15.55 分钟。绝大多数停牌（53 次）的时长都是 15 分钟，这表明大部分停牌都是因为盘中涨幅与开盘涨幅之差达到 ±50％或 ±90％；而停牌时长为 30 分钟的次数为 7 次，意味着此时盘中涨幅与开盘涨幅之差达到了 ±150％或 ±200％；超过 30 分钟的停牌有两次，说明此时盘中涨幅与开盘涨幅之差已经超过了 ±200％，使得交易所不得不做出较长时间的停牌来抑制过度炒作。此外，有 6 次停牌由于临近收盘因而导致停牌不足 15 分钟，之后直接进入收盘集合竞价交易。

5.8.3　实证结果

从深交所先后两次发布的规定及其对盘中临时停牌的使用来看，盘中临时停牌的设计目的主要是为了抑制中小板的过度炒作，警示投资者理性投资，阻止股票价格的过分偏离，防止利用市场流动性不足而蓄意操纵股价的行为，最终维护市场交易秩序，保护投资者合法权益。因此，如果交易所的规定是有效的、盘中临时停牌确实抑制了中小板股票的过度炒作，那么停牌必然可以"暂时冷却"投资者的交易热情、降低交易的活跃程度，同时还可以抑制甚至扭转股价的进一步偏离，而在重新开盘之后流动性将会提升，交易成本则会下降。反之，如果盘中临时停牌不能抑制过度炒作，那么投资者热情将不会因为停牌的实施而降低，复牌之后的交易活跃程度不会降低，同时价格偏离也不会被抑制或扭转，而复牌之后的流动性将会降低，交易成本则会增大。基于上述理由，本节将从交易活跃程度、价格修正程度和流动性等几方面来考察盘中临时停牌的实施效果。

1. 交易活跃程度

根据我国股票市场的交易规则，当日买进或卖出的股票只能在下一个交易日进行交易（即 T+1 制度）。而在中小板新股上市首日，由于中国股市习惯性的"炒新"思维，市场经常在开盘初期表现出交易量大、换手率高的特征，这往往会导致在一段时间之后的流动性不足，从而使市场面临股价被蓄意操纵的危险[①]。盘中临时停牌的设计，是为了"暂时冷却"投资者的交易热情、降低交易的活跃程度，使投资者可以在停牌期间理性分析股票的真实价值，从而避免过度炒作的情况发生。那么，如果盘中停牌确实起到了作用，投资者热情得到了冷却，那么与停牌前相比，股票在停牌期间和复牌后一段时间内的交易活跃程度将会降低，交易热情会下降，炒作跟风行为会得到缓解。反之，如果停牌不能起到预期的作用，那么停牌期间和之后一段时间内的交易活跃程度将会上升，炒作热情反而会进一步提高。

为了考察停牌的作用，可以使用停牌前一段时间内（5 分钟）的交易活跃程度和停牌期间及复牌后一段时间内的活跃度进行比较。在本节中，考虑以交易量作为交易活跃程度的代理变量。

但是为了剔除公司规模对实证结果带来的影响，在这里使用换手率作为考察对象，其定义如下：

$$\text{Turn}_i = \text{Vol}_i / LS_i \tag{5-15}$$

其中，$i \in \Omega_h$ 表示前述的中小板盘中临时停牌样本；Vol_i 表示样本 i 对应记录在一段时间内的绝对交易量；LS_i 表示样本 i 对应股票的流通市值。

使用上述定义，分别计算第 i 条记录在不同期间内的换手率，然后对所有记录求平均，最后对其进行显著性 t 检验，同时算出各指标的中位数，并进行 Wiloxon 符号秩检验。这样，就可以分析盘中临时停牌对交易活跃程度的影响。

表 5-31 比较了停牌前 5 分钟和停牌期间的交易活跃程度。从表中可以看出，停牌期间的平均换手率要比停牌前 5 分钟低约 0.55%，且在 10% 水平下是显著的。考虑到样本内盘中停牌的平均时长是 17.97 分钟（表 5-30），这明显大于选取的 5 分钟期间，更加从侧面证明了停牌的冷却效果。因而，可以认为，停牌明显降低了投资者的交易热情，有

---

① 在流动性严重不足的情况下，价格操纵者只需要少量资金就可以控制股价，这种现象在深圳中小板股票中经常出现。

力地阻止了跟风炒作的可能性。

表 5-31　盘中临时停牌对交易活跃程度的影响(停牌前和停牌期间)

停牌前		停牌期间		指标差异检验	
均值	中位数	均值	中位数	均值 (t 检验)	中位数 (Wiloxon 符号秩检验)
2.44%	1.74%	1.89%	1.47%	0.55%* (0.0948)	0.27% (0.2533)

注：* 表示在 10% 的水平下显著，括号内是相应统计量的 p 值。

此外，考虑到投资者可能将其在停牌期间冷却的交易需求延至股票后复牌实现，还比较了停牌前后各 5 分钟内的交易活跃程度。表 5-32 的结果表明，停牌前 5 分钟的平均换手率比停牌后 5 分钟内的平均值高约 0.16%。尽管该差异并不显著，但是，这至少可以说明，投资者并没有因为盘中临时停牌的暂时冷却而将其交易需求推迟到复牌后累积实现。从停牌前后包括停牌期间的交易情况来看，盘中临时停牌明显抑制了投资者的交易热情，阻止了其跟风炒作的倾向，起到了较好的警示作用。

表 5-32　盘中临时停牌对交易活跃程度的影响(停牌前和停牌后)

停牌前		停牌期间		指标差异检验	
均值	中位数	均值	中位数	均值 (t 检验)	中位数 (Wiloxon 符号秩检验)
2.44%	1.74%	2.28%	1.25%	0.16% (0.7126)	0.49% (0.1572)

注：括号内是相应统计量的 p 值。

2. 价格修正程度

正如前文所述，中小板股票首日上市的盘中临时停牌，主要是由过度炒作带来的价格偏离所造成的。按照交易所规定，当盘中涨幅与开盘涨幅之差达到一定程度时，股票就会按照规定停牌。显然，关于盘中临时停牌的规定，就是为了警示投资者、阻止其继续参与炒作，防止价格偏离幅度进一步增大，避免投资者因为过度炒作而遭受损失。假如停牌确实是有效的，那么价格的进一步偏离必然会在停牌期间被阻止，甚至会在复牌时被反向修正。而如果停牌是无效的，那么经过停牌之后价格偏离幅度必然会沿着停牌前的偏离方向进一步加大。

为了准确地度量停牌对价格的修正作用，定义"价格修正程度"如下：

$$\text{Amend}_i = \frac{\text{Rprc}_i - \text{Sprc}_i}{\text{Aiprc}_i} \cdot \frac{1}{\text{Depart}_i} \tag{5-16}$$

其中，Sprc_i、Rprc_i 和 Aiprc_i 分别表示样本 i 对应记录的停牌前价格、复牌时刻价格和股票的初始发行价格；Depart_i 表示样本 i 对应记录的价格偏离幅度，即盘中涨幅与开盘涨幅之差。

从式(5-16)的定义来看，前半部分分式是复牌价格相对于停牌前价格的偏离幅度，可以看成是盘中临时停牌对价格的"修正值"。假如该值和停牌前的偏离幅度 Depart_i 符号相同，即式(5-16)值为正，则说明停牌进一步加剧了价格往原有方向的偏离，因而没有起到既定作用；反之，如果前半部分分式和 Depart$_i$ 符号不同即式(5-16)为负，则说明停牌方向扭转了原有的价格偏离方向，使得复牌价格与原有价格趋势反向变化，式(5-16)的值即为修正程度。此外，式(5-16)也可能为 0，即停牌前后价格相同，这说明停牌阻止了价格偏离继续加剧，但是没有修正其趋势。

表 5-33　盘中临时停牌的价格修正程度

停牌期间		停牌后 5 分钟	
均值 （t 检验）	中位数 （Wiloxon 符号秩检验）	均值 （t 检验）	中位数 （Wiloxon 符号秩检验）
-0.38% (0.7748)	0.00% (0.2211)	-2.15% (0.6128)	-5.17% (0.1306)

注：括号内是相应统计量的 p 值。

表 5-33 左半部分是使用式(5-16)得到的计算结果。同时，考虑到投资者可能会因为停牌延迟其交易需求，进而把交易活动留到复牌之后，因此还使用复牌后 5 分钟的价格 Rprc$_i^{5\min}$ 代替式(5-16)中 Rprc$_i$，以考察停牌对价格偏离的修正是否会有持续性。从表 5-33 中可以看出，经过盘中临时停牌之后，停牌前的偏离幅度被反向修正，其平均修正幅度达到了 0.38%。而在复牌之后的一段时间内，价格修正还在继续，其平均修正幅度增大到了 2.15%。尽管上述统计结果均不显著，但是这至少表明，盘中临时停牌没有继续原有的价格偏离，同时在一定程度上对价格进行了扭转和修正。

3. 流动性

由于中小板股票的股本小、流通盘少，因此首日上市的"炒新"容易造成其流动性降低，进而可能会出现利用市场流动性不足而蓄意操纵股价的行为。而盘中临时停牌的实施，主要就是为了防止出现上述行为。因此，可以从停牌前后的流动性来判断停牌的实施效果。假如停牌是有效的，投资者的热情被适当冷却，过度炒作的行为得到抑制，那么复牌之后股票的流动性与停牌前相比一定会有提高。

在这里，使用市场深度来考察流动性，同时考虑到股票规模对结果的影响，将其定义为

$$\text{depth}_i^t = (S_{i,1}^t + D_{i,1}^t)/(2 \times LS_i) \qquad (5\text{-}17)$$

其中，$S_{i,1}^t$、$D_{i,1}^t$ 分别表示样本 i 在交易日 t 时刻最优卖价、最优买价上的订单数量。

除了使用市场深度，还使用买卖价差来度量流动性。一般来说，买卖价差是当前市场上最优卖价和最优买价之间的差额，是衡量流动性的一个最基本的指标，同时也可以衡量市场的交易成本。但是由于买卖价差通常随价格发生变化，所以通常使用相对价差，其定义如下：

$$RS_i^t = \frac{A_{i,1}^t - B_{i,1}^t}{(A_{i,1}^t + B_{i,1}^t)/2} \times 100\% \qquad (5\text{-}18)$$

其中，$A_{i,1}^t$ 和 $B_{i,1}^t$ 分别表示样本 i 在交易日 t 时刻的最优卖价和最优买价。

表 5-34 展示了市场深度在停牌时刻和复牌时刻的差异。从表中可以看出，停牌时刻的市场深度比复牌时刻低了 4.01E-03，且该结果在 1% 水平下是显著的。以上结果说明，

盘中临时停牌起到了既定的效果，市场流动性在停牌后有了明显提高，这必然会增加操纵股价的难度，进而保护投资者利益。

表 5-34　盘中临时停牌对市场深度的影响（停牌和复牌时刻）

停牌时刻		复牌时刻		指标差异检验	
均值	中位数	均值	中位数	均值 （t 检验）	中位数 （Wiloxon 符号秩检验）
7.20E-04	2.08E-04	4.73E-03	2.09E-03	$-4.01\text{E-}03$ *** (0.0000)	$-1.88\text{E-}03$ *** (0.0000)

注：*** 表示在 1% 水平下显著，括号内是相应统计量的 p 值。

表 5-35　盘中临时停牌对市场深度的影响（停牌前和停牌后）

停牌前		停牌后		指标差异检验	
均值	中位数	均值	中位数	均值 （t 检验）	中位数 （Wiloxon 符号秩检验）
9.01E-04	6.53E-04	1.50E-03	6.85E-04	$-6.03\text{E-}04$ * (0.0843)	$-0.32\text{E-}04$ (0.2689)

注：* 表示在 10% 水平下显著，括号内是相应统计量的 p 值。

除了进行上述比较外，还分别计算样本内第 i 条记录在停牌前后各 5 分钟内的平均市场深度，然后对所有记录求平均，最后对其进行显著性 t 检验，同时算出各指标的中位数，并进行 Wiloxon 符号秩检验。最终计算结果（表 5-35）显示，停牌前 5 分钟内的平均市场深度要比停牌后 5 分钟内低 6.03E-04 且在 10% 水平下显著，这说明盘中临时停牌有助于提高市场流动性、减少价格操纵的可能性，这跟表 5-34 的结果一致。此外，结合表 5-34 和表 5-35 来看，相对于停复牌时刻 $-4.01\text{E-}03$ 的平均市场深度差异，停牌前后 5 分钟内的平均市场深度差异降低到 $-6.03\text{E-}04$，同时显著性水平也从 1% 降至 10%，这说明盘中临时停牌的作用具有一定的"即时性"，但是缺乏较为持续的影响。

与表 5-34 和表 5-35 的计算类似，还使用式（5-18）分别考察了停牌和复牌时刻的相对价差，以及停牌前后各 5 分钟内的平均相对价差，最终结果如表 5-36 和表 5-37 所示。从表 5-36 可以看出，复牌时刻的相对价差比停牌时刻低了 0.46%，并且该结果是显著的。这表明，盘中临时停牌提高了市场流动性，降低了股票交易成本，改善了交易环境，缓解了市场因流动性不足而面临的价格操纵风险。另外，从表 5-37 可以看出，停牌前 5 分钟的平均相对价差则比停牌后 5 分钟低了 0.02%。尽管上述结果并不显著，但是结合表 5-36 的结果来看，足以说明盘中临时停牌的作用不具备持续性，其影响主要是暂时性的，这跟表 5-34 和表 5-35 的结果类似。

表 5-36　盘中临时停牌对相对价差的影响（停牌和复牌时刻）

停牌时刻		复牌时刻		指标差异检验	
均值	中位数	均值	中位数	均值 （t 检验）	中位数 （Wiloxon 符号秩检验）
0.86%	0.51%	0.37%	0.13%	0.46% *** (0.0027)	0.38% *** (0.0000)

注：*** 表示在 1% 水平下显著，括号内是相应统计量的 p 值。

表 5-37   盘中临时停牌对平均相对价差的影响（停牌前和停牌后）

停牌前		停牌后		指标差异检验	
均值	中位数	均值	中位数	均值 （t 检验）	中位数 （Wiloxon 符号秩检验）
0.48%	0.27%	0.50%	0.30%	−0.02% (0.8450)	−0.03% (0.7755)

注：括号内是相应统计量的 p 值。

5.8.4   结论

自深圳中小板诞生以来，该板股票首日上市的过度炒作就一直为业内人士所诟病。跟风"炒新"不仅损害了广大投资者的利益，还破坏了市场公正公平的交易环境，对中小板的长期发展十分不利。为此，深圳证券交易所从 2006 年 8 月 2 日开始对炒作严重的中小板实施盘中临时停牌，并且分别在当年和次年 9 月 14 日出台相关规定，试图抑制中小板首日上市的过度炒作，更好地规范市场运行、保障投资者利益。

本节收集深圳中小板 2006 年 8 月至 2008 年 9 月的盘中临时停牌样本，从交易活跃程度、价格修正幅度和流动性三方面考察了盘中临时停牌制度的实施效果。研究结果表明，盘中临时停牌明显抑制了投资者的交易热情，阻止其跟风炒作的倾向，起到了较好的警示作用。同时，停牌不仅没有使原有的价格偏离进一步加剧，反而在一定程度上对价格进行了修正。此外，停牌还提高了市场流动性、减小了价格操纵的可能，但其影响有一定局限性、并不持久。总体来看，盘中临时停牌实现了管理层的既定目标，保证了市场公平公正的运行，保护了广大投资者的利益。

5.9   小结

本章首先基于第三章理论模型的预示，选取市场深度和波动率作为度量指标，使用深圳 A 股市场 2006~2008 年的停牌和交易数据实证检验了中国股票市场停牌制度的实施效果。从总样本的情况来看，无论是警示性停牌还是例行停牌，股票在复牌后 15 分钟内的市场深度和价格波动均明显大于对应的非停牌日样本的同期水平。其中，例行停牌的结果与第三章中的理论预期相符，而警示性停牌的结果则存在差异。结合第 5.1 节中关于停牌有效性的判断依据，可以认为：中国股票市场的停牌制度在整体上是缺乏效率的，停牌不仅没有使得交易者在停牌期间充分消化信息，反而造成了复牌后的异常价格波动，降低了市场的价格发现效率。

考虑到停牌对于不同类别股票（非 ST 股票和 ST 股票）的作用可能存在差异，本章还依据停牌类别的不同划分子样本，进一步考察了停牌的实施效果。研究结果表明，对非 ST 股票的停牌，无论是例行停牌还是警示性停牌，其统计结果基本与全样本相同。这说明，对非 ST 股票实施的停牌是缺乏效率的。从 ST 股票的结果来看，其中例行停牌子样本的结果与全样本类似，但是警示性停牌子样本的结果却存在差异：除了市场深度和价格变化率的结果与全样本类似外，股票在复牌 15 分钟内的已实现波动率并不明显高于非停牌日的情形。这表明，与其他类型的停牌相比，对 ST 股票实施的警示性停牌是相对有效的。

通过虚拟变量和信息非对程度的交互项，本章考察了在信息非对称程度不同的情形下停牌的实施效果，结果发现：越是在信息非对称程度高的情况下，实施停牌越能提高市场的深度，越能降低股票的价格波动。随着市场上信息非对称程度的增加，停牌所起的作用也越发明显。以上实证结果，与第三章的理论预期完全相符。

通过对已匹配和未匹配停牌日样本的对比研究，本书认为：中国股票市场的停牌制度是一种"防患于未然"的制度，大量停牌是因为"照章办事"而产生的。事实上，在这种情形下，市场上信息的非对称程度并不高，那些引发停牌的事件或许信息实际上并不会造成股票价格的异常波动。与未匹配的部分停牌日样本相比，本章使用的已匹配样本的信息非对称程度实际上并不高，这可能是导致本章的实证结果与上一章的理论预示存在差异的原因之一①。当然，上述分析也再次表明：只有在信息非对称程度较高的时候，使用停牌才能起到既定的效果；在信息非对称程度较低时，停牌反而不如连续交易。

同样利用深圳 A 股市场 2006～2008 年的停牌数据，通过构造与停牌日样本对应的非停牌日样本，本章还研究了停牌对投资者行为和市场流动性带来的影响。研究结果表明，在停牌前，投资者交易行为比没有停牌时更为活跃，市场的流动性显著高于非停牌日同期水平，同时交易成本更低，交易量对于股价的冲击更小；在复牌期间，投资者参与交易的意愿较差，参与复牌集合竞价的积极性弱于非停牌日水平；在复牌后的短时间（15分钟）内，尽管投资者的投资意愿非常强烈，但是此时的交易成本显著高于平时，而市场的流动性比率也显著增大；此外，在复牌 30 分钟之后，投资者的交易意愿依然强烈，这促使了市场流动性的提升。据此，本书认为，停牌对信息的释放作用比较有限，投资者通过停牌之后仍然不能对股票价值的真实价值达成共识，这导致其参与复牌交易的积极性降低，而复牌后短时间内的相对价差和流动性比率则较高；同时，由于投资者缺乏对于股价的一致信念，因此在复牌一个小时之后投资者的交易需求依然强烈，市场的流动性也因此提高。另外，还发现，由于停牌期间不确定较大，投资者为规避风险而将部分需求提至停牌前实现，这也间接促使停牌前市场流动性的提升。

此外，本章还基于深圳 A 股市场 2006 年的停牌数据，使用调整后的价格分散程度和价格调整速度对停牌的价格发现效率进行了研究。研究结果表明，停牌会加大股价的分散程度，对股价调整速度也没有显著影响。证券市场价格发现效率的提升主要是源于交易传递的信息而非停牌传递的信息。

最后，本章使用深圳中小板 2006 年 8 月至 2008 年 9 月的盘中临时停牌样本，从交易活跃程度、价格修正幅度和流动性等方面考察了盘中临时停牌制度的实施效果。研究结果表明，盘中临时停牌起到了较好的警示作用，有效地冷却了投资者的交易热情，阻止了其跟风炒作的倾向；同时，停牌阻止了价格偏离的进一步加剧，并在一定程度上对

---

① 我们认为造成理论和实证结果产生差异的原因还有以下两个：一是境内市场的例行停牌过多，少量警示性停牌没有引起交易者注意；二是境内市场的个体交易者居多，这部分交易者并不一定能完全理解停牌信息的内涵。

其进行了修正；此外，停牌还提高了市场流动性，减少了价格操纵的可能性。总体来看，盘中临时停牌实现了监管层的既定目标，保证了市场公平公正的运行，保护了广大投资者的利益。

基于本章的实证结论，建议从三方面对现行的停牌制度进行改进：

(1)加强对信息非对称程度的甄别。监管层可以效仿境外市场如香港联交所的办法，并不对所有触发停牌规定的股票进行停牌，而是对具体情况进行判断：如果停牌所涉及的公告信息只有少部分交易者知道，同时该信息可能会对股票的交易行为产生重大影响，那么在此情形下就按规定进行停牌；否则，可以在开盘前设立一个类似联交所的"公告登记时段"，对于那些原本应该停牌但其触及事项已经为大多数交易者所知或该事项并不会对交易产生重大影响的股票，监管层可令其所在上市公司在登记时段发布公告信息但不再对股票进行停牌。

(2)加强信息披露的力度。针对境内市场个体交易者较多的情况，监管层可以专门设立一个"停牌信息引导"，对于那些需要停牌的股票(尤其是信息非对称程度较高或停牌所涉及事项会对股价产生较大冲击时)，除了对其停牌事项进行公告以外，还在其中加入大型研究机构对于停牌公告的研究或评价，以便引导交易者解读和消化停牌信息。此外，监管层还应通过各种渠道(如网络专栏、网络视频或电视媒体等)加强投资者教育，引导其正确理解停牌制度的作用。

(3)减少部分没有实质信息披露的例行停牌。考虑到境内市场的停牌大多是例行停牌，市场对此的预期较强，信息的非对称程度较低，此时停牌的效果反而不如连续交易。为此，监管方可以在上述两项措施的基础上，酌情减少部分例行停牌并缩短停牌的时间，以改善因停牌次数过多、时间过长而带来的部分不良影响；但是对于有实质性内容的警示性停牌，监管方则应当予以保留①。

---

① 事实上，在 2008 年 10 月 1 日，深圳证券交易所和上海证券交易所分别在新推出的上市规则中对停牌制度进行了改革：不但取消了本书提到的定期报告和临时报告类例行停牌，还特别突出了警示性停牌的重要性，同时也准备为实时信息披露预留空间。这与本章的部分政策建议完全吻合，也从政策和实务层面上肯定了本章的研究意义。

第六章　中国股票市场的复牌模式研究

从第二章的研究现状总结可以看出，目前关于停牌制度的研究主要集中在研究停牌制度的有效性上。实际上，需要指出的是，除了停牌机制会对股票的价格发现功能造成影响外，复牌模式在其中所起的作用也值得关注。为了提高价格发现效率，包括美国纽约证券交易所、加拿大蒙特利尔证券交易所、澳大利亚证券交易所、泛欧证券交易所、西班牙证券交易所等在内的许多证券市场均采用开放式集合竞价模式复牌[①]。采用这种模式复牌的目的是为了使信息能够充分揭示，以降低股票复牌后的价格波动、提高停复牌价格发现效率。然而，在已有的关于停复牌的研究中，复牌模式及其作用并没有引起应有的关注。Lee 等（1994）甚至认为，由于无法确定信息究竟是在停牌期间得到充分消化还是通过复牌机制反映到股票价格当中，因此复牌模式本身无法与停牌机制分离。

如果停复牌制度一直不发生变化，那么正如 Lee 等（1994）所言，很难直接分析复牌模式在停复牌中的作用。但是，如果出现停牌制度不变而复牌模式发生改变的情况，那么考察复牌模式的价格发现效率将成为可能。事实上，在 2006 年 7 月 1 日前后，中国股票市场的停复牌制度正是发生了这样的变化。

根据深圳证券交易所和上海证券交易所的停复牌制度，凡满足停牌事项的股票，都应当向其所在交易所申请对其股票及衍生品种实施停牌；而对于未有明确规定的事项，上市公司可以凭交易所认为合理的理由向所在交易所申请对其股票及衍生品种实施停牌。至于复牌规定，根据停牌原因的不同，复牌时间分为两类：一类是在复牌交易日当天9:30复牌；另外一类是在复牌交易日当天 10:30 复牌。

与停牌制度不同，复牌模式的类别取决于深圳证券交易所和上海证券交易所制订的交易规则。根据规定，在 10:30 复牌的股票均采用封闭式集合竞价方式；而对于 9:30 复牌的股票，在 2006 年 7 月 1 日前后则分别采用封闭式与开放式集合竞价模式。

沪深交易所的《交易规则》规定，"证券开市期间停牌的，停牌前的申报参加当日该证券复牌后的交易；停牌期间，可以继续申报，也可以撤销申报；复牌时对已接受的申报实行集合竞价，但不揭示集合竞价参考价格、匹配量和未匹配量。集合竞价产生开盘价后，以连续竞价继续当日交易…"。上述规定表明，复牌时间是复牌交易日当天10:30的股票，在复牌时采取的是封闭式集合竞价。然而，在复牌交易日当天 9:30 复牌的股票并不满足上述规定，因此在停牌过后采取与其他未停牌股票相同的集合竞价方式复牌。

---

　　① 　美国纽约证券交易所和加拿大蒙特利尔证券交易所均使用做市商参与的开放式集合竞价模式复牌。在股票复牌之前，做市商将披露一个"指示性报价"（indicator quote），以帮助交易者进行决策；同时，做市商会根据市场的反应情况及时调整报价，之后在指定复牌时间使用集合竞价复盘。而包括澳大利亚证券交易所、泛欧证券交易所、西班牙证券交易所在内的许多证券市场则直接采用电脑撮合的开放式集合竞价模式复牌。此外，也有少数证券市场并不在股票复牌时采取集合竞价模式。例如，美国纳斯达克证券交易所在股票复牌之前会专门设立一个"报价区间"，通过报价把信息传递给其他的做市商和大众交易者，然后在规定的复牌时间跳过集合竞价直接开始连续交易。

从 2006 年 7 月 1 日起，随着新交易规则的实施，沪深主板市场的开盘价以及深市的收盘价全部采用开放式集合竞价机制，而在此之前则采取封闭式集合竞价。也即是说，复牌时间是复牌交易日当天 9:30 的股票，在 2006 年 7 月 1 日前后，分别采取了两种不同的复牌集合竞价模式：封闭式集合竞价与开放式集合竞价。

国内外已有许多学者对这两种集合竞价模式进行了细致研究①。然而，这些研究除了分析集合竞价机制与连续交易机制的差异、集合竞价模式的价格形成过程及其对股票开、收盘的影响外，均没有考虑复牌时使用的集合竞价模式与股票停牌的联系。显然，目前中国股票市场同时存在两种截然不同的复牌模式，这与境外市场采取单一复牌集合竞价模式的情况有着很大差异。那么，为什么在 9:30 复牌的股票采取开放式集合竞价模式，而在 10:30 复牌的股票却要采取封闭式集合竞价模式？这两种不同的复牌集合竞价模式在停复牌中的作用是什么？它们究竟会对停复牌的实施效果产生什么样的影响？它们之中谁更能促进信息的传递、提高停复牌效率？为此，本章将选取具有相同停牌原因且在 9:30 复牌的股票进行分析，以考察不同复牌集合竞价模式的价格发现功能。

6.1 样本选取

本章使用的停复牌数据与第五章相同。考虑到停复牌制度发生变化的日期是 2006 年 7 月 1 日，本书仅选取深圳 A 股市场 2006 年的停复牌数据进行研究。

根据统计，深圳 A 股市场 2006 年全年共发生停牌 4059 次。剔除其中跨年度停牌的数据 125 条、存在错误信息的数据 13 条、对应多种停牌原因的数据 13 条、停牌后再停牌（即一次停牌尚未完成就紧接着另外一次停牌）的数据 951 条，最后得到的停牌记录为 2957 条，称其为"停牌日"样本。同时，根据《深圳证券交易所股票上市规则》（2006 年 5 月修订版）第十二章中的规定，可对停牌原因进行分类。

表 6-1 描述了样本内深圳 A 股市场 2006 年全年停牌的原因、次数和复牌时间等。由表 6-1 可以看出，股东大会次数最多，占总样本的 35.27%；其次，临时报告、监管方根据实际情况、异常波动和定期报告次数均超过 300 次，分别占总样本的 20.56%、15.09%、13.49% 和 10.65%；除了上述情况，其他停牌原因都比较少，每种均在 50 条以下。从复牌时间来看，9:30 复牌的记录共有 1474 条，10:30 复牌的数据有 1483 条，后者略多于前者。

表 6-1 深圳 A 股市场 2006 年停复牌原因分类

停牌原因	复牌时间		样本数	占总样本比例
	9:30 复牌	10:30 复牌		
定期报告	—	315	315	10.65%
股东大会	1043	—	1043	35.27%

① 对集合竞价模式进行研究的主要文献包括 Friedman(1993)、Economides(1995)、Madhavan(1996)、Schnitzlein(1996)、Pagano 和 Röell(1996)、Theissen(2000)、Kehr 等(2001)、Arifovic 和 Ledyard(2003)、Hillion & Suominen(2004)、Aitken 等(2005)、Comerton-Forde 和 Rydge(2006)、Comerton-Forde 等(2007)、陈保华(2001)、孔爱国等(2002)、赵骅和杨武(2003)、攀登等(2004)、周锋(2004)、王艳等(2005)、刘逖等(2006)、李平和曾勇(2006)、许香存等(2007)、李平等(2009)。

停牌原因	复牌时间		样本数	占总样本比例
	9:30复牌	10:30复牌		
临时报告	—	608	608	20.56%
澄清媒体报道	—	16	16	0.54%
异常波动	—	399	399	13.49%
未能按期披露信息	32	4	36	1.22%
会计差错		5	5	0.17%
协议或要约收购	—	42	42	1.42%
风险警示	41	6	47	1.59%
监管方根据实际情况	358	88	446	15.09%
合计	1474	1483	2957	100%

另外，正如引言中所述，根据交易规则的规定，在10:30复牌的股票，一律采取封闭式集合竞价复牌；而在9:30复牌的股票，则采取与未停牌股票相同的集合竞价方式复牌。由于从2006年7月1日起，新交易规则规定沪深主板市场的开盘价以及深市的收盘价全部采用开放式集合竞价机制。因此，对于样本中9:30复牌的记录，它们在2006年7月1日以前都是使用封闭式集合竞价复牌，在其后则使用开放式集合竞价。也就是说，对于某些类型的停牌（例如股东大会、未能如期披露信息、风险警示和监管方根据实际情况），它们在2006年7月1日前后的复牌集合竞价模式不同。显然，利用这些样本，可以研究不同的集合竞价模式在股票复牌中的作用。

在上述4种停牌原因相同但复牌方式存在差异的记录中，股东大会的记录最多，共计1043条，其中使用封闭式集合竞价复牌的记录共有547条（即在2006年7月1日前复牌的记录），使用开放式集合竞价复牌的记录共有496条（即在2006年7月1日后复牌的记录），而其他3种原因的记录都比较少，分别只有32条、41条和358条。因此，本书选取股东大会停牌作为研究对象，通过比较因同样原因（召开股东大会）停牌、但采取不同集合竞价模式（封闭式和开放式）复牌的记录，来研究不同集合竞价模式在股票停复牌中所起的作用。在这里，记所有因为召开股票大会停牌的记录为 Ω_h。

表 6-2　两种集合竞价模式的净复牌价格变化率比较

封闭式（547条）		开放式（496条）		指标差异检验	
均值	中位数	均值	中位数	均值 （t 检验）	中位数 （Wiloxon 符号秩检验）
0.0146	0.0108	0.0123	0.0088	0.0023 *** （0.0044）	0.0020 *** （0.0029）

注：括号内是对应统计量的 p 值，*** 表示在1%的水平下显著。

表 6-2 按复牌方式的差异描述了因召开股东大会而停牌的记录的"净复牌价格变化率"。这里，净复牌价格变化率定义为股票复牌收益率（复牌价格与停牌前最后一个交易日收盘价形成的对数收益率）减去市场指数在同期的对数收益率之后的绝对值，用来衡量

股价对停牌公告内容的反应[①]。从表中可以看出，同样是因为召开股东大会停牌，采用封闭式集合竞价复牌的记录，其复牌时的净价格变化率要明显大于采用开放式集合竞价的记录，并且在 t 检验和 Wiloxon 符号秩检验下均是高度显著的。这说明针对同样的停牌内容，采用封闭式集合竞价时股价的反应会更加强烈。

6.2　实证分析

由于股票在停牌期间中止了交易活动，交易者的交易需求在此期间无法实现，只能将其推迟到复牌时刻或复牌之后的交易时段。因此，股票在复牌时刻和之后一段时间内的交易行为可以反映出停牌和复牌制度的实施效果。而在停牌内容相同的情况下，就可以通过复牌后的一些指标来考察不同复牌模式之间的效率差异。

本书认为，如果开放式集合竞价模式比封闭式集合竞价模式更有效率，那么在采取前者复牌时停牌信息的揭示会更加彻底，这将提高交易者参与复牌集合竞价交易的积极性，使其可以更容易地就股票复牌后的真实价值达成共识。在此情形下，复牌价格的有效性将会增加，其指示性作用更加明显，交易成本会因此降低，最终导致复牌后一段时间内股票交易的流动性增加、波动性降低。

反之，如果开放式集合竞价模式的复牌效率低于封闭式集合竞价，那么采取前者复牌时交易者参与复牌集合竞价的积极性会低于后者，而复牌价格会更加缺乏效率，同时复牌后一段时间内的流动性更差、价格波动更大。基于上述理由，本章将从复牌交易量、复牌后一段时间内（复牌后 15 分钟）的流动性和波动性等三方面来考察由不同复牌集合竞价模式带来的差异[②]。

6.2.1　变量选取

1. 交易量

在复牌集合竞价阶段，本书以复牌集合竞价成交量的对数 $\ln(\mathrm{Vol}_i^o)$ 作为研究对象，这里 $i \in \Omega_h$ 表示全体因召开股票大会停牌的记录，Vol_i^o 表示停牌日样本在复牌集合竞价时产生的成交量[③]。与每天总的交易量相比，复牌交易量越大，说明交易者参与复牌交易的积极性越高，复牌时刻的市场流动性越大。

此外，为了便于检验结果的稳健性，还考察了复牌时刻的复牌成交量比率，其定义如下：

$$\mathrm{RVol}_i = \mathrm{Vol}_i^o / \mathrm{DVol}_i \tag{6-1}$$

---

① 本章中提到的指数均指深成指数。

② 事实上，与本章对复牌模式有效性的判断类似，已有文献在判断停牌制度有效性的时候也通常从停牌前后的交易量、流动性和波动性等方面入手(Lee et al.，1994；Corwin 和 Lipson，2000；Christie et al.，2002[22]；王铁峰等，2005[109])。与本章有所差异的是，上述文献不能将停牌制度和复牌模式分离开来考虑，因而忽略了复牌模式在整个停复牌价格发现中的作用。

③ 这里采用 $\ln(\mathrm{Vol}_i^o)$ 而不使用 Vol_i^o 是为了去掉因股票规模不同而带来的异方差，同时也为了与本章后面的回归变量保持一致。

其中，$i \in \Omega_h$ 和 Vol_i^o 如前所述，DVol_i 表示停牌日样本 i 在复牌当天的日成交量。RVol_i 表征了复牌时刻成交量占全天总成交量的比例，用以衡量交易者参与复牌集合竞价的积极性。

2. 流动性指标

股票在复牌之后采用连续竞价模式，此时，市场流动性是由限价订单提供的，没有成交的订单放在订单簿上。常见的流动性指标有四类，分别是买卖价差、市场深度、流动性比率和弹性。出于简便，本书仅选取相对价差和流动性比率两种指标。

一般来说，买卖价差是当前市场上最优卖价和最优买价之间的差额，是衡量流动性的一个最基本的指标。但是由于买卖价差通常随价格发生变化，所以通常使用相对价差，其定义如下：

$$RS_i^t = \frac{A_{i,1}^t - B_{i,1}^t}{(A_{i,1}^t + B_{i,1}^t)/2} \times 100\%　\quad (6\text{-}2)$$

其中，$A_{i,1}^t$ 和 $B_{i,1}^t$ 分别表示样本 i 在复牌日 t 时刻的最优卖价和最优买价（其中 $t=0$ 表示复牌时刻）。

另外，还使用了流动性比率来考察市场的流动性。这里，流动性比率衡量了交易量和价格变化的关系。若少量的交易引起的价格变化较大，即流动性比率较大，则市场流动性较差；反之，若大量的交易引起的价格变化较小，即流动性比率较小，则市场流动性较高。考虑到流通股本的大小与其交易金额有密切关系，并且流通市值较大的股票的上市和停牌也会对整个市场的流动性产生冲击。因此，本章借鉴 Amihud(2002)度量流动性比率的方法，对其定义如下：

$$LM_i^t = \frac{|\ln(p_i^t) - \ln(p_i^{t-1})|}{\ln(\mathrm{Vol}_i^t)}　\quad (6\text{-}3)$$

其中，p_i^t 和 p_i^{t-1} 分别表示样本 i 对应记录在复牌日 t 时刻和 $t-1$ 时刻的成交价（这里，选取复牌时刻作为 0 时刻，流动性比率的计算从 1 时刻开始），Vol_i^t 表示样本 i 在复牌日 t 时刻的成交量[①]。

3. 波动性指标

除了使用交易量和流动性指标考察集合竞价在停复牌中的作用，还从波动性角度进行分析，这里选取由复牌时刻到连续竞价阶段之间价格变化的幅度和连续交易开始后 15 分钟内的价格变化率作为衡量波动性的指标。

由复牌时刻到连续竞价阶段之间价格变化的幅度定义为股票在复牌后 15 分钟内的平均价格与复牌价格之间的差异，用以刻画复牌效率和价格波动。由于停牌中止了股票交易，使得交易者有充分的时间能够对信息进行消化，进而调整其交易策略。因此，如果停牌和复牌集合竞价机制是有效的，那么复牌价格就能充分地反映信息，进入连续交易之后股价对复牌价格的偏离程度就会变小。根据以上描述，定义由复牌时刻到连续竞价

---

① 由于通过上式得到的计算值较小，为方便比较，我们在使用该值进行计算时候统一乘以 10^3，这仅仅会改变数据大小，并不会影响到本章结论。

阶段之间价格变化的幅度为

$$\Delta P_i = |\bar{p}_i - p_i^o| / \bar{p}_i \qquad (6\text{-}4)$$

其中，p_i^o 表示样本 i 在复牌日通过集合竞价产生的复牌价格，$\bar{p}_i$ 表示样本 i 在复牌日连续竞价开始后 15 分钟内的平均成交价。

同时，为了检验结果的稳健性，还考察了股票在进入连续交易后 15 分钟内的价格变化率，即复牌 15 分钟后的价格与复牌价格形成的对数收益率的绝对值。如果停牌及复牌集合竞价能够充分反映停牌信息，那么复牌后连续交易期间内股价的变化应该较小。这里价格变化率定义为

$$|\text{Ret}_i| = |\ln(p_i^1) - \ln(p_i^o)| \qquad (6\text{-}5)$$

其中，p_i^o 如式(6-4)定义，p_i^1 表示样本 i 对应股票在复牌后 15 分钟时的成交价格。

6.2.2　描述性统计结果

使用上述定义，分别计算样本内第 i 条记录在不同集合竞价方式下的复牌集合竞价成交量比率和对数成交量、连续竞价开始后 15 分钟内的平均相对价差和平均流动性比率[1]，以及由复牌时刻到连续竞价阶段之间价格变化的幅度和复牌后 15 分钟的价格变化率等，然后对所有记录求平均，最后对其进行显著性 t 检验，同时算出各指标的中位数，并进行 Wiloxon 符号秩检验，计算结果见表 6-3。

表 6-3　两种复牌模式下相关指标的描述性统计结果

相关变量	封闭式		开放式		指标差异检验	
	均值	中位数	均值	中位数	均值（t 检验）	中位数（Wiloxon 符号秩检验）
$\ln(\text{Vol}^o)$	9.3696	9.4385	9.5781	9.6421	−0.2085 * (0.0594)	−0.2036 * (0.0687)
RVol^o	0.0044	0.0021	0.0057	0.0029	−0.0013 *** (0.0088)	−0.0008 ** (0.0206)
$\overline{RS}$	0.0049	0.0036	0.0038	0.0034	0.0011 (0.1280)	0.0002 ** (0.0138)
$\overline{LM}$	0.2752	0.2262	0.2220	0.1891	0.0532 *** (0.0012)	0.0371 *** (0.0000)
ΔP	0.0123	0.0098	0.0095	0.0073	0.0028 *** (0.0000)	0.0025 *** (0.0000)
$|\text{Ret}|$	0.0155	0.0124	0.0112	0.0080	0.0043 *** (0.0000)	0.0044 *** (0.0000)

注：括号中是对应统计量的 p 值，***、** 和 * 分别表示在 1%、5% 和 10% 水平下显著。

从表 6-3 的描述性统计可以看出，与使用封闭式集合竞价复牌相比，使用开放式集合竞价复牌产生的成交量明显更大，平均每次复牌的对数成交量和成交量比率分别比前

---

[1]　这里，第 i 条记录对应的平均相对价差和平均流动性比率分别记为 $\overline{RS_i}$ 和 $\overline{LM_i}$。其中，$\overline{RS_i}$ 是复牌后 15 分钟内每笔交易相对价差的平均值，相对价差使用式(6-2)计算；$\overline{LM_i}$ 同理可使用式(6-3)算得。

者多 2.23% 和 29.55%，并且结果都是显著的。这表明，复牌时若使用开放式集合竞价，则交易者参与集合竞价的积极性更高。

从流动性指标来看，使用开放式集合竞价复牌的股票，其复牌后 15 分钟内的平均相对价差比使用封闭式集合竞价复牌时减小了 22.45%，流动性比率则降低了 19.33%。这说明，当股票采用开放式集合竞价复牌后，在最初 15 分钟连续交易期间内的流动性有明显提高。

另外，从波动性指标来看，使用开放式集合竞价以后，股票由复牌时刻到连续竞价阶段之间价格变化的幅度减小了 22.76%，复牌后 15 分钟内的价格变化率降低了 27.74%，并且以上指标均是显著的。这表明，使用开放式集合竞价复牌可以使得复牌后一段时间内股票的价格波动减小，并且降低此期间内股票价格对复牌价格的偏离。综合上述结果，初步认为，开放式集合竞价比封闭式集合竞价更能提高交易者参与复牌集合竞价的积极性，以及复牌后的价格发现效率。

6.2.3　实证结果和分析

通过上述检验，可以发现，复牌集合竞价的方式对股票复牌后的交易量、流动性和波动性均会产生影响。然而，这种变化可能受到市场行情和个股差异的影响。为了进一步考察复牌后市场行为的差异是否由复牌集合竞价模式的不同所引起，通过建立带有虚拟变量的多元回归模型进行分析，以考察复牌模式改变前后的集合竞价成交量、复牌后 15 分钟内的流动性和波动性等指标。

1.　交易量

表 6-3 中的统计结果表明，个股集合竞价成交量在开盘竞价制度改变后明显增加。但是，引起其增加的因素可能还有隔夜信息的积累、股票的活跃程度和市场行情等（佟孟华和仲卓，2006；芮萌等，2003）。本章将上述变量作为控制变量，通过设置虚拟变量来检验复牌模式对交易量的影响，建立模型如下：

$$\ln(\mathrm{Vol}_i^o) = \alpha + \beta \mathrm{Dummy}_i + \gamma_1 \mathrm{Ret}_i^o + \gamma_2 \mathrm{Ret}_m^o + \gamma_3 \ln(\mathrm{FVol}_i) + u_i \qquad (6\text{-}6)$$

其中，$i \in \Omega_h$ 表示因召开股票大会停牌的记录；Dummy_i 是虚拟变量，对采取封闭式集合竞价复牌的记录取值为 0，对采取开放式集合竞价复牌的记录则取 1；$\ln(\mathrm{Vol}_i^o)$ 表示样本 i 复牌集合竞价成交量的对数，表示交易者参与开盘交易的积极性；Ret_i^o 表示停牌日样本 i 的复牌收益率，该指标可以反映隔夜信息在股票开盘价格中的揭示程度；Ret_m^o 表示深成指数在对应期间的收益率，用来控制股票停牌期间的市场行情变化对于复牌后交易行为的影响；$\ln(\mathrm{FVol}_i)$ 表示样本 i 在停牌前一个交易日的日交易量对数，使用该指标来度量股票历史交易的活跃程度；u_i 为误差项。

将相关数据代入式（6-6），并采用带有怀特异方差调整的最小二乘法进行回归。同时，为了进一步检验回归结果的稳健性，本章还使用复牌集合竞价成交量比率 RVol_i 代替成交量的对数 $\ln(\mathrm{Vol}_i^o)$，对上述模型重新进行估计。相关回归结果如表 6-4 所示。

表 6-4   复牌集合竞价模式对交易量的影响

解释变量	复牌对数成交量			复牌成交量比率		
	系数估计值	t 统计量	p 值	系数估计值	t 统计量	p 值
常数项	−4.3273***	−6.2662	0.0000	−0.0032	−0.7184	0.4727
Dummy	0.4390***	4.9193	0.0000	0.0018***	3.3900	0.0007
Ret^o	16.5205***	5.4972	0.0000	0.1003***	3.8982	0.0001
Ret^o_m	−6.3925*	−1.8475	0.0650	−0.0731***	−2.7193	0.0067
ln(FVol)	0.8975***	20.1323	0.0000	0.0005*	1.6502	0.0992
A_{djR}^2		0.3898			0.0615	

注：***和*分别表示在 1%和 10%水平下显著。

从表 6-4 的结果可以得知，在控制了隔夜信息、个股活跃程度和市场行情因素的情况下，虚拟变量系数 β 的估计值都是高度显著的，这说明集合竞价方式的改变对股票复牌交易的活跃程度有显著影响。从 β 的符号来看，当使用开放式集合竞价复牌时，其复牌交易量显著大于使用封闭式集合竞价复牌的情形。这说明，对于同样的停牌原因，采用开放式集合竞价复牌可以提高交易者参与复牌集合竞价的积极性，这与表 6-3 的描述性统计结果的结论一致。

出现以上现象，主要是因为在封闭式集合竞价复牌模式下，不知情交易者既不能看到即时交易信息，也不能仅仅凭借停牌期间获得的公告信息对股票的真实价值做出正确的判断，所以参与封闭式集合竞价的风险较大，导致其参与积极性较低。同时，由于不知情交易者参与复牌封闭式集合竞价的人数较少，那么知情交易者也难以在与不知情交易者的交易中实现预期的收益，从而导致知情交易者参与集合竞价的积极性也比较低。相对而言，采取开放式集合竞价复牌以后，系统即时揭示的虚拟成交价、虚拟成交量等信息为不知情交易者提供了下单依据，提高了他们参与复牌竞价的积极性，从而使复牌时刻的交易变得更加活跃。

2. 流动性

由表 6-3 的统计结果可以看出，采用开放式集合竞价复牌，可以使股票在连续竞价开始后 15 分钟内的流动性明显增加。然而，这种变化可能会受到部分其他因素如交易量和市场行情的影响。为了进一步考察复牌集合竞价模式的变化对连续竞价阶段市场流动性的影响，须将影响流动性的其他因素分离。Brockman 和 Chung(1999)的研究表明：成交量的大小和价格水平的高低与市场流动性密切相关。一般来说，交易量越大，市场越活跃，交易者调整其交易策略就越容易，需要支付的交易成本就越小；而价格水平的高低直接影响到交易者可供成交的股票数量，影响其交易成本。因此，本章选取成交量和成交价作为控制变量，通过设置虚拟变量检验复牌集合竞价模式是否对连续竞价阶段的市场流动性产生影响。在参考杨朝军等(2002)和 Boehmer(2005)模型的基础上，建立如下模型：

$$\overline{RS_i} = \alpha + \beta Dummy_i + \gamma_1 \ln(Vol_i) + \gamma_2 \ln(\bar{p}_i) + u_i \tag{6-7}$$

其中，$\overline{RS_i}$ 表示停牌日样本 i 在开盘 15 分钟内的平均相对价差；$\ln(Vol_i)$ 表示停牌日样

本 i 在开盘 15 分钟内绝对交易量的对数；$\ln(\overline{p_i})$ 表示停牌日样本 i 在复牌后 15 分钟内的平均成交价的对数[①]；$i \in \Omega_h$、Dummy_i 和 μ_i 如式(6-6)所述。

除了上述模型外，本章还使用复牌后 15 分钟的平均流动性比率 $\overline{LM_i}$ 代替 $\overline{RS_i}$，在考虑个股和市场成交量对流动性的情况下，建立的回归模型如下[②]：

$$\overline{LM_i} = \alpha + \beta\mathrm{Dummy}_i + \gamma_1 \ln(\mathrm{Vol}_i) + \gamma_2 \ln(\mathrm{Vol}_m) + u_i \tag{6-8}$$

将数据代入式(6-7)和式(6-8)进行回归，相关结果如表 6-5 所示。

表 6-5　复牌集合竞价模式对流动性的影响

解释变量	平均相对价差			平均流动性比率		
	系数估计值	t 统计量	p 值	系数估计值	t 统计量	p 值
常数项	0.0184 ***	8.8481	0.0000	0.8667 ***	4.1051	0.0000
Dummy	−0.0012 **	−2.0040	0.0453	−0.0883 ***	−3.7620	0.0002
ln(Vol)	−0.0008 ***	−5.5585	0.0000	−0.0589 ***	−3.3974	0.0007
ln($\overline{p}$)	−0.0019 **	−2.1086	0.0352			
ln(Vol$_m$)				0.0112 **	2.5489	0.0110
Adj-R^2	0.0152			0.0984		

注：*** 和 ** 分别表示在 1% 和 5% 水平下显著。

表 6-5 的结果显示，在控制了部分其他因素的情况下，虚拟变量系数 β 的估计值都是显著为负的，说明使用开放式集合竞价复牌以后，股票在进入连续竞价的一段时间内流动性有显著提高，这与表 6-3 的描述性统计结果完全一致。

以上结果说明，在使用开放式集合竞价复牌之后，交易者参与集合竞价的积极性增加，这导致有更多的信息可以通过交易反映到价格中去。另外，即时披露的虚拟成交价、虚拟成交量等信息也为交易者估计股票价值、调整报价策略提供了参考依据。以上两方面的原因促使集合竞价阶段透明度的提高，使得流动性提供者之间的竞争加剧、流动性得到改善。而集合竞价阶段透明度的提高，使得复牌价格和复牌成交量更具参考价值，为不知情交易者在连续竞价阶段的交易提供了更为准确的价值判断，促使复牌后连续交易时间内股票的流动性得到提高。

3. 波动性

从表 6-3 的结果中，还可以看出，采用开放式集合竞价复牌，可以使股票由复牌到连续交易阶段价格变化的幅度显著降低。然而，这种变化也可能会受到部分其他因素影响。Karpoff(1987)及陈维云等(2005)的研究表明，交易量和价格变化具有正相关关系，交易量越大，股票的价格波动也越大。同时，复牌后 15 分钟内的股价波动越大、对复牌价格的偏离程度越大，由复牌到连续阶段的价格变化幅度也会越大。此外，股票的波动

---

① 这里不直接使用平均价格 $\overline{p_i}$ 主要是因为价格序列往往不平稳也不符合正态分布，而对数价格 $\ln(\overline{p_i})$ 则是平稳的且可以假设为正态分布。事实上，本书也使用 $\overline{p_i}$ 作为控制变量，但是对模型(6-7)的回归结果并无明显影响。

② 事实上，本书在式(6-8)中也考虑了市场成交量对于复牌后流动性的影响，但是结果并不显著，因此在表 6-5 中并没有报告。

性还受到市场波动性的影响。

综合上述，以个股的交易量和已实现波动率、市场的已实现波动率作为控制变量，建立如下回归模型：

$$\Delta P_i = \alpha + \beta \mathrm{Dummy}_i + \gamma_1 \ln(\mathrm{Vol}_i) + \gamma_2 Rv_i + \gamma_3 Rv_m + u_i \qquad (6\text{-}9)$$

其中，ΔP_i 表示由开盘到连续变化的幅度；Rv_i 表示停牌日样本 i 在开盘 15 分钟的已实现波动率；Rv_m 表示深成指数在对应期间的已实现波动率；$i \in \Omega_h$、Dummy_i 和 μ_i 的定义参见式(6-6)，$\ln(\mathrm{Vol}_i)$ 如式(6-7)所述。为了进一步检验回归结果的稳健性，本书还使用复牌后 15 分钟内的价格变化率 $|\mathrm{Ret}_i|$ 代替 ΔP_i 对上述模型重新进行估计[①]。回归结果如表 6-6 所示。

表 6-6   复牌集合竞价模式对波动性的影响

解释变量	复牌后价格变化幅度			复牌后价格变化率		
	系数估计值	t 统计量	p 值	系数估计值	t 统计量	p 值
常数项	−4.10E−05	−0.0126	0.9900	−0.0039	−0.8614	0.3892
Dummy	−0.0020 ***	−3.2709	0.0011	−0.0035 ***	−4.4747	0.0000
$\ln(\mathrm{Vol})$	0.0008 ***	3.0499	0.0023	0.0015 ***	4.0749	0.0000
Rv	0.0122 ***	3.4836	0.0005	0.0153 ***	3.2458	0.0012
Rv_m	0.3578 **	2.3449	0.0192			
Adj-R^2	0.0800			0.0877		

注：***、** 和 * 分别表示在 1%、5% 和 10% 水平下显著。

由表 6-6 的结果可以发现，在控制了部分其他因素的情况下，虚拟变量系数 β 的估计值都是显著为负的，这说明采用开放式集合竞价复牌后，股票价格的波动在进入连续竞价的一段时间内有显著降低，该结果也与表 6-3 的统计结果一致。

上述结果表明，采用开放式集合竞价以后，集合阶段的透明度提高，交易者从系统即时揭示的虚拟成交价、虚拟成交量中获得所需信息，这为他们估计股票价值、调整报价策略提供了参考依据。在此情形下，交易者将更容易就股票复牌后的价值达成共识，而复牌价格的指示性也会更强。当交易进入连续竞价阶段后，这种指示作用会保证交易者提出的交易价格不会过分偏离于股票的真实价值，进而使得该阶段的价格波动减小。

综合表 6-4 至表 6-6 的结果来看，相对于封闭式集合竞价复牌，采用开放式集合竞价复牌增加了交易的透明度，提高了交易者参与复牌集合竞价交易的积极性，促进了信息的快速传递，增强了复牌价格的指示性，使得复牌之后一段时间内的流动性增加、波动性减小。

从本节对复牌模式有效性的判断来看，开封式集合竞价模式在复牌交易量、复牌后的流动性和波动性三方面均表现得更好。因此，可以认为，采用开放式集合竞价模式复牌，比封闭式集合竞价更加有效，更能促进整个停复牌制度的有效实施。

---

①   这里我们仍然考虑开盘后 15 分钟内市场已实现波动率 Rv_m 的影响，但是结果并不显著，因而没有报告在表 6-6 中。

6.2.4 稳健性检验

在上一节中，通过统计检验和回归分析发现，相对于封闭式集合竞价而言，采用开放式集合竞价复牌能提高交易者参与复牌集合竞价的积极性，并且可以使得复牌后一段时间内的流动性增加，波动性减小。然而，在这里仅考察了一种停牌，并没有考虑其他类型。由于不同的停牌类型本身对应了不同的公告内容，在所涉及的信息方面存在差异。因此，前面的结果在涉及不同停牌类型、存在信息差异的情况是否仍然稳健，这值得深入探讨。

为了回答上述问题，本书除了通过考察因召开股东大会停牌的记录来分析复牌模式的作用外，还考虑使用未能如期披露信息、风险警示和监管方根据实际情况停牌等三种在9:30复牌的样本。然而，未能如期披露信息和风险警示的样本数过少，分别只有32条和41条，得到的结论不具代表性；而监管方根据实际情况停牌的记录尽管有358条，但是其中造成停牌的具体原因和时长却存在较大差异，不利于在分析过程中控制信息的影响。这意味着，无法在停牌事项所含信息存在差异的情况下研究复牌模式的作用，进而不能通过控制信息因素来探讨机制本身带来的差异。

尽管如此，仍能通过另外一种方式控制信息因素的影响。事实上，在之前的研究中，选取的样本都是因召开股东大会而停牌的记录。然而，对于同一支股票在不同复牌模式下的记录，很难保证其中召开股东大会的原因、背景和内容完全相同。也就是说，股票复牌后交易行为的差异可能是由召开股票大会时决议内容的不同所造成的，而无法通过选取决议内容完全一致的记录来控制信息差异带来的影响。

但是，停牌信息最终都会反映到股票价格当中，而经过一段时间的交易中止之后，复牌价格又是信息内涵的较好反映。因此，复牌时刻的"净复牌价格变化率"（即剔除市场指数同期收益率后的复牌收益率的绝对值）可以从一定程度上反映出与停牌信息相对应的价格变动。在这种情况下，可以选取那些"净复牌价格变化率"比较接近的记录，以此在一定程度上控制住由信息差异及其相应价格变动带来的交易行为的差异。

具体的挑选方法是，在原来的1043个样本中，选取同一只股票在不同复牌集合竞价方式下的停牌记录，如果采用封闭式集合竞价产生的"净复牌价格变化率"与采用开放式集合竞价产生的"净复牌价格变化率"相差在±1%以内，则这些记录被挑选出来，作为控制了信息因素之后的样本，否则就被剔除。

使用上述取样方法，共选取样本447个，记为Ω'_h。其中，采用封闭式集合竞价复牌的样本217个，与之相对应的但采用开放式集合竞价复牌的样本230个。使用上述样本，重复前面的研究，以此作为稳健性分析。

表6-7　两种集合竞价模式的净复牌价格变化率比较（剔除信息因素后）

封闭式（217条）		开放式（230条）		指标差异检验	
均值	中位数	均值	中位数	均值 （t 检验）	中位数 （Wiloxon 符号秩检验）
0.0096	0.0085	0.0092	0.0079	0.0004 （0.5267）	0.0006 （0.4894）

注：括号内是对应统计量的 p 值。

表6-7描述了上述样本的"净复牌价格变化率"。从表中可以看出，在所选取的子样本中，采用封闭式集合竞价复牌的记录，其复牌时的净价格变化率与采用开放式集合竞价的记录在 t 检验和 Wiloxon 符号秩检验下均无显著差别。

尽管在上述样本中，召开股东大会的原因可能不尽相同（例如，决议内容包括选举董事会成员、审核定期报告、审议企业投资项目等）、停牌信息之间存在差异。然而，在控制住净复牌价格变化率的情况下，由不同信息及其相应价格变动带来的交易行为的差异，已经在上述样本中得到较好的控制。因此，从停牌信息对应的价格变动来看，基本可以把 Ω'_h 视为在信息方面高度相似的样本。

表6-8 两种复牌模式下相关指标的描述性统计结果（剔除信息因素后）

相关变量	封闭式		开放式		指标差异检验	
	均值	中位数	均值	中位数	均值（t 检验）	中位数（Wiloxon 符号秩检验）
$\ln(\text{Vol}^o)$	9.1883	9.2301	9.5242	9.6291	-0.3359^* (0.0538)	-0.3990^* (0.0535)
RVol^o	0.0037	0.0016	0.0049	0.0026	-0.0012^* (0.0862)	-0.0010^* (0.0517)
$\overline{RS}$	0.0040	0.0035	0.0037	0.0032	0.0003^* (0.0837)	0.0003^{**} (0.0157)
$\overline{LM}$	0.2480	0.2161	0.2144	0.1863	0.0336^{***} (0.0070)	0.0298^{***} (0.0033)
ΔP	0.0111	0.0089	0.0086	0.0069	0.0023^{***} (0.0038)	0.0020^{***} (0.0079)
$\lvert\text{Ret}\rvert$	0.0141	0.0116	0.0107	0.0078	0.0034^{***} (0.0012)	0.0038^{***} (0.0014)

注：括号中是对应统计量的 p 值，***、** 和 * 分别表示在1%、5%和10%水平下显著。

使用上述子样本，分别计算其每条记录在不同集合竞价方式下的复牌集合竞价成交量比率和对数成交量、连续竞价开始后15分钟内的平均相对价差和平均流动性比率，以及由复牌时刻到连续交易阶段的价格变化的幅度和复牌后15分钟内的价格变化率等，然后对所有记录求平均，最后对其进行显著性 t 检验，同时算出各指标的中位数，并进行 Wiloxon 符号秩检验，计算结果见表6-8。

从表6-8可以看出，在控制了信息因素的情况下，采用开放式集合竞价复牌产生的对数成交量和成交量比率依然明显高于采用封闭式集合竞价的情形；同时，对于采用开放式集合竞价的记录，其复牌后15分钟内的平均相对价差和流动性比率均显著低于采用封闭式集合竞价复牌的记录；此外，与使用封闭式集合竞价复牌相比，股票在采用开放式集合竞价复牌后，其最初15分钟连续交易期间内的波动性有明显降低。

为了剔除部分其因素例如隔夜信息、交易量和市场行情等带来的影响，更进一步讨论由复牌集合竞价机制的不同带来的影响，使用上述样本，将其分别带入上节所述的3个模型中进行回归，结果见表6-9至表6-11。

比较表6-9至表6-11与表6-4至表6-6的结果，可以得知，在进一步剔除了信息的影响之后，各模型中虚拟变量系数 β 的符号和显著性没有发生明显变化，这说明本书的研究结论具有较好的稳健性，即在停牌信息相同的情况下，采用开放式集合竞价可以提高交易者参与复牌集合竞价的积极性、促进信息的有效传播，并且可以提高股票复牌后 15 分钟内流动性、降低该期间内价格的波动性。这说明，在促进停复牌效率方面，开放式集合竞价模式比封闭式集合竞价模式更加有效。

表 6-9　复牌集合竞价模式对交易量的影响（剔除信息因素后）

解释变量	复牌对数成交量			复牌成交量比率		
	系数估计值	t 统计量	p 值	系数估计值	t 统计量	p 值
常数项	−5.5909 ***	−5.1151	0.0000	−0.0112 **	−2.5111	0.0124
Dummy	0.4756 ***	3.3246	0.0010	0.0012 *	1.9082	0.0570
Ret^o	22.7062 ***	4.0579	0.0001	0.1275 ***	3.6913	0.0003
Ret^o_m	−16.0708 **	−2.5264	0.0120	−0.1340 ***	−2.7150	0.0069
$\ln(FVol)$	0.9738 ***	13.8939	0.0000	0.0010 ***	3.3684	0.0008
Adj-R²		0.3936			0.0741	

注：＊＊＊、＊＊和＊分别表示在 1％、5％和 10％水平下显著。

表 6-10　复牌集合竞价模式对流动性的影响（剔除信息因素后）

解释变量	平均相对价差			平均流动性比率		
	系数估计值	t 统计量	p 值	系数估计值	t 统计量	p 值
常数项	0.0149 ***	11.0955	0.0000	0.5598 ***	6.4807	0.0000
Dummy	−0.0004 **	−2.0575	0.0402	−0.0591 ***	−4.2107	0.0000
$\ln(Vol)$	−0.0008 ***	−7.7278	0.0000	−0.0397 ***	−6.6249	0.0000
$\ln(\bar{p})$	−0.0007 ***	−2.9222	0.0037			
$\ln(Vol_m)$				0.0130 ***	3.0046	0.0028
Adj-R²		0.2384			0.1659	

注：＊＊＊和＊＊分别表示在 1％和 5％水平下显著。

表 6-11　复牌集合竞价模式对波动性的影响（剔除信息因素后）

解释变量	复牌后价格变化幅度			复牌后价格变化率		
	系数估计值	t 统计量	p 值	系数估计值	t 统计量	p 值
常数项	−0.0058	−1.4894	0.1371	−0.0092 *	−1.8429	0.0660
Dummy	−0.0020 **	−2.5240	0.0120	−0.0030 ***	−3.0365	0.0025
$\ln(Vol)$	0.0012 ***	3.5211	0.0005	0.0018 ***	4.3529	0.0000
Rv	0.0183 ***	2.7154	0.0069	0.0254 ***	2.9258	0.0036
Rv_m	0.2966	1.1591	0.2470			
Adj-R²		0.1275			0.1526	

注：＊＊＊和＊＊分别表示在 1％和 5％水平下显著。

6.3 小结

本章选取交易量、流动性和波动性等指标，对因为同一停牌原因（召开股东大会）停牌但采取不同集合竞价方式（封闭式和开放式）复牌的情况进行了分析。研究结果表明，在因为同样原因停牌的情况下，采用开放式集合竞价模式复牌比采取封闭式集合竞价能更好地提高交易的透明度、加速新信息的传递；这样的复牌模式增加了交易者参与复牌集合竞价的积极性，提高了复牌交易的活跃程度，促使新信息通过交易更快更充分地传递到股票价格中去。此外，还发现，采用开放式集合竞价复牌的股票在进入连续竞价后的 15 分钟内，其流动性要显著高于采取封闭式集合竞价复牌的股票，并且其波动性更小。这表明，在采用开放式集合竞价复牌之后，股价对复牌价格的偏离程度变小，复牌价格因更充分地反映了停牌期间的信息而显得更加准确有效。综合本章的研究结果，认为，采取开放式集合竞价模式复牌更有利于提高股票的价格发现效率。

需要指出的是，尽管本章主要是考察中国股票市场的不同复牌模式（封闭式和开放式集合竞价）在停复牌过程中的差异，但是本章的研究也从另外一个角度印证了国内部分学者关于集合竞价模式的实证研究（例如，周锋，2004；刘逖等，2006；许香存等，2007），再次证明开放式集合竞价能比封闭式集合竞价更好地提高价格发现效率。此外，本章的实证结果也在一定程度上验证了李平和曾勇（2006）以及李平等（2009）的理论模型。

基于本章的研究结论，建议对于那些在 10:30 复牌（即采取封闭式集合竞价复牌）的股票，可以全部改用开放式集合竞价复牌，即在复牌集合竞价期间，系统及时披露虚拟成交价、成交量和未匹配量，以便交易者能根据这些信息更好地理解停牌公告内容，最终使得市场的价格发现效率得到提高。

主要参考文献

陈保华. 2001. 交易机制对股价行为的影响——对中国股票市场的实证检验[J]. 经济研究, (5): 69-73.

陈收, 易双文, 刘端. 2008. 不同市态下个股异常波动停牌与股指相关性[J]. 系统工程理论与实践, 28(8): 12-16.

陈维云, 黄曼慧, 吴永. 2005. 深市波动率特征分析[J]. 重庆大学学报(自科版), 28(1): 93-96.

陈信元, 江峰. 2005. 事件模拟与非正常收益模型的检验力——基于中国A股市场的经验检验[J]. 会计研究, (7): 25-31.

陈怡玲, 宋逢明. 2000. 中国股市价格变动与交易量关系的实证研究[J]. 管理科学学报, 3(2): 62-68.

储诚忠. 1998. 股票交易临时停牌制度比较研究[N]. 证券市场导报, (12): 36-39.

胡文伟, 等. 2007. 沪港上市公司信息披露制度的比较与分析[R]. 上海证券交易所研究报告, 10.

黄本尧. 2003. 中外停牌制度比较研究[R]. 深圳证券交易所研究报告, 10.

孔爱国, 黄建兵, 胡畏. 2002. 上海股票市场波动实证性研究: 2001—从交易方式角度透视[J]. 复旦学报(社科版), 6(3): 56-61.

李平, 曾勇. 2006. 封闭式与开放式集合竞价机制下的价格发现分析[J]. 系统工程理论与实践, 26(2): 10-18.

李平, 许香存, 曾勇. 2009. 不可撤单模式的开放式集合竞价研究: 理论与实证[J]. 中国金融评论, 3(3): 11-32.

廖静池, 李平, 曾勇. 2009. 中国股票市场停牌制度实施效果的实证研究[J]. 管理世界, (2): 36-48.

廖静池, 李平, 曾勇. 2010. 复牌集合竞价模式与价格发现[J]. 管理工程学报, 24(3): 24-32.

刘逖. 2011. 证券市场微观结构理论与实践[M]. 上海: 复旦大学出版社.

刘逖, 叶武, 章秀奇. 2006. 进一步完善开放式集合竞价机制: 基于上海证券市场的实证研究[J]. 上海证券交易所研究报告, 07.

攀登, 刘逖, 刘海龙, 等. 2004. 封闭式集合竞价交易策略模型及对沪市的实证检验[J]. 系统工程理论与实践, 24(1): 1-10.

芮萌, 孙彦丛, 王清河. 2003. 中国股票市场交易量是否包含预测股票收益的信息研究[J]. 统计研究, 3(3): 54-58.

施东晖. 1996. 上海股票市场风险性实证研究[J]. 经济研究, (10): 44-48.

苏冬蔚, 麦元勋. 2004. 流动性与资产定价: 基于我国股市资产换手率与预期收益的实证研究[J]. 经济研究, (2): 95-105.

唐跃军, 李维安, 谢仍明. 2006. 大股东制衡、信息不对称与ST政策——来自2001-2004年中国上市公司的证据[C]. 中国制度经济学年会论文集.

佟孟华, 仲卓. 2006. 基于面板数据对中国股市价量关系的实证研究[J]. 河北经贸大学学报, 27(5): 7-11.

王博, 李平. 2011. 深圳A股市场停牌制度有效性的实证研究[C]. 第六届中国管理学年会论文集, 23-24.

王铁锋, 吕继宏, 卜永强. 2005. 沪深股市异常波动停牌制度有效性分析[N]. 中国证券报, 03-22.

王艳, 孙琳满, 杨忠直. 2005. 集合竞价过程中信息揭示的理论分析[J]. 电子科技大学学报, 34(6): 861-864.

吴国萍. 2008. 上市公司信息披露违规问题研究[D]. 东北师范大学.

许香存, 李平, 曾勇. 2007. 中国股票市场开放式集合竞价对波动性影响的实证研究[J]. 金融研究, (7): 151-164.

杨朝军, 孙培源, 施东晖. 2002. 微观结构、市场深度与非对称信息: 对上海股市日内流动性模式的一个解释[J]. 世界经济, (11): 53-58.

易双文. 2007. 异常波动停牌对中国股市的影响[D]. 湖南大学.

曾勇, 李平, 刘波, 等. 2008. 证券市场微观结构研究[M]. 北京: 科学出版社: 1-5.

张海燕, 陈晓. 2008. 投资者是理性的吗?——基于ST公司交易特性和价值的分析[J]. 金融研究, (1): 119-131.

张峥，刘力. 2006. 换手率与股票收益：流动性溢价还是投机性泡沫？［J］. 经济学(季刊)，5(2)：871—892.

赵骅，杨武. 2003. 我国证券市场开盘价格的形成机制分析［J］. 数量经济技术经济研究，20(10)：90—94.

周锋. 2004. 中小企业板块股票开放式集合竞价效率研究［N］. 证券时报，09—07.

Ackert L F，Church B，Jayaraman N. 2001. An experimental study of circuit breakers：The effects of mandated market closures and temporary halts on market behavior ［J］. Journal of Financial Markets，4(2)：185—208.

Aitkcn M，Comerton-Forde C，Frino A. 2005. Closing call auction and liquidity ［J］. Accounting and Finance，45(4)：501—518.

Amihud Y. 2002. Illiquidity and stock returns：Cross-section and time-series effects ［J］. Journal of Financial Markets，5(1)：31—56.

Arifovic J，Ledyard J. 2003. Information and dynamics：Sequences of call markets ［J］. Information Systems Frontiers，5(1)：39—45.

Bacha O I，Rashid M E S A，Ramlee R. 2008. The efficiency of trading halts：Emerging market evidence ［J］. International Journal of Banking and Finance，5(2)：125—148.

Barclay M，Warner J. 1993. Stealth trading and volatility：Which trades move prices? ［J］. Journal of Financial Economics，34(3)：281—305.

Beaver W. 1968. The information content of annual earnings announcements ［J］. Journal of Accounting Research，6(1)：67—92.

Biais B，Hillion P，Spatt C. 1999. Price discovery and learning during the preopening period in the Paris Bourse ［J］. Journal of Political Economy，107(6)：1218—1248.

Biais B，Glosten L，Spatt C. 2005. Market microstructure：A survey of microfoundations，empirical results，and policy implications ［J］. Journal of Financial Markets，8(2)：217—264.

Boehmer E，Masumeci J，Poulsen A. 1991. Event study methodology under conditions of event induced variance ［J］. Journal of Economics，30(2)：253—272.

Boehmer E，Saar G，Yu L. 2005. Lifting the veil：An analysis of pre-trade transparency at the NYSE ［J］. Journal of Finance，60(2)：782—815.

Brockman P，Chung D Y. 1999. An analysis of depth behavior in an electronic order-driven environment ［J］. Journal of Banking & Finance，23(12)：1861—1886.

Brockman P，Chung D Y. 1999. Informed trading and uninformed trading in an electronic，order-driven environment ［J］. Financial Review，35(2)：124—146.

Brockman P，Chung D Y. 2002. Commonality in liquidity：Evidence from an order-driven market structure ［J］. Journal Financial Research，25(4)：521—539.

Brockman P，Chung D Y. 2003. Investor protection and firm liquidity ［J］. Journal of Finance，58(2)：921—937.

Brown D P，Jennings R H. 1989. On technical analysis ［J］. Review of Financial Studies，2(4)：527—552.

Brown K C，Harlow W V，Tinic S M. 1988. Risk aversion，uncertain information，and market efficiency ［J］. Journal of Financial Economics，20 (2)：355—385.

Cao C，Ghysels E，Hatheway F. 2000. Price discovery without trading：Evidence form the Nasdaq preopening ［J］. Journal of Finance，55(3)：1339—1365.

Chakrabarty B，Corwin S A，Panayides M A. 2011. When a halt is not a halt：An analysis of off-NYSE trading during NYSE market closures ［J］. Journal of Financial Intermediation，20(3)：361—386.

Chen H W，Chen H H，Valerio N. 2003. The effect of trading halts on price discovery for NYSE stocks ［J］. Applied Economics，35(1)：91—97.

Chiyachantana C N，Jain P K，Jiang C，et al. 2006. Volatility effects of institutional trading in foreign stocks ［J］. Journal of Banking & Finance，30(8)：2199—2214.

Chordia T，Roll R，Subrahmanyam. 2000. Commonality in liquidity ［J］. Journal of Financial Economics，56(1)：3—28.

Christie W G, Corwin S A, Harris J H. 2002. Nasdaq trading halts: The impact of market mechanism on prices, trading activity, and execution costs [J]. Journal of Finance, 57(3): 1442−1478.

Comerton-Forde C, Rydge J. 2006. Call auction algorithm design and market manipulation [J]. Journal of Multinational Financial Management, 16(2): 183−198.

Comerton-Forde C, Lau S T, McInish T. 2007. Opening and closing behavior following the introduction of call auctions in Singapore [J]. Pacific-Basin Finance Journal, 15(1): 18−35.

Corrado C J. 1989. A nonparametric test for abnormal security-price performance in event studies [J]. Journal of Financial Economics, 23(2): 385−395.

Corwin S A, Lipson M L. 2000. Order flow and liquidity around NYSE trading halts [J]. Journal of Finance, 55(4): 1771−1801.

Coughenour J F, Deli D N. 2002. Liquidity provision and the organizational form of NYSE specialist firms [J]. Journal of Finance, 57(2): 841−869.

Demsetz H. 1968. The cost of transacting [J]. Quarterly Journal of Economics, 82(1): 32−53.

Dimson E. 1979. Risk measurement when shares are subject to infrequent trading [J]. Journal of Financial Economics, 7(1): 197−226.

Dow J, Gorton G. 1993. Self-generation trade and rational fads: Trading, communication and the response of price to new information [J]. Economic Journal, 103(418): 639−646.

Economides N, Schwartz R. 1995. Electronic call market trading [J]. Journal of Portfolio Management, 21(3): 10−18.

Edelen R, Gervais S. 2003. The role of trading halts in monitoring a specialist market [J]. Review of Financial Studies, 16(1): 262−300.

Engelen P, Kabir R. 2006. Empirical evidence on the role of trading suspensions in disseminating new information to the capital market [J]. Journal of Business, Finance and Accounting, 33(7−8): 1144−1167.

Eom K S, Ok J, Park J. 2007. Pre-trade transparency and market quality [J]. Journal of Financial Markets, 10(4): 319−341.

Fabozzi F J, Ma C K. 1998. The over-the-counter market and New York stock exchange trading halts [J]. Financial Review, 23(4), 427−437.

Fama E, French K. 1993. Common risk factors in the returns on stocks and bonds [J]. Journal of Financial Economics, 33(1): 3−56.

Ferris S, Kumar R, Wolfe G. 1992. The effect of SEC-ordered suspensions on returns, volatility, and trading volume [J]. Financial Review, 27(1): 1−34.

Fink J, Fink K E, Weston J P. 2006. Competition on the Nasdaq and the growth of electronic communication networks [J]. Journal of Banking & Finance, 30(9): 2537−2559.

Fong W M. 1996. New York stock exchange trading halts and volatility [J]. International Review of Economics and Finance, 5(3): 242−257.

Friedman D. 1993. How trading institutions affect financial market performance: Some laboratory evidence [J]. Economic Inquiry, 31(3): 410−435.

Frino A, Lecce S, Segara R. 2011. The impact of trading halts on liquidity and price volatility: Evidence from the Australian Stock Exchange [J]. Pacific-Basin Finance Journal, 19(2): 298−307.

Gerety M S, Mulherin J H. 1992. Trading halts and market activity: An analysis of volume at the open and the close [J]. Journal of Finance, 47(5): 1765−1784.

Goldstein M, Kavajecz K. 2004. Trading strategies during circuit breakers and extreme market movements [J]. Journal of Financial Markets, 7(3): 301−333.

Greenwald B C, Stein J C. 1988. The task force report: The reasoning behind the recommendations [J]. Journal of Economics Perspectives, 2(3): 2−23.

Greenwald B C, Stein J C. 1991. Transactional risk, market crashes, and the role of circuit breakers [J]. Journal of Business, 64(4): 442—462.

Grossman S J, Stiglitz J E. 1980. On the impossibility of informationally efficient markets [J]. American Economic Review, 70(3): 392—407.

Grundy B D, McNichols M. 1989. Trade and the revelation of information through prices and direct disclosure [J]. Review of Financial Studies, 2(4): 485—426.

Harris L E. 1989. A day-end transaction price anomaly [J]. Journal of Financial and Quantitative Analysis, 24(1): 29—45.

Harris L E, Panchapagesan V. 2005. The information content of the limit order book: Evidence from NYSE specialist trading decisions [J]. Journal of Financial Markets, 8(1): 25—67.

Hauser S, Kedar-Levy H, Pilo B, et al. 2006. The effect of trading halts on the speed of price discovery [J]. Journal of Financial Services Research, 29(1): 82—99.

Hillion P, Suominen M. 2004. The manipulation of closing prices [J]. Journal of Financial Markets, 7(4): 351—375.

Hopewell M H, Schwartz A L. 1978. Temporary trading suspensions in individual NYSE securities [J]. Journal of Finance, 33(5): 1355—1373.

Howe J, Schlarbaum G. 1986. SEC trading suspensions: empirical evidence [J]. Journal of Financial and Quantitative Analysis, 21(3): 322—333.

Jiang C, Mclnish T, Upson J. 2009. The information content of trading halts [J]. Journal of Financial Markets, 12(4): 702—726.

Kabir R. 1994. Share price behavior around trading suspensions on the London stock exchange [J]. Applied Financial Economics, 24(4): 289—295.

Karpoff J M. 1987. The relation between price changes and trading volume: A survey [J]. Journal of Financial and Quantitative Analysis, 22(1): 109—126.

Kehr C H, Krahnen J P, Theissen E. 2001. The anatomy of a call market [J]. Journal of Financial Intermediation, 10(2—4): 249—270.

Kim Y H, Yagüe J, Yang J J. 2008. The relative performance between trading halts and price limits: Spanish evidence [J]. International Review of Economics and Finance, 17(2): 197—215.

Kodres L E, O'Brian D. 1994. The existence of Pareto-superior price limits [J]. American Economic Review, 84(4): 919—932.

Kryzanowski L. 1979. The efficacy of trading suspensions: A regulatory action to prevent the exploitation of monopoly information [J]. Journal of Finance, 34(5): 1187—1200.

Kryzanowski L, Nemiroff H. 1998. Price discovery around trading halts on the Montreal exchange using trade-by-trade data [J]. Financial Review, 33(2): 194—212.

Kryzanowski L, Nemiroff H. 2001. Market quote and spread component cost behavior around trading halts for stocks interlisted on the Montreal and Toronto stock exchanges [J]. Financial Review, 36(2): 114—38.

Kyle A. 1985. Continuous auctions and insider trading [J]. Econometrica, 53(6): 1314—1335.

Lauterbach B, Ben-Zion U. 1993. Stock market crashes and the performance of circuit breakers: Empirical evidence [J]. Journal of Finance, 48(5): 1909—1925.

Lee C M, Mark J R, Seguin P J. 1994. Volume, volatility, and New York stock exchange trading halts [J]. Journal of Finance, 49(1): 182—214.

Liao J C, Li P, Zeng Y. 2009. An empirical analysis of the effects of temporary trading halts on the ShenZhen SME board market [C]. Proceeding of the 2009 Informational Conference of Management Engineering and Information Technology, (1): 298—302.

Liao J C, Li P, Zeng Y. 2010. A comparative study between routine and warning trading halts [C]. The Conference on Engineering and Business Management，(1)：4057—4060.

Madhavan A. 1992. Trading mechanism in security markets [J]. Journal of Finance，47(2)：607—641.

Madhavan A. 1996. Security prices and market transparency [J]. Journal of Financial Intermediation，5 (2)：254—283.

Madhavan A. 2000. Market microstructure：A survey [J]. Journal of Financial Markets，3(3)：204—258.

Madura J，Richie N，Tucker A L. 2006. Trading halts and price discovery [J]. Journal of Financial Service Research，30(3)：311—328.

McDonald C G，Michayluk D. 2003. Suspicious trading halts [J]. Journal of Multinational Financial Management，13 (3)：251—263.

Nas R，Skjeltorp J A. 2006. Order book characteristics and the volume-volatility relation：Empirical evidence from a limit order market [J]. Journal of Financial Market，9(4)：408—432.

O'Hara M. 1995. Market Microstructure Theory [M]. Cambridge：Blackwell Publishers.

Pagano M，Röell A. 1996. Transparency and liquidity：A comparison of auction and dealer markets with informed trading [J]. Journal of Finance，51(2)：579—611.

Schnitzlein C R. 1996. Call and continuous trading mechanisms under asymmetric information：An experimental investigation [J]. Journal of Finance，51(3)：612—636.

Schwert G W. 1989. Margin requirements and stock volatility [J]. Journal of Financial Services Research，3(2—3)：153—164.

Sharpe W F. 1964. Capital asset prices：A theory of market equilibrium under conditions of risk [J]. Journal of Finance，19(3)：424—442.

Spiegel M，Subrahmanyam A. 2000. Asymmetric information and news disclosure rules [J]. Journal of Financial Intermediation，9(4)，362—403.

Stein J C. 1987. Informational externalities and welfare-reducing speculation [J]. Journal of Political Economy，95 (6)：1123—1145.

Stigler G J. 1964. Public regulation of the securities market [J]. Journal of Business，37(1)，117—142.

Subrahmanyam A. 1994. Circuit breakers and market volatility：A theoretical perspective [J]. Journal of Finance，49 (1)：237—254.

Subrahmanyam A. 1995. On rules versus discretion in procedures to halt trade [J]. Journal of Economics and Business，47(1)：1—16.

Subrahmanyam A. 1997. The ex ante effects of trade halting rules on informed trading strategies and market liquidity [J]. Review of Financial Economics，6(1)：1—14.

Tan R，Yeo W. 2003. Voluntary trading suspensions in Singapore [J]. Applied Financial Economics，13 (7)：517—523.

Theissen E. 2000. Marketstructure，information efficiency and liquidity：An experimental comparison of auction and dealer markets [J]. Journal of Financial Markets，3(4)：332—363.

Tookes H. 2008. Information，trading and product market interactions：Cross-sectional implications of informed trading [J]. Journal of Finance，63(1)，379—413.

Wu L. 1998. Market reactions to the Hong Kong trading suspensions：Mandatory versus voluntary [J]. Journal of Business，Finance and Accounting，25(2—4)：419—437.